新 視 野
中華經典文庫

新 視 野
中華經典文庫

傳習錄

名譽主編 饒宗頤

導讀及譯注 吳震 孫欽香

中華書局

新視野中華經典文庫

傳習錄

□
導讀及譯注
吳震　孫欽香

□
出版
中華書局（香港）有限公司
香港北角英皇道 499 號北角工業大廈一樓 B
電話：（852）2137 2338　傳真：（852）2713 8202
電子郵件：info@chunghwabook.com.hk
網址：http：//www.chunghwabook.com.hk

□
發行
香港聯合書刊物流有限公司
香港新界大埔汀麗路 36 號
中華商務印刷大廈 3 字樓
電話：（852）2150 2100　傳真：（852）2407 3062
電子郵件：info@suplogistics.com.hk

□
印刷
深圳中華商務安全印務股份有限公司
深圳市龍崗區平湖鎮萬福工業區

□
版次
2015 年 7 月初版
2018 年 6 月第 2 次印刷

□
規格
32 開（205 mm × 143 mm）

□
ISBN：978-988-8340-33-0

出版說明

為甚麼要閱讀經典？道理其實很簡單——經典正正是人類智慧的源泉、心靈的故鄉。也正是因此，在社會快速發展、急劇轉型，因而也容易令人躁動不安的年代，人們也就更需要接近經典、閱讀經典、品味經典。

邁入二十一世紀，隨着中國在世界上的地位不斷提高，影響不斷擴大，國際社會也越來越關注中國，並希望更多地了解中國、了解中國文化。另外，受全球化浪潮的衝擊，各國、各地區、各民族之間文化的交流、碰撞、融和，也都會空前地引人注目，這其中，中國文化無疑扮演着十分重要的角色。相應地，對於中國經典的閱讀自然也就有不斷擴大的潛在市場，值得重視及開發。

於是也就有了這套立足港台、面向海外的「新視野中華經典文庫」的編寫與出版。希望通過本文庫的出版，繼續搭建古代經典與現代生活的橋樑，引領讀者摩挲經典，感受經典的魅力，進而提升自身品位，塑造美好人生。

本文庫收錄中國歷代經典名著近六十種，涵蓋哲學、文學、歷史、醫學、宗教等各個領域。編寫原則大致如下：

（一）精選原則。所選著作一定是相關領域最有影響、最具代表性、最值得閱讀的經典作品，包括中國第一部哲學元典、被尊為「群經之首」的《周易》，儒家代表作《論語》、《孟子》，道家代表作《老子》、《莊子》，最早、最有代表性的兵書《孫子兵法》，最早、最系統完整的醫學典籍《黃帝內經》，大乘佛教和禪宗最重要的經典《金剛經》、《心經》、《六祖壇經》，中國第一部詩歌總集《詩經》，第一部紀傳體通史《史記》，第一部編年體通史《資治通鑒》，中國最古老的地理學著作《山海經》，中國古代最著名的遊記《徐霞客遊記》，等等，每一部都是了解中國思想文化不可不知、不可不讀的經典名著。而對於篇幅較大、內容較多的作品，則會精選其中最值得閱讀的篇章。使每一本都能保持適中的篇幅、適中的定價，讓普羅大眾都能買得起、讀得起。

（二）尤重導讀的功能。導讀包括對每一部經典的總體導讀、對所選篇章的分篇（節）導讀，以及對名段、金句的賞析與點評。導讀除介紹相關作品的作者、主要內容等基本情況外，尤強調取用廣闊的「新視野」，將這些經典放在全球範圍內、結合當下社會生活，深入挖掘其內容與思想的普世價值，及對現代社會、現實生活的深刻啓示與借鑒意義。通過這些富有新意的解讀與賞析，真正拉近古代經典與當代社會和當下生活的距離。

（三）通俗易讀的原則。簡明的注釋，直白的譯文，加上深入淺出的導讀與賞析，希望幫助更多的普通讀者讀懂經典，讀懂古人的思想，並能引發更多的思考，獲取更多的知識及更多的生活啓示。

（四）方便實用的原則。關注當下、貼近現實的導讀與賞析，相信有助於讀者「古為今用」、自我提升；卷尾附錄「名句索引」，更有助讀者檢索、重溫及隨時引用。

（五）立體互動，無限延伸。配合文庫的出版，開設專題網站，增加朗讀功能，將文庫進一步延展為有聲讀物，同時增強讀者、作者、出版者之間不受時空限制的自由隨性的交流互動，在使經典閱讀更具立體感、時代感之餘，亦能通過讀編互動，推動經典閱讀的深化與提升。

這些原則可以說都是從讀者的角度考慮並努力貫徹的，希望這一良苦用心最終亦能夠得到讀者的認可、進而達致經典普及的目的。

「弘揚中華文化」是中華書局的創局宗旨，二〇一二年又正值創局一百週年，「承百年基業，傳中華文明」，本局理當更加有所作為。本文庫的出版，既是對百年華誕的紀念與獻禮，也是在弘揚華夏文明之路上「傳承與開創」的標誌之一。

需要特別提到的是，國學大師饒宗頤先生慨然應允擔任本套文庫的名譽主編，除表明先生對本局出版工作的一貫支持外，更顯示先生對倡導經典閱讀、關心文化傳承的一片至誠。在此，我們要向饒公表示由衷的敬佩及誠摯的感謝。

倡導經典閱讀，普及經典文化，永遠都有做不完的工作。期待本文庫的出版，能夠帶給讀者不一樣的感覺。

中華書局編輯部

二〇一二年六月

目錄

新建侯文成王公小像
選自明代隆慶刊本《王文成公全書》

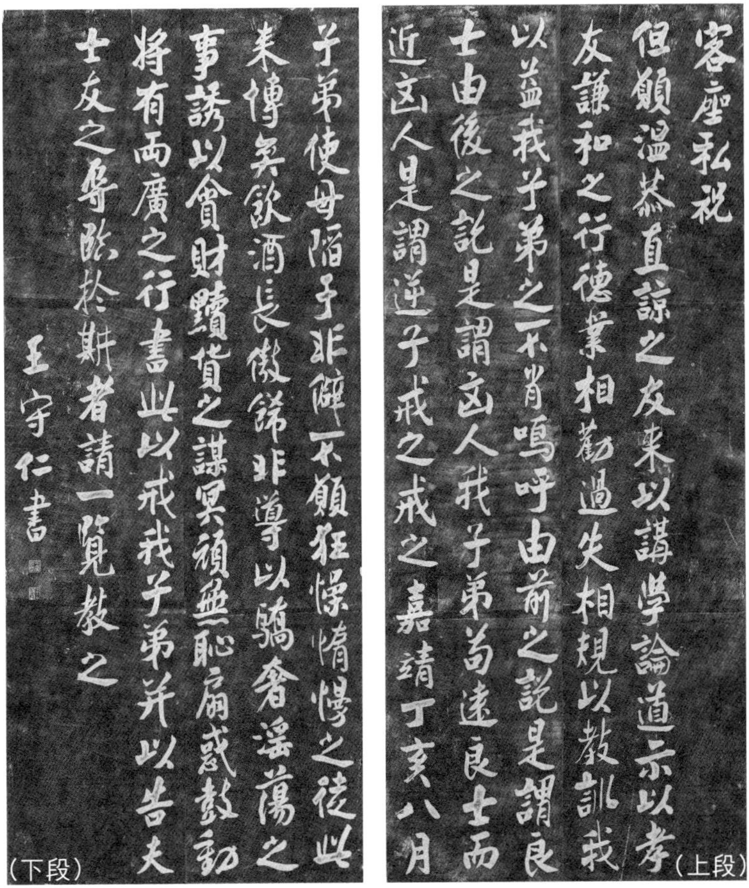

王守仁書法手跡〈客座私祝〉(寫於 1527 年，掛在客廳，誡弟子及訪客文)，釋文:「但願溫恭直諒之友來以講學論道，示以孝友謙和之行，德業相勸，過失相規，以教訓我子弟，使毋陷於非僻。不願狂懆惰慢之徒此來博弈飲酒，長傲飾非，導以驕奢淫蕩之事，誘以貪財黷貨之謀，冥頑無恥，扇惑鼓動，以益我子弟之不肖。嗚呼，由前之説，是謂良士；由後之説，是謂兇人。我子弟苟遠良士而近兇人，是謂逆子，戒之！戒之！嘉靖丁亥八月將有兩廣之行，書此以戒我子弟，並以告夫士友之辱臨於斯者，請一覽教之。王守仁書。」

陽明學的傳世經典

——《傳習錄》導讀

吳震

在中國傳統文化史上，有許多傳誦不絕的思想經典，如《論語》、《孟子》都是大家耳熟能詳的，而《傳習錄》也無疑是儒學史上的一部重要經典，十六世紀王陽明（一四七二—一五二九）的心學思想（又稱陽明學）便凝縮在這部經典當中。其中含有王陽明經由整個生命體驗而創發的豐富且重要的哲學智慧，例如陽明學的標誌性口號——「致良知」便是王陽明「從百死千難中得來」的而不是從書齋的經驗知識中歸納出來的，而「致良知」與「心即理」、「知行合一」、「萬物一體」等觀點不僅是陽明學的智慧結晶、重要理論，而且業已構成儒學傳統中最富代表性的內容之一。

也正由此，閱讀《傳習錄》既是了解王陽明心學理論，同時也是了解儒家思想文化傳統的一項重要途徑，當然也是我們今天提倡重讀儒家經典、重訪儒學傳統的一項重要議題。

一、陽明學乃是儒學史上的一大理論高峰

在宋代以來中國近世儒學史上，陽明學與十二世紀朱熹（一一三〇——一二〇〇）開創的朱子學並列，形成朱熹理學與陽明心學的兩大理論高峰，共同構建了孔孟以來第二期儒學運動，史稱宋明道學或宋明「新儒學」（Neo-Confucianism）。如果說兩者同樣作為儒學理論，因而在儒家價值觀等根本問題上秉持着相同的信仰及其追求，那麼在如何成就自己德性的具體問題上，心學與理學所設定的方法路徑卻顯出重大差異。

大致說來，朱熹理學設定世界是由理氣所構成的，理既是物質世界的所以然之故，同時又是人文世界的所當然之則，它代表整個世界的價值、秩序及規範，而氣則是一切存在的物質性基礎，人生亦不免受理氣兩重性的影響。因此，一方面理在心中、心具衆理，心具有統合性情的能力，而這種能力之所以可能的依據則是心中之理；但是另一方面，人心乃至人性又是稟受陰陽兩氣而生，不僅構成人性中的氣質成分，而且也是人心之能知覺的基礎，故人又非常容易受到氣質蠢動的影響，例如人們往往容易被物質利欲所牽引，從而導致人心或人性偏離正軌、迷失方向。

因此按朱熹理學的一套工夫論設想，我們唯有通過格物致知、居敬窮理——即通過學習而

明白事理——等方法來不斷改變自己的氣質，克服人心中的私欲傾向，以打通由氣的介在而使心與理之間產生的隔閡，並最終實現心與理一的道德境界。這一為學路徑可簡化為：由「道問學」上達至「尊德性」的實現。無疑屬於儒學傳統固有的一種為學模式。

然而陽明心學的核心關懷不在理氣論而在心性論，其基本預設是「心即理」，可謂是心學「第一哲學命題」，其核心觀念則是「良知」。良知是人的基本德性，是人心之本體，同時也就是天理，故良知心體乃是一切存在的本源，人的良知賦予世界以意義，若沒有人的良知，則整個世界的存在就無法呈現其價值和意義。關於這一點，陽明用一連串的強言式命題——「心外無物」、「心外無理」、「心外無事」等來加以表述，而這些看似違背常識的說法，其實正是陽明學第一命題「心即理」的另一種表達方式，其意旨則是相同的，都旨在表明心與理不僅是一種相即不離的關係，更是直接同一的關係。

按陽明心學的理論預設，心性理氣自然打通為一，心即理、心即性、性即氣三種說法可以同時成立。更重要的是，心與理並非是相悖之二元存在而是直接的自我同一，也就是說，作為理的價值秩序、道德規範不是外在性的而是直接源自道德主體。

那麼，何謂道德主體呢？按陽明的設想，良知便是道德主體——用陽明的說法，又叫作「主人翁」或「頭腦」，即良知作為一種直接的道德意識，同時又是直接的道德判斷之主體，能「自作主宰」，故又是作為「軀殼的主宰」或「意之主」的「真己」——最為真實之存在的自己。

而作為直接的道德判斷之主體的良知必具有自知自覺的根本能力，「如人飲水，冷暖自知」一般，更無須倚傍他人或憑藉他力，只要一念萌發，內在良知即刻啟動，便自能知是知非，一切善惡更是瞞他不得。關於良知自知的這一特性，陽明又稱之為「獨知」，他有兩句著名的詩句生動地表達了這一觀念：「良知即是獨知時」、「自家痛癢自家知」。正是基於良知自知或獨知的理念，故道德行為的是非善惡最終唯有依賴於良知自知的判斷，而無須訴諸外在的種種人為設置的規範，換言之，外在的社會規範終須經過一番心體良知的審視才能有助於道德行為，而道德行為得以施展的內在動力卻在於心體良知而不是為了服從外在規範。

為甚麼這樣說呢？因為良知就是唯一的「自家準則」。由此在德行的方法問題上，陽明學主張只要依此良知主體去做，並隨時隨地在事事物物上落實致吾心之良知的實踐工夫，最終便可實現成德之理想——用儒家的說法，就是成聖成賢的道德理想人格之實現，用我們現在的說法，就是成為一個有道德的人，使自己過上一種好的道德生活。

二、陽明學是對儒學思想傳統的傳承與創新

無疑地，陽明學以良知為人的基本德性，自有深厚的儒學思想傳統之淵源可尋。早在先秦原始儒家，與德行問題並重的乃是德性問題，《尚書》中「明德」之概念便是德性之意，而儒學史上膾炙人口的《大學》「明明德」之說，亦顯是指德性而言。更重要的是，陽明心學乃是對儒學思想傳統的傳承與創新。

事實上，王陽明對於儒學傳統在於「心學」這一問題是有充分自覺意識的，他曾明確斷言「聖人之學，心學也」，並指出宋代以來被道學家所抉發的堯舜禹授受的「十六字心訣」中的「人心」「道心」說，乃是儒家的「心學之源」。落實在儒學歷史上，陽明認為孟子之學便是心學之典範，而在宋代儒學史上第一次提出「心即理」之命題的陸九淵（一一三九—一一九三）之學堪稱「孟氏之學也」，陽明自己則表示他是陸學的接續者，在陸九淵與朱熹之間發生的朱陸之辯中，陽明也明顯袒護前者，甚至撰述《朱子晚年定論》一書（該書在多種《傳習錄》單刻本中被作為附錄所收），表示朱熹晚年自悔早年之說，其為學旨趣開始趨近於陸九淵，儘管這部書所收的文獻並不盡是朱熹晚年之作。故就思想史的史實看，所謂的「朱子晚年定論」是不無疑問的。

然而在心學意義上的道統歷史當中，王陽明並不承認朱熹有接續道統的資格，相反他認為由陸九淵上溯至程明道（一〇三二——一〇八五）進而推至先秦孔孟的儒學傳統，才是儒家心學的道統譜系。至於陽明自己在儒家道統上的地位，其弟子如薛侃（一四八六——一五四五）便已直言陽明之學乃「孟氏之學」，將陽明直接定位在孟子之後，凸顯出陽明心學的重要歷史意義。的確，在陽明看來，孟子之後，道統失傳，在此後的歷史發展中，究竟誰能上承儒學之道統，其判準惟在「心學」而不能是朱熹所謂的「理學」。

要之，陽明對朱熹理學抱持一種自覺的批判意識，以為朱熹所主張的窮盡「一草一木」之理，其結果必引發一個問題：「如何反來誠得自家意？」這構成了陽明的重要問題意識。另一方面，陽明對於陸九淵的心學思想雖有基本肯定，但也有不滿，認為陸學比起周程（周敦頤、程明道）仍有所「不逮」，在學問上不免「粗些」。因此我們說，陽明學並不是陸九淵心學思想的簡單重複。

的確，從歷史上看，王陽明與陸九淵、程明道、孟子之間固然存在重要的承續關係，然而在理論形態上，顯然陽明的心學理論更有超越陸九淵、程明道的一面，在上承孔孟尤其是孟子心學的同時，又有新的理論創發，從而形成以心即理、致良知、知行合一等一套系統觀點為特色的儒家心學理論新高峰。

三、王陽明的身世及《傳習錄》的結構

那麼，《傳習錄》究竟是一部怎樣的經典呢？我們先從人物介紹說起，進而對《傳習錄》的結構略作解說。

王陽明名守仁，字伯安，別號陽明，浙江紹興府餘姚縣（今浙江餘姚市）人，世稱陽明先生。弘治十二年（一四九九）進士，歷刑部主事等職，官至南京兵部尚書、都察院左都御史。嘉靖六年（一五二七）九月，陽明起復出征廣西，次年十一月二十九日（一五二九年一月九日）卒於歸途中的江西南安（今大餘縣），故《傳習錄》的記錄實止於嘉靖六年九月。嘉靖初，因平亂有功而被封為新建伯，隆慶元年（一五六七）追贈新建侯，謚文成，萬曆十二年（一五八三）從祀孔廟。

王陽明的著作有《王文成公全書》三十八卷，今存隆慶六年（一五七二）謝廷傑刻本，後被《四部叢刊》初編所收（見參考書目），現在通行的標點本《（新編本）王陽明全集》六冊（見參考書目）即以此為底本。《全書》開首三卷即《傳習錄》，分為上、中、下三卷。

從書名看，「傳習」兩字取自《論語》「傳不習乎」一語，按朱熹的解釋，「傳」謂「受之於師」，「習」謂「熟之於己」，大意是說，師生傳授學問。其實《傳習錄》乃是陽明與其弟子

之間的對話記錄，是陽明與其弟子在長達十餘年期間，就儒學等各種思想問題進行對話的「實錄」，大多出自其弟子之手，顯示出陽明與其弟子的思想互動。在文獻學上，這類文本又被稱為「語錄體」，乃是儒學史上常見的著述形式，例如《論語》及《朱子語類》便分別是孔子及朱熹與其弟子的對話錄。

《傳習錄》上中下三卷分別代表《傳習錄》成書的三個時期，上卷刊刻於正德十三年（一五一八）八月，中卷刊刻於嘉靖三年（一五二四）十月，下卷刊刻於嘉靖三十五年（一五五六）四月。按照陳榮捷《王陽明傳習錄詳注集評》（見參考書目，下稱《集評》）的條目統計，上卷共一百二十九條，其中徐愛錄十四條，陸澄錄八十條，薛侃錄三十五條。徐愛（一四八七—一五一七）為陽明弟子及其妹婿，正德七年（一五一二）底，陽明與徐愛出南京同舟歸越，途中論學不輟，上卷十四條之記當始自是年，其中有關「心即理」、「知行合一」的問題探討是其重點。陸澄（生卒不詳）及薛侃（一四八六—一五四五）的記錄則反映了正德九年（一五一四）至正德十三年（一五一八）之間的陽明思想。

《傳習錄》中卷是陽明弟子、紹興府知府南大吉（一四八七—一五四一）在上卷的基礎上，新增九篇（《全書》本稱八篇）陽明給門生或友人的書信，與上卷合併，於嘉靖三年刻行，又稱「續刻傳習錄」以別於正德十三年的「初刻傳習錄」，只是《全書》本的《傳習錄》中卷後經陽明另一大弟子錢德洪（一四九六—一五七四）的增刪，已非南本舊貌，彼此間頗有出入，並新增〈示弟立志說〉、〈訓蒙大意〉兩篇附於末。王陽明曾親見這部「續刻傳習錄」，並且表示該書的出版對於「共明此學於天下」將會起到一定之助益，這表明陽明自己是很看重這部書的，儘管他未看到下卷的出版。

《傳習錄》下卷共收一百四十二條，記錄者有陳九川、黃直、黃修易、黃省曾、黃以方等陽明弟子，記錄的時間大致在正德十四年（一五一九）至嘉靖六年（一五二七）之間。該本內容主要反映了陽明晚年的思想觀點，特別是「致良知」、「萬物一體」以及逝世前一年提出的「四句教」最為著名。

將上述三卷合併，收入《王文成公全書》之際，又將王陽明撰於正德年間的《朱子晚年定論》（刊刻於正德十三年）附於卷下之末，這是今天所能看到的《傳習錄》全本，至此《傳習錄》的結構最終形成。

總之，《傳習錄》一書共由三百四十二條組成（取陳榮捷《集評》之說），大致反映了陽明三十七歲「龍場悟道」之後的思想成熟期——即四十一歲至五十六歲之間的思想觀點，其中四十九歲那年（一五二〇）陽明揭示的「致良知」說，則是陽明晚年思想的一個標誌。

四、關於選錄的底本及相關説明

本書是對《傳習錄》的選錄，以陳榮捷《集評》為底本，校本則是《王文成公全書》以及《（新編本）王陽明全集》。唯選錄時對某些文字過長的條目作適當刪節以避繁冗，每條上端的左側數字為本書的條目數，而右側數字則是陳本的條目數，以便查核原本，名詞解釋主要參照《集評》本，現代語譯參考了《傳習錄全譯》本（見參考書目），並盡量做到精簡，「賞析與點評」部分主要參照《〈傳習錄〉精讀》（見參考書目），意在適當點出陽明語的精髓所在，以為我們進一步領會陽明學奧義之一助。

但是，《傳習錄》作為陽明語錄的一部記錄，其實並不全，在此書之外，還存有大量陽明語錄，一般稱之為陽明佚文，而有關陽明佚文的輯佚工作，早在十九世紀日本陽明學者佐藤一齋（一七七二—一八五九）撰述《傳習錄欄外書》之際就已經着手進行，陳榮捷（一九〇一—一九九四）又在此基礎上，經過一番輯佚，集成《傳習錄拾遺》五十一條，附在《集評》之末，其中有不少重要的陽明佚文，此次選錄之際從中擇取若干條。

此外，陽明弟子曾才漢編校的《陽明先生遺言錄》上下兩卷以及朱得之所輯的《稽山承語》一卷亦存有不少為《傳習錄》未見的陽明語錄，其中有一些頗為重要的陽明語。此次選錄也從中選取若干條，以《（新編本）王陽明全集》卷四十「補錄二」所收底本為準。

最後有關此次選錄工作有幾點說明：卷首及各篇導讀由吳震撰寫，譯注及賞析與點評由孫欽香撰寫，由吳震通讀全稿並修訂。中華書局（香港）有限公司總編輯李占領先生的熱情約稿，是促成本書的機緣，對於他的信賴，我要表示衷心的感謝！

最終我們所能期望的是，通過品讀王陽明語錄的思想精義，大家能從中獲取有益於自己安身立命的養分。

《傳習錄》上

本篇導讀——

是卷由陽明弟子薛侃於正德十三年（一五一八）九月在江西虔州（贛州）刊刻，記錄者分別為徐愛、陸澄、薛侃。根據徐愛在卷首〈引言〉中的敍述，陽明在《大學》「格物」問題上，悉以「古本」為是而不同於朱熹《大學章句》為代表的「新本」之說，顯示出陽明與朱熹的思想差異，以至於在社會上引起了種種揣測乃至質疑，但是他們卻不知道正德三年（一五〇八）陽明被貶到貴州龍場（今貴州修文縣）後，有一番大徹大悟（史稱「龍場悟道」），其學「固已超入聖域，粹然大中至正之歸矣」，然而在社會上有的人或與陽明僅交一面，或尚未親見耳聞，便根據「傳聞之説」來對其思想妄自臆斷，另一方面有些弟子由於未能久炙門下，故往往「得一而遺二」，不能全面了解陽明學説，鑒於以上情況，因此徐愛將其親炙陽明十餘年來的平日所聞加以記錄整理，「私以示夫同志」云云。這段敍述清楚地表明了《傳習錄》的由來。徐愛所錄今僅存十四條，但都很重要，「心即理」、「知行合一」、「良知」等重要命題及概念均在其中出現，而在陸澄及薛侃的記錄中，則有「心外無理，心外無事」、「無善無惡」、「精金喻聖」等重要問題的探討，內容豐富、令人回味。

愛[1]問：「『在親民』[2]，朱子謂當作『新民』[3]，後章『作新民』之文似亦有據。先生以為宜從舊本作『親民』，亦有所據否？」

先生曰：「『作新民』之『新』是自新之民，與『在新民』之『新』不同，此豈足為據？『作』字卻與『親』字相對，然非『新』字義。下面『治國、平天下』處，皆於『新』字無發明。如云『君子賢其賢而親其親，小人樂其樂而利其利』、『如保赤子』、『民之所好好之，民之所惡惡之，此之謂民之父母』之類，皆是『親』字意。『親民』猶孟子『親親仁民』之謂，親之即仁之也。百姓不親，舜使契為司徒，敬敷五教[4]，所以親之也。〈堯典〉『克明峻德』便是『明明德』[5]，『以親九族』[6]至『平章』、『協和』，便是『親民』，便是『明明德於天下』。又如孔子言『修己以安百姓』，『修己』便是『明明德』，『安百姓』便是『親民』。說『親民』便是兼教養意。說『新民』便覺偏了。」

注釋

*左為本書條目，右為陳《集評》本條目，至207/340同。1愛：徐愛（一四八八—一五一八），字曰仁，號橫山，餘杭之馬堰（浙江餘姚）人，為陽明妹婿及首位弟子。正德七年（一五一二）與陽明同舟由南京歸越（浙江），上卷開首十四條即當時的記

錄。2**親民**：古本《大學》作「在親民」，程頤改正《大學》時，在「親」字下注「當做新」。3**新民**：《古本大學》作「親民」，朱子採用程頤的「新民」說。4**五教**：父子有親、君臣有義、夫婦有別、長幼有序、朋友有信。5**明德**：認同、實踐並彰顯美德。6**九族**：自高祖至玄孫。

譯文

徐愛問：「《大學》經首章的『在親民』，朱子認為應作『新民』，朱子的說法與《大學》傳第二章『作新民』的文字似乎是有據可依的。而老師您認為應按舊本作『親民』，這樣說有甚麼根據嗎？」

陽明說：「『作新民』的『新』字是指自新的百姓而言，與『在新民』的『新』字不同，『作新民』怎麼可作為『在新民』的依據呢？『作』字與『親』字含義相應，而不作『新』字解。後面說的『治國平天下』，都沒有『新』的意思。比如說『君子賢其賢而親其親，小人樂其樂而利其利』、『如保赤子』、『民之所好好之，民之所惡惡之，此之謂民之父母』等，這些都是指『親』字的意思。『親民』猶如孟子所說『親親仁民』，親近就是仁愛。百姓不能彼此親睦，虞舜就任命契為司徒，盡心竭力地推行父子有親、君臣有義、夫婦有別、長幼有序、朋友有信這些倫理觀念，這就是親民的方法。〈堯典〉中的『克明峻德』即是『明明德』，『以親九族』至『平章』、『協和』，都是『親民』，也就是『明明德於天下』。又如孔子說『修己以安百姓』，其中『修己』便是『明明德』，『安百姓』就是『親民』。因此說『親民』就包涵了教化養育這兩層意思，而說『新民』便覺得偏了。」

2/2

愛問：「『知止而後有定』，朱子以為『事事物物皆有定理[1]』，似與先生之說相戾。」

先生曰：「於事事物物上求至善，卻是義外也[2]。至善是心之本體，只是明明德到至精至一處便是[3]，然亦未嘗離卻事物。本注所謂『盡夫天理之極，而無一毫人欲之私[4]』者得之。」

注釋

1 定理：「能知所止，則方寸之間，事事物物皆有定理。」（朱熹《大學或問》） 2 義外：告子的觀點，「仁，內也，非外也；義，外也，非內也。」（《孟子·告子上》） 3 至精至一：「人心惟危，道心惟微，惟精惟一，允執厥中。」（《尚書·大禹謨》） 4 見朱熹《大學章句》「大學之道，在明明德，在親民，在止於至善」條注。

譯文

徐愛問：「《大學》『知止而後有定』，朱子認為是指『事事物物都有定理』，似乎與老師您的看法相矛盾？」

陽明說：「如果在事事物物上尋求至善，便是把義看成外在的了。至善是人心的本體，只要作明明德修養工夫，並達到至精至一的境界就是至善，當然尋求至善也不能離開事物。而朱子在這條注釋中說『盡夫天理之極，而無一毫人欲之私』，卻是正確的。」

愛問：「至善只求諸心，恐於天下事理有不能盡。」

先生曰：「心即理也。天下又有心外之事，心外之理乎？」

愛曰：「如事父之孝、事君之忠、交友之信、治民之仁，其間有許多理在，恐亦不可不察。」

先生嘆曰：「此說之蔽久矣，豈一語所能悟？今姑就所問者言之。且如事父，不成去父上求個孝的理？事君，不成去君上求個忠的理？交友、治民，不成去友上、民上求個信與仁的理？都只在此心。心即理也。此心無私欲之蔽，即是天理，不須外面添一分。以此純乎天理之心，發之事父便是孝，發之事君便是忠，發之交友治民便是信與仁。只在此心去人欲、存天理上用功便是。」

愛曰：「聞先生如此說，愛已覺有省悟處。但舊說纏於胸中，尚有未脫然者。如事父一事，其間溫清定省之類[1]，有許多節目，不知亦須講求否？」

先生曰：「如何不講求？只是有個頭腦，只是就此心去人欲，存天理上講求。就如講求冬溫，也只是要盡此心之孝，恐怕有一毫人欲間雜；講求夏清，也只是要盡此心之孝，恐怕有一毫人欲間雜，只是講求得此心。此心若無人欲，純是天理，是個誠於孝親的心，冬時自然思量父母的寒，便自要求個溫的道理；夏時自然思量父母的熱，便自要求個清的道理，這都是那誠孝的心發出來的條件。卻是須有這誠孝的心，然後有這條件發出來。譬之樹木，這誠孝的心便是根，許多條件便是枝葉。須先有根，然後有枝葉，不是先尋了枝葉，然後去種根。《禮記》言：『孝子之有深愛者，必有和氣；有和氣者，必有愉色；有愉色者，必有婉容。』[2]須是有個深愛做根，便自然如此。」

注釋

1 溫清定省：「凡為人子之禮，冬溫而夏清，昏定而晨省」。（《禮記．曲禮上》）2《禮記》言一句：見《禮記．祭義》。

譯文

徐愛問：「至善如果只從心中尋求，恐怕不能窮盡天下所有事物之理吧？」

陽明說：「心就是理。天下難道有心外之事、心外之理嗎？」

徐愛又問：「比如事父的孝、事君的忠、交朋友的信、治理百姓的仁，其中有許多節目儀式須要講求，恐怕也不能不考察吧？」

陽明說：「世人被這個說法蒙蔽很久了，不是一兩句話就能解釋明白的，今天暫就你所提的問題來談一談。比如事父這件事，難不成要在父親那裏尋求個孝的理？事君難不成在君主那裏尋求個忠的理？交友、治理百姓難不成也要在朋友和百姓那裏尋求個信和仁的理？孝、忠、信、仁都只在此心尋求即得，所以我說『心即理』。如果此心沒有絲毫被私欲遮蔽，就是天理，不用到心外添加一分一毫。如果此心全是天理，那麼表現在事父上自然就是孝，表現在事君上自然就是忠，表現在交友和治理百姓上自然就是信和仁。因此只須在此心上做去人欲、存天理的工夫即可。」

徐愛問：「聽了老師您這番解釋，我已覺得有所醒悟。但是舊說依然縈繞心間，還不能完全看破。比如事父這件事，其間早晚請安問候、噓寒問暖等節目，難道不須要講求嗎？」

陽明說：「怎麼不講求？只是要有個頭腦，在此心去人欲、存天理上講求。比如講求寒冬保暖，也只是要講求盡自己的孝心，不使有一毫人欲夾雜其間；講求炎夏避暑，也是要講求盡自己的孝心，不使有絲毫人欲夾雜其間。如果此心沒有人欲，全是孝心，那麼冬天自然會思量父母的寒冷，自然會去採取保暖的方法；夏天自然會思量父母的炎熱，自然會去了解消暑的辦法。防寒消暑都是那純孝的心發出來的，必須先有純孝的心，才會思量講求這些防寒消暑的方法。譬如一棵樹，樹根就是那顆誠懇孝敬的心，枝葉就是盡孝的許多節目。樹必須先有根，然後才能長出樹葉，而不是先講求樹葉，再去栽培其根。《禮記》上說：『孝子心中有深愛者，心中必定是和氣的，其臉色必定是歡愉的，歡愉必然展現為溫婉的。』必須先有深愛父母的心為其根本，自然會有和氣、歡愉、溫婉的表現。」

賞析與點評

「心即理」是陽明學第一命題。陽明認為，作為道德法則的「理」不存在於道德行為的對象身上，忠、信、仁、孝等這些道德原理都存在行為主體的心中，並由此來批評朱子學的理在事物的觀點，因此陽明實際上是在與朱熹對話。但是，徐愛擔心若只在自己心中追求至善原理，就不免遺落了「天下事理」。而所謂「事理」顯然並不僅指道德原理，還應包括自然、社會以及具體事物的存在原理。從陽明的回答看，他只回答了至善之理在心中，並沒有直接回應天下事理的客觀性問題。可見陽明對「理」的理解是扣緊人的德性問題出發的，至於物理是否在心外客觀存在，乃是德性問題以外的另一問題。

4/4

鄭朝朔[1]問：「至善亦須有從事物上求者？」

先生曰：「至善只是此心純乎天理之極便是，更於事物上怎生求？且試說幾件看。」

朝朔曰：「且如事親，如何而為溫清之節，如何而為奉養之宜，須求個是當，方是至善，所以有學問思辯之功[2]。」

先生曰：「若只是溫清之節，奉養之宜，可一日二日講之而盡，用得甚學問思辯！惟於溫清時，也只要此心純乎天理之極；奉養時，也只要此心純乎天理之極，此則非有學問思辨之功，將不免於毫釐千里之謬。所以雖在聖人，猶加『精一』之訓。若只是那些儀節求得是當，便謂至善，即如今扮戲子，扮得許多溫清奉養的儀節是當，亦可謂之至善矣。」

注釋

1鄭朝朔：鄭一初，揭陽（廣東）人，陽明為吏部時（一五一一），朝朔為御史，問學於陽明。2學問思辨：「博學之，審問之，慎思之，明辨之，篤行之。」（《中庸》第二十章）。

譯文

鄭朝朔問：「至善也必須從事物上講求？」

陽明說：「至善只是此心保全天理達到極致，怎麼能在事物上講求？你不妨舉出幾個例子來說說看？」

朝朔問：「比如孝敬父母，怎樣才是保暖消暑之節目，怎樣才是奉養合宜，須尋求個恰當之法，才是至善，所以才說有學問思辨的工夫。」

陽明說：「如果只是講究保暖消暑、奉養合適的禮節儀式，這是一兩天時間就可講清楚的，何須用學問思辨的工夫！只是在講求保暖消暑、奉養合宜的節目時，要使此心全是天理之極致，如果這裏沒有學問思辨的工夫，將不免差之毫釐而失之千里了。因此，即便是聖人，也要再加『惟精惟一』的訓示。如果只是把那些禮節儀式講求得適宜，便稱作至善，那麼今天的戲子扮演了許多正確的事親儀節，也可稱作至善了。」

愛因未會先生「知行合一」之訓，與宗賢[1]、惟賢[2]往復辯論未能決，以問於先生。先生曰：「試舉看。」

愛曰：「如今人儘有知得父當孝、兄當弟者，卻不能孝、不能弟，便是知與行分明是兩件。」

先生曰：「此已被私欲隔斷，不是知行的本體了。未有知而不行者，知而不行，只是未知。聖賢教人知行，正是要復那本體，不是着你只恁的便罷。故《大學》指個真知行與人看，說『如好好色，如惡惡臭』[3]。見好色屬知，好好色屬行，只見那好色時已自好了，不是見了後又立個心去好。聞惡臭屬知，惡惡臭屬行，只聞那惡臭時已自惡了，不是聞了後別立個心去惡。如鼻塞人雖見惡臭在前，鼻中不曾聞得，便亦不甚惡，亦只是不曾知臭。就如稱某人知孝，某人知弟，必是其人已曾行孝、行弟，方可稱他知孝、知弟，不成只是曉得說些孝弟的話，便可稱為知孝弟。又如知痛，必已自痛了方知痛；知寒，必已自寒了；知飢，必已自飢了。知行如何分得開？此便是知行的本體，不曾有私意隔斷的。聖人教人，必要是如此，方可謂之知，不然，只是不曾知。此卻是何等緊切着實的工夫！如今苦苦定要說知行做兩個，是甚麼意？某要說做一個，是甚麼意？若不知立言宗旨，只管說一個兩個，亦有甚用？」

愛曰：「古人說知行做兩個，亦是要人見個分曉，一行做知的功夫，一行做行的功夫，即功夫始有下落。」

先生曰：「此卻失了古人宗旨也。某嘗說『知是行的主意，行是知的功夫；知是行之始，行是知之成』。若會得時，只說一個知，已自有行在；只說一個行，已自有知在。古人所以既說一個知，又說一個行者，只為世間有一種人，懵懵懂懂的任意去做，全不解思惟省察，也只是個冥行妄作，所以必說個知，方才行得是；又有一種人，茫茫蕩蕩懸空去思索，全不肯着實躬行，也只是個揣摸影響，所以必說一個行，方才知得真。此是古人不得已補偏救弊的說話，若見得這個意時，即一言而足。今人卻就將知行分作兩件去做，以為必先知了然後能行。我如今且去講習討論做知的工夫，待知得真了，方去做行的工夫，故遂終身不行，亦遂終身不知。此不是小病痛，其來已非一日矣。某今說個知行合一，正是對病的藥，又不是某鑿空杜撰，知行本體原是如此。」

注釋

1 宗賢：黃綰（一四七七——一五五一），字宗賢，又字叔賢，號久庵，黃岩（浙江）人，陽明弟子。2 惟賢：顧應祥（一四八三——一五六五），字惟賢，號箬溪，長興（浙江）人，陽明弟子。陽明死後，作《傳習錄疑》。3 如好好色：「所謂誠其意者：毋自欺也，如惡惡臭，如好好色，此之謂自謙，故君子必慎其獨也！」（《大學》第六章）

譯文

徐愛因未能理解老師「知行合一」的說法，與黃綰和顧應祥反覆辯論，仍未能最後解決這個問題。於是向陽明請教。陽明說：「不妨舉個例子來說說看」。

徐愛說：「如今天的人都知道對父母應該孝順，對兄長應該尊敬，但往往不能孝順、不能敬重，可見知與行分明是兩件事。」

陽明說：「這已經是被私欲隔斷了，不是知行的本體了，哪有知而不行的？知而不行，只是沒有真正知。聖賢教人知行，正是要恢復那知行的本體，並非隨便地說怎樣去知與行便了事。所以，《大學》指出一個真知行，說『如好好色，如惡惡臭』。見好色屬知，喜歡好色便是行，只見那好色時候便喜好它了，不是見了後才起一個心去喜好。聞到惡臭屬知，討厭惡臭是行，只聞那惡臭時便開始討厭了，不是聞了後才起一個心去討厭。譬如一個人如果鼻塞，雖發現惡臭在眼前，因為鼻子不能聞到，所以便不會去討厭，這就是不曾知惡臭。再如說某人知孝順父母，某人知敬重兄長，必定是他已經做孝順父母、尊敬兄長的事了，方才稱他知道孝順，知敬重，難不成只講些孝順父母、敬重兄長的話，就稱他知孝順、知尊敬？又比如知疼痛，必定是真正體會到疼痛了，才是知道疼痛；知寒冷，必定是親身感覺到寒冷；知飢餓，必定是真實感覺到飢餓。知行怎麼能夠分開呢？這個便是知行的本體，是不曾被私意隔斷的。聖人教人，必定是如此，才稱為知，不然就不能說是知。此是學者緊要着實的功夫。如今定要說知行是兩個，是甚麼意思？我說一個，是甚麼意思？如果不能領會我的立言宗旨，說一個兩個，又有甚麼用？」

徐愛說：「古人分知行為兩個，也是要人認得清楚，一方面做知的功夫，一方面做行的功夫，這樣功夫才有下手處。」

陽明說：「這樣說便是失去了古人宗旨。我曾說『知是行的主意，行是知的功夫；知是行之始，行是知之成』。若是能夠領會我說這話的主旨，只說一個知，便有行在；只說一個行，便有知在。古人之所以說有一個知、一個行，只是因為世間有這樣一種人，只會懵懵懂懂去做事，卻不去做思索省察的功夫，如此只是盲目做事，所以須說一個知，才會有正確的行。又有一種人茫茫蕩蕩，懸空去思索，不肯着實躬行，如此也只是揣摩影響而已，所以須說一個行，才會有真正的知。這是古人為了糾偏補弊，不得已的說法，如果能認識到這層意思，便一句話就足夠了。如今的人卻非要分知行為兩件事去做，認為必先知了，才能去行。於是只去講習討論做知的功夫，等真正知了，方才去做行的功夫，以至於終身不能行，也終身不能知。此不是個小病痛，其由來也非一天了。如今我說個知行合一，正是治病的藥，但又不是我懸空杜撰的，知行本體，本來如此。」

賞析與點評

「知行合一」是陽明學的基本命題之一，也是其哲學思想的一項重要理論貢獻，與朱熹「知先行後」說形成鮮明對照。所謂「知行本體」是說知行本來如是的狀態，而知行本體的喪失乃是由於「私欲隔斷」的結果。在陽明，知行是倫理學概念，知是德性之知，而不是指泛指經驗知識的見聞之知，行指倫理實踐，而不是一般意義上的可以脫離德性之知的舉動。在倫理實踐過程中，知必展現為行，行必伴隨着知，此即知行本體本來合一的意思，也是知行合一說的根本旨趣。陽明晚年提出「致良知」之後，更強調知行在致良知過程中才能合一的重要觀點。

愛問：「昨聞先生『止至善』之教，已覺功夫有用力處，但與朱子『格物』之訓，思之終不能合。」

先生曰：「格物是止至善之功。既知至善，即知格物矣。」

愛曰：「昨以先生之教，推之格物之說，似亦見得大略。但朱子之訓，其於《書》之『精一』，《論語》之『博約』[1]，《孟子》之『盡心知性』[2]，皆有所證據，以是未能釋然。」

先生曰：「……『精一』、『博約』、『盡心』，本自與吾說吻合，但未之思耳。朱子格物之訓，未免牽合附會，非其本旨。精是一之功，博是約之功，曰仁既明知行合一之說，此可一言而喻。盡心、知性、知天，是生知安行事；存心、養性、事天，是學知利行事；『夭壽不貳，修身以俟』，是困知勉行事[3]。朱子錯訓『格物』，只為倒看了此意，以『盡心知性』為『物格知至』，要初學便去做生知安行事，如何做得！」

愛問：「『盡心知性』，何以為『生知安行』？」

先生曰：「性是心之體，天是性之原。盡心即是盡性，『惟天下至誠為能盡其性，知天地之化育』[4]；存心者，心有未盡也。知天，如知州、知縣之知，是自己分上事，己與天為一；事天，如子之事父，臣之事君，須是恭敬奉承，然後能無失，尚與天為二，此便是聖賢之別。至於『夭壽不貳』其心，乃是教學者一心為善，不可以窮通夭壽之故，便把為善的心變動了，只去修身以俟命。見得窮通壽夭有個命在，我亦不必以此動心。『事天』雖與天為二，已自見得個天在面前；『俟命』便是未曾見面，在此等候相似，此便是初學立心之始，有個困勉的意在。今卻倒做了，所以使學者無下手處。」

愛曰：「昨聞先生之教，亦影影見得功夫須是如此，今聞此說，益無可疑。愛昨曉思『格物』的『物』字即是『事』字，皆從心上說。」

先生曰：「然。身之主宰便是心，心之所發便是意，意之本體便是知，意之所在便是物。如意在於事親，即事親便是一物；意在於事君，即事君便是一物；意在於仁民愛物，即仁民愛物便是一物；意在於視聽言動，即視聽言動便是一物。所以某說無心外之理，無心外之物。《中庸》言『不誠無物』，《大學》『明明德』之功，只是個誠意。誠意之功，只是個格物。」

注釋

1 博約：「君子博學於文，約之以禮，亦可以弗畔矣夫」（《論語．雍也》），「君了學欲其博，故於文無不考；守欲其要，故其動必以禮。」（朱熹《四書集注》） 2 盡心知性：「盡其心者，知其性也。知其性，則知天矣。存其心，養其性，所以事天也。夭壽不貳，修身以俟之，所以立命也」（《孟子．盡心上》），「愚謂盡心知性而知天，所以造其理也；存心養性以事天，所以履其事也。」（朱熹《四書集注》） 3 生知，學知，困知：「或生而知之，或學而知之，或困而知之，及其知之一也。或安而行之，或利而行之，或勉強而行之：及其成功一也。」（《中庸》第二十章）

4　語見《中庸》第二十二章。

譯文

徐愛問：「昨天聽老師『止至善』的說法，已經感覺功夫有下手的地方，但仍與朱子對『格物』的闡述有不能貫通的地方。」

陽明說：「格物就是止至善的功夫。既然你已經了解止至善，便應知道格物。」

徐愛問：「昨天我按照老師關於止至善的教誨，來思考對格物的解釋，似乎已經明白個大概。但是朱子的解釋，在《尚書》『精一』、《論語》『博約』、《孟子》『盡心知性』等這些說法中，都能找到依據，所以我仍未能徹底明白。」

陽明說：「……『精一』、『博約』、『盡心』，與我的說法本來就相符合，只是你沒好好思考罷了。朱子對格物的解釋，未免是牽合附會，失去《大學》格物的本旨。精就是一的功夫，博就是約的功夫，你既然已理解我知行合一的說法，此處一句話便可說明白。盡心、知性、知天，是屬生知安行的功夫，存心、養性、事天，是屬學知力行的功夫，『夭壽不貳，修身以俟』，是屬困知勉行的功夫。朱子錯誤地解釋格物，只是因為看錯這個意思，把『盡心知性』解釋為『物格知至』，要初學者便去做生知安行的功夫，這個怎麼可以？」

徐愛問：「『盡心知性』，怎麼屬『生知安行』的功夫呢？」

陽明說：「性是心之體，天是性之原。盡心即是盡性，《中庸》所謂『惟天下至誠為能盡其性，知天地之化育』；存心是說心有未盡。知天的知字如知州、知縣的知，是指自己分內的事，因此說知天就是指自己與天合而為一；事天就像子女侍奉父母，臣工侍奉國君，須要恭敬奉承，然後才能無過失，此是尚沒有與天合而為一。這便是聖賢的差別。至於『夭壽不貳其心』，是教學者一心為善，不可因為窮通夭壽的緣故，便把為善的心改變了，而只去做修身工夫，順應命運的安排，由於認識到窮通壽夭是命中注定，因此不會因此而動心。『事天』雖然尚未能與天合而為一，但自己已經認識到有個天在面前，而『俟命』卻是還沒有見到這個天，只好在此等候的意思。這就是初學者立志的功夫，有困勉的意思在其中。如今卻倒着做，所以使初學者沒有下手功夫。」

徐愛問：「昨天聽老師的教誨，已經隱隱約約覺得功夫須要如此做才好。今天聽此說，心中更加沒有疑惑了。我昨天思考『格物』的『物』字應該就是『事』字，都是從人心上說的。」

陽明說：「對。身體的主宰是心，心的發動便是意，意的本體便是知，意的所在便是物。比如意在於事親，事親就是一物；意在於事君，事君便是一物；意在於仁民愛物，仁民愛物就是一物；意在於視聽言動，視聽言動便是一物。所以我才說心外無理，心外無物。《中庸》說『不誠無物』，《大學》說『明明德』之功，都是指誠意功夫，而誠意功夫就是格物功夫。」

賞析與點評

心、意、知、物四句涉及對《大學》文本中正心、誠意、致知、格物的彼此關係如何界定的問題。其中前兩句是朱熹舊說，並無特別新意，後兩句才是陽明新說，他把致知的知與誠意的意結合起來，又將格物的物與誠意的意聯繫起來，物是由意建構起來的，是指意向活動的一種「事」——活動事件。陽明又從心與意、意與事等相即不離的關係來推出「心外無物」的判斷，物被納入與心知意的主體活動密切相關的領域。至於「意之所在便是物」的物是否具有客觀實在性，這不是陽明所關心的問題領域，換言之，他對心意知物的重新詮釋不是討論心與物在存在論上孰先孰後的問題，而是強調人們應當把對外物的注意力轉移到行為者的意識中來。

先生又曰：「『格物』如《孟子》『大人格君心』[1]之『格』，是去其心之不正，以全其本體之正。但意念所在，即要去其不正，以全其正，即無時無處不是存天理，即是窮理。天理即是『明德』，窮理即是『明明德』。」

注釋　1 語見《孟子·離婁上》。

譯文　陽明又說：「『格物』的『格』字就是《孟子》『大人格君心』中『格』的意思，指去除其心之不正，以保全其本體之正。只要意念所在之處，就要去其不正以全其正，則無時無處不是存天理，這便是窮理的功夫。天理就是『明德』，窮理就是『明明德』。」

賞析與點評

陽明借用《孟子》「大人格君心」的「格」來解釋《大學》格物之「格」，得出「格者，正也」的結論，由此，格物工夫變成了正心，成了「正念頭」。值得注意的是，「大人格君心」是一個富有政治學意涵的命題，所謂「君心」是指君主的意識活動，「大人」則相當於士人，故「大人格君心」就是要求士人敢於糾正君主的錯誤。陽明認為這是格物的重要意涵之一。

又曰：「知是心之本體，心自然會知。見父自然知孝，見兄自然知弟，見孺子入井自然知惻隱[1]，此便是良知[2]，不假外求。若良知之發，更無私意障礙，即所謂『充其惻隱之心，而仁不可勝用矣』[3]。然在常人不能無私意障礙，所以須用致知格物之功。勝私復理，即心之良知更無障礙，得以充塞流行，便是致其知。知致則意誠。」

注釋

1 孺子入井：「今人乍見孺子將入於井，皆有怵惕惻隱之心。」（《孟子．公孫丑上》）

2 良知：「人之所不學而能者，其良能也；所不慮而知者，其良知也。」（《孟子．盡心上》）

3 語見《孟子．盡心下》。

譯文

陽明又說：「知是心的本體，心自然會知。看見父母自然知孝，看見兄長自然知弟，看見小孩落井，自然知惻隱，此便是良知，不假外求。如果良知的發用，沒有私欲的障蔽，就是孟子所說『充其惻隱之心而仁不可勝用矣』。然而常人不能無私欲的障蔽，就須做致知格物的工夫，戰勝私欲以恢復天理，如此心之良知便沒有障礙，能夠充塞流行，這就是致其良知的工夫。能致其良知便是能夠誠其意。」

賞析與點評

「自然會知」即「良知自知」之意，這是陽明良知學的基本要義之一。良知自知的說法強調良知作為一種道德知識或道德意識，它必然自己意識到自己，是一種根植於內心的、每個人生而具有的內在道德意識，它是一種自律力量而他人無法干涉，它是「自家準則」而與他人無關。但是如果將良知自知而他人莫知的這套說法推至極端，卻有可能導致對行為的價值判斷相對化，於是一個人的道德行為如何獲得客觀的評價就將成為問題，因為每個人都可以「他人莫知」為由，拒絕他人的任何評價，從而為自己的所有行為正當化，這就必然產生良知客觀化如何可能的問題，從陽明學到陽明後學，良知客觀化問題便逐漸凸現出來。

9/9

愛問：「先生以『博文』為『約禮』功夫，深思之未能得，略請開示。」

先生曰：「『禮』字即是『理』字。『理』之發見可見者謂之『文』，『文』之隱微不可見者謂之『理』，只是一物。『約禮』只是要此心純是一個天理。要此心純是天理，須就理之發見處用功。如發見於事親時，就在事親上學存此天理；發見於事君時，就在事君上學存此天理；發見於處富貴貧賤時，就在處富貴貧賤上學存此天理；發見於處患難、夷狄時，就在處患難、夷狄上學存此天理[1]；至於作止語默，無處不然，隨他發見處，即就那上面學個存天理。這便是『博學之於文』，便是『約禮』的功夫。『博文』即是『惟精』，『約禮』即是『惟一』。」

注釋

1患難夷狄：「君子素其位而行，不願乎其外。素富貴，行乎富貴；素貧賤，行乎貧賤；素夷狄，行乎夷狄；素患難，行乎患難。君子無入而不自得也。」（《中庸》第十四章）

譯文

徐愛問：「老師認為『博文』就是『約禮』的功夫，我思索良久仍不能理解，請老師指教。」

陽明說：「『禮』字就是『理』字，理的顯現可見處便是文，文的隱微不可見處便是理，其實只是一件事。『約禮』便是要使此心全是一個天理。而要使此心全是天理，就理的顯現之處用工夫。如顯現於侍奉父母這件事上，便在事親這件事上學習存天理；顯現在侍奉君主上，便在事君這件事上學習存天理；顯現在對待富貴貧賤上，便在對待富貴貧賤上學習存天理；顯現在對待患難夷狄，便在對待患難夷狄上學習存天理；以至於處世、出世、沉默、言談，無處不是如此。都是隨理的顯現之處，在此學習存天理，這便是『博學於文』的意思，也就是『約禮』的功夫。『博文』就是『惟精』，『約禮』就是『惟一』。」

愛問：「『道心常為一身之主，而人心每聽命』[1]，以先生『精一』之訓推之，此語似有弊。」

先生曰：「然。心一也，未雜於人謂之道心，雜以人偽謂之人心。人心之得其正者即道心，道心之失其正者即人心，初非有二心也。程子謂『人心即人欲，道心即天理』[2]，語若分析而意實得之。今曰『道心為主，而人心聽命』，是二心也。天理人欲不並立，安有天理為主，人欲又從而聽命者？」

注釋

[1]語見「必使道心常為一身之主，而人心每聽命焉，則危者安，微者著，而動靜云為，自無過不及之差矣。」（朱熹《中庸章句・序》）[2]語見《二程遺書》卷十九。

譯文

徐愛問：「朱子『道心常為一身之主，而人心每聽命』的說法，用老師對『精一』工夫的解釋來看，似乎有弊病？」

陽明說：「對。心只是一個，沒有混雜人欲的便稱作道心，混雜人偽的便是人心；人心能夠持守正道便是道心，道心不能保其正道便是人心，本來就沒有兩個心。程子說『人心即人欲，道心即天理』，此話看起來在分別人心道心，但其真實意思卻不是如此。而朱子說『道心常為一身之主，而人心每聽命』，這便是說有兩個心。天理人欲不並立，哪有天理為主而人欲聽命的道理？」

愛問文中子、韓退之[1]。

先生曰：「退之，文人之雄耳；文中子，賢儒也。後人徒以文詞之故，推尊退之，其實退之去文中子遠甚。」

愛問：「何以有擬經之失[2]？」

先生曰：「擬經恐未可盡非。且說後世儒者著述之意與擬經如何？」

愛曰：「世儒著述，近名之意不無，然期以明道。擬經純若為名。」

先生曰：「著述以明道，亦何所效法？」

曰：「孔子刪述六經，以明道也。」

先生曰：「然則擬經獨非效法孔子乎？」

愛曰：「著述，即於道有所發明。擬經，似徒擬其跡，恐於道無補。」

先生曰：「……天下之大亂，由虛文勝而實行衰也。使道明於天下，則六經不必述，刪述六經，孔子不得已也。自伏羲畫卦，至於文王、周公，其間言《易》，如《連山》、《歸藏》之屬[3]，紛紛籍籍，不知其幾，《易》道大亂。孔子以天下好文之風日盛，知其說之將無紀極，於是取文王、周公之說而贊之[4]，以為惟此為得其宗，於是紛紛之說盡廢，而天下之言《易》者始一。《書》、《詩》、《禮》、《樂》、《春秋》皆然……孔子述《六經》，懼繁文之亂天下，惟簡之而不得，使天下務去其文以求其實，非以文教之也。春秋以後，繁文益盛，天下益亂。始皇焚書得罪，是出於私意，又不合焚《六經》。若當時志在明道，其諸反經叛理之說，悉取而焚之，亦正暗合刪述之意。自秦漢以降，文又日盛，若欲盡去之，斷不能去；只宜取法孔子，錄其近是者而表章之，則其諸怪悖之說，亦宜漸漸自廢。不知文中子當時擬經之意如何，某切深有取於其事，以為聖人復起，不能易也。天下所以不治，只因文盛實衰，人出己見，新奇相高，以眩俗取譽，徒以亂天下之聰明，塗天下之耳目，使天下靡然爭務修飾文詞，以求知於世，而不復知有敦本尚實、反樸還淳之行，是皆著述者有以啟之。」

愛曰：「著述亦有不可缺者，如《春秋》一經，若無《左傳》，恐亦難曉。」

先生曰：「《春秋》必待《傳》而後明，是歇後謎語矣，聖人何苦為此艱深隱晦之詞！《左傳》多是魯史舊文，若《春秋》須此而後明，孔子何必削之？」

愛曰：「伊川亦云『傳是案，經是斷』[5]，如書弒某君，伐某國，若不明其事，恐亦難斷。」

先生曰：「伊川此言恐亦是相沿世儒之說，未得聖人作經之意。如書『弒君』，即弒君便是罪，何必更問其弒君之詳？征伐當自天子出，書『伐國』，即伐國便是罪，何必更問其伐國之詳？聖人述《六經》，只是要正人心，只是要存天理、去人欲。於存天理、去人欲之事，則嘗言之。或因人請問，各隨分量而說，亦不肯多道，恐人專求之言語，故曰『予欲無言』[6]。若是一切縱人欲、滅天理的事，又安肯詳以示人？是長亂導奸也。故孟子云：『仲尼之門，無道桓、文之事者，是以後世無傳焉。』[7]此便是孔門家法。世儒只講得一個伯者的學問[8]，所以要知得許多陰謀詭計，純是一片功利的心，與聖人作經的意思正相反，如何思量得通！……」

注釋

1 文中子：王通（五八四—六一七），字仲淹，龍門（今山西河津）人，門人私謚文中子，仿孔子作《六經》。韓退之：韓愈（七六八—八二四），河北昌黎人，死後謚文，故稱文公，追封為昌黎伯，唐代著名文人。2 擬經：模擬經書，這裏指王通仿《春秋》作《元經》，又為《中說》以擬《論語》。3《連山》、《歸藏》：出自《周禮・春官宗伯》，傳說《連山》為夏《易》，《歸藏》為殷《易》。4 贊《易》：贊，明也。相傳孔子作《易傳》以贊《易》，共稱十翼。5 伊川：程頤（一〇三三—一一〇七），字正叔，河南伊川人，世稱伊川先生，此語見《二程遺書》卷十五。6 語見「子曰：『予欲無言。』子貢曰：『子如不言，則小子何述焉？』子曰：『天何言哉？四時行焉，百物生焉，天何言哉？』」（《論語・陽貨》）7 語見《孟子・梁惠王上》。8 伯：通「霸」。

譯文

徐愛問：「文中子、韓退之的學問怎樣？」

陽明說：「退之是文人之豪傑，文中子是賢儒。後人只因文辭的緣故而推尊退之，其實退之比文中子差得很遠。」

徐愛又問：「那為甚麼會有仿造聖經的失誤呢？」

陽明說：「仿造聖經恐怕也不全錯。你說說後世儒者著述是為了甚麼？」

徐愛說：「後代儒者著述，雖然不能沒有求名的意思，然而都是期望闡明聖人之道的。而仿造聖經恐怕全是為了好名。」

陽明說：「著述來闡明聖道，效法誰呢？」

徐愛說：「孔子，他刪述六經，就是為了明道。」

陽明說：「然而仿造聖經不就是效法孔子嗎？」

徐愛說：「著述是為了明道，但仿造聖經卻似乎只是模仿其表相，於道無補。」

陽明說：「……天下大亂，正是由於虛文興勝而實事衰微。假使天下都明道，那麼六經也無須刪述。刪述六經是孔子不得已而為的事。自伏羲畫八卦，到文王周公，其間說《易》的有《連山》、《歸藏》。紛紛擾擾，不知多少，以致《易》道大亂。孔子以為天下好文的風氣日益昌盛，知道紛紛說《易》者將無止息，於是取文王、周公之說來闡發《易》的思想，並以此為《易》學的宗旨，從而使各種《易》學的說法盡廢，天下說《易》者才得以統一。《書》、《詩》、《禮》、《樂》都是如此……孔子刪述六經，正是擔心繁文會亂天下，而唯恐不能求得簡略，其目的是使天下之人務實而去繁文，不是以文來教化天下。春秋以後，繁文日盛，天下更亂。秦始皇焚書，固然是出於其私意，不應焚六經。若是當時其志向在於明道，對那些反經無理的說法，都可以焚燒，這不是暗合孔子刪述六經的用意嗎？自秦漢以後，文又日盛，如果都要刪去，恐怕也不可能，只好取法孔子，記錄合乎道理的來表彰，則悖亂邪說也會漸漸廢除。不知當時文中子仿造聖經是甚麼用意，但我深切覺得這個做法是可取的，認為即便是聖人復起，也不會改變。天下之所以紛亂無理，就是因為文盛而實衰。人人表達自己的新奇意見，沽名釣譽，結果混淆視聽，使天下學者紛紛從事於文章辭藻，獲取聲名，而不知有敦本尚實的學問，返璞歸真的工夫。這些都是後世著述引發的。」

徐愛說：「著述也有不可或缺的，比如《春秋》這部經，如果沒有《左傳》，恐怕也很難讀懂。」

陽明說：「《春秋》必須由《傳》才能明白，那就是歇後語了。聖人何苦做此艱深難懂的文詞？《左傳》多是魯國史書的舊文，如果《春秋》必待此而後明，孔子何必削之呢？」

徐愛說：「伊川先生也說過『傳是案，經是斷』，如寫弒某君，攻伐某國，若是不明白這些具體的事，恐怕難以判斷。」

陽明說：「伊川先生這話，恐怕也是沿襲了後世儒者的陳說，並沒有把握到聖人作經的真實用意。如寫弒某君，則弒君便是罪了，何須再追問弒君的詳情？征伐須自天子出，書伐國，便知伐國就是罪，何須再問伐國的詳情？聖人刪除六經，只是要正人心，只是要存天理、去人欲。對存天理、去人欲的事，孔子是常說的，但也是因有人提問，按照提問者不同的才智來回答，但也不肯多說，這是擔心人只會在言語上求，所以孔子說『予欲無言』。對縱人欲、滅天理之事，又怎麼肯向人詳細解說呢？如此便是助長混亂、引入奸邪。所以孟子才說：『孔子之門，沒有討論齊桓公、晉文公的事，所以後世沒有傳承。』這就是孔門的家法。而世儒講來講去只是在講個霸者的學問而已，所以要懂許多陰謀詭計才行，這便是一片功利的心，與聖人作經的用意正好相反，如何會想得通？……」

愛曰：「先儒論《六經》，以《春秋》為史。史專記事，恐與《五經》事體終或稍異。」[1]

先生曰：「以事言謂之史，以道言謂之經。事即道，道即事。《春秋》亦經，《五經》亦史。《易》是包犧氏之史，《書》是堯、舜以下史，《禮》、《樂》是三代史。其事同，其道同，安有所謂異！」

注釋

1《六經》：五經加《樂經》。《五經》：《詩經》、《尚書》、《禮記》、《周易》、《春秋》。

譯文

徐愛問：「先儒議論《六經》，以《春秋》為史，史屬於記事，恐怕與《五經》的體例有不同吧？」

陽明說：「以記事言之則稱作史，以道理言之則稱作經。事即是道，道即是事，《春秋》也是經，《五經》也是史。《易》是包犧氏的歷史，《書》是堯舜以下的歷史，《禮》、《樂》是三代的歷史。其事同，其道也同，經史哪有甚麼不同？」

陸澄[1]問：「主一之功，如讀書則一心在讀書上，接客則一心在接客上，可以為主一乎？」

先生曰：「好色則一心在好色上，好貨則一心在好貨上[2]，可以為主一乎？是所謂逐物，非主一也。主一是專主一個天理。」

注釋

1 陸澄：字原靜，又作元靜，又字清伯，歸安（浙江吳興）人，陽明弟子。2 好色好貨：見《孟子・梁惠王下》。

譯文

陸澄問：「主一的工夫是如讀書便一心在讀書上，接客便一心在接客上，這樣可以稱作主一的工夫嗎？」

陽明說：「好色便一心在好色上，好貨便一心在好貨上，可以稱作主一的工夫嗎？

這是逐物，不是主一。主一工夫是專注在一個天理上。」

賞析與點評

這段話是對程朱理學主張的「主一無適」的「主敬」工夫的質疑與批判（可以與本書第81條合觀）。在陽明看來，理學的這種主敬工夫缺乏「頭腦」，變成了一種純心理學意義上的意識集中，若此，則「好色便一心在好色上，好貨便一心在好貨上」也可稱作「主敬」了，其結果必將導致心隨物轉、淪入逐物之窠臼，怎能稱得上「主一」？所以陽明堅持認為，必須用「天理」（即良知）來主導人心意識的走向，唯有這樣才有可能使「敬」字工夫得以落實。

問立志。

先生曰：「只念念要存天理，即是立志。能不忘乎此，久則自然心中凝聚，猶道家所謂結聖胎也[1]。此天理之念常存，馴至於美、大、聖、神[2]，亦只從此一念存養擴充去耳」。

注釋　1結聖胎：道教煉內丹法，以母體結胎比喻凝聚精、氣、神三者練成之丹，曰「結聖胎」。2美、大、聖、神：「崇實之謂美，崇實而有光輝之謂大，大而化之之謂聖，聖而不可知之謂神。」（《孟子・盡心下》）

譯文　問：「何謂立志？」

陽明說：「只要念念存天理就是立志。能夠念念不忘，時間久了自然心中凝聚，猶如道教所謂的結聖胎。念念存此天理，以至於美、大、聖、神，也是從此一念存養擴充出去的。」

日間工夫覺紛擾，則靜坐；覺懶看書，則且看書。是亦因病而藥。

譯文　白天工夫如果覺得煩擾，則靜坐；如果覺得懶得看書，則去看書。這都是對病的藥。

問：「聖人應變不窮，莫亦是預先講求否？」

先生曰：「如何講求得許多？聖人之心如明鏡，只是一個明，則隨感而應，無物不照，未有已往之形尚在，未照之形先具者。若後世所講，卻是如此，是以與聖人之學大背。周公制禮作樂以文天下[1]，皆聖人所能為，堯、舜何不盡為之而待於周公？孔子刪述《六經》，以詔萬世，亦聖人所能為，周公何不先為之而有待於孔子？是知聖人遇此時，方有此事。只怕鏡不明，不怕物來不能照。講求事變，亦是照時事，然學者卻須先有個明的工夫。學者惟患此心之未能明，不患事變之不能盡。」

注釋

1 制禮作樂：「周公踐天子之位，以治天下，六年，朝諸侯於明堂，制禮作樂。」（《禮記・明堂位》）

譯文

問：「聖人應變不窮，是不是也要事先講求？」

陽明說：「怎麼講求得這麼多？聖人的心如明鏡，只是一個明，自然隨感而應，無物不照。哪有已過之形尚在而未照之形先在的道理？而後世俗儒卻持這種觀點，這便與聖人之學相違背。周公制禮作樂，文明天下，聖人都能做，堯舜為甚麼不做而要等到周公？孔子刪述《六經》以教化後世，也是聖人能做的，周公為甚麼不做而要等到孔子？此可知聖人要遇到這種時代，方才做出這種事業。學者應只怕自己的鏡子不明澈，不應怕物不來照。講求隨機應變，是照物時的工夫，而學者必須先有個使心明澈的工夫。學者當擔憂此心不明澈，無須擔憂事變不能窮盡。」

17/22

義理無定在，無窮盡。吾與子言，不可以少有所得，而遂謂止此也，再言之十年、二十年、五十年，未有止也。

譯文

義理是沒有方所，沒有窮盡的。我與你講論，不可以因心中漸有所得，遂認為義理止於此而已，即便再說十年、二十年、五十年也不能窮盡。

18/23

問：「靜時亦覺意思好，才遇事，便不同，如何？」

先生曰：「是徒知養靜，而不用克己工夫也。如此，臨事便要傾倒。人須在事

上磨，方立得住，方能『靜亦定，動亦定』[1]。」

注釋

1 靜亦定，動亦定：語見程顥（一〇三二—一〇八五）〈答橫渠張子厚先生書〉（也稱〈定性書〉）（《河南程氏文集》卷二）。

譯文

問：「靜的時候也覺得意思很好，但才遇到事情就不同，為甚麼呢？」

陽明說：「這是因為你只知養靜，而不知克己工夫。這樣一來，遇事便會顛倒慌亂。人須在事情上磨練，方才站得住，方能做到靜時亦定，動時亦定。」

問「上達工夫」[1]。

先生曰：「後儒教人才涉精微，便謂『上達』未當學，且說『下學』，是分『下學』、『上達』為二也。夫目可得見，耳可得聞，口可得言，心可得思者，皆『下學』也；目不可得見，耳不可得聞，口不可得言，心不可得思者，『上達』也。如木之栽培灌溉，是『下學』也；至於日夜之所息，條達暢茂，乃是『上達』，人安能預其力哉？故凡可用功、可告語者，皆『下學』，『上達』只在『下學』裏。凡

聖人所説，雖極精微，俱是『下學』。學者只從『下學』裏用功，自然『上達』去，不必別尋個『上達』的工夫。」

注釋

1 上達：「子曰：不怨天，不尤人，下學而上達，知我者其天乎！」（《論語・憲問》）下學人事，上達天命。

譯文

問：「甚麼是上達工夫？」

陽明説：「後儒教育人才稍微涉及精深幽微之處，便説是『上達』不可學，只説『下學』，這便將『下學』與『上達』分別為二。眼睛看得見的，耳朵聽得見的，口可以説的，心可以思考的，都屬於下學；眼睛看不見的，耳朵聽不見的，口不能説的，心不可思的，屬於上達。譬如樹木的栽培灌溉，是下學；至於日日夜夜不停息的生長，便是上達，人怎麼能夠於此用工夫呢？所以説凡可以用功、可以言説的，都屬於下學，上達只在下學裏。凡聖人所説，雖極精微，都屬下學。學者只應從下學處用功，自然上達，不必再尋個上達工夫。」

問：「『惟精惟一』[1]是如何用功？」

先生曰：「『惟一』是『惟精』主意，『惟精』是『惟一』功夫，非『惟精』之外復有『惟一』也。『精』字從『米』，姑以米譬之：要得此米純然潔白，便是『惟一』意；然非加舂簸篩揀『惟精』之功，則不能純然潔白也。舂簸篩揀是『惟精』之功，然亦不過要此米到純然潔白而已。博學、審問、慎思、明辨、篤行者[2]，皆所以為『惟精』而求『惟一』也。他如『博文』者，即『約禮』之功，『格物致知』者，即『誠意』之功[3]，『道問學』即『尊德性』之功[4]，『明善』即『誠身』之功[5]，無二說也。」

注釋

1 見第2條（為本書條目，後同）注3。2 見第4條注2。3 致知、格物、誠意：「致知在格物。物格而後知至，知至而後意誠，意誠而後心正，心正而後身修，身修而後家齊，家齊而後國治，國治而後天下平。」（《大學》第一章）4 道問學、尊德性：「故君子尊德性，而道問學，致廣大，而盡精微，極高明，而道中庸。」（《中庸》第二十七章）5 明善、誠身：「誠身（使自身真誠）有道：不明乎善，不誠乎身矣。誠者，天之道也；誠之者，人之道也。」。（《中庸》第二十章）

譯文

問：「『惟精惟一』是怎麼做工夫？」

陽明說：「『惟一』是『惟精』的主意，『惟精』是『惟一』的工夫，不是『惟精』之外別有『惟一』這個工夫。『精』字是從『米』字旁，就以米來比喻。要使此米純白無暇，便是『惟一』的意思；然而不加舂簸篩揀這樣的『惟精』工夫，就不能有純白無暇的米。舂簸篩揀是『惟精』的工夫，然其用意不過是使此米純白無暇而已。博學、審問、慎思、明辨、篤行，都是『惟精』的工夫，目的是求得『惟一』。他如『博文』即是『約禮』的工夫，『格物致知』即是『誠意』的工夫，『道問學』即是『尊德性』的工夫，『明善』即是『誠身』的工夫，沒有異說。」

漆雕開曰：「吾斯之未能信。」夫子說之[1]；子路使子羔為費宰，子曰：「賊夫人之子。」[2]；曾點言志，夫子許之[3]。聖人之意可見矣。

注釋

1語見《論語・公冶長》。漆雕開：字子開（前五四〇—前四五〇），又作子若，蔡人，孔子弟子。2語見「子路使子羔為費宰。子曰：『賊夫人之子。』子路曰：『有民人焉，有社稷焉，何必讀書，然後為學？』子曰：『是故惡夫佞者。』」（《論語・先進》）。子路：姓仲，名由（約前五四二—前四八〇），一字季路，又稱季子，魯之卞邑（弁邑）人，孔子弟子。子羔：姓高，名柴（約前五二一生），孔子弟子。[3] 語見「『暮春者，春服既成，冠者五、六人，童子六、七人，浴乎沂，風乎舞雩，詠而歸。』夫子喟然歎曰：『吾與點也。』」（《論語・先進》）。曾點：字皙，魯國武城人，孔子弟子，曾參之父。

譯文

漆雕開說：「我還不能自信。」孔夫子聽了非常高興；子路推薦子羔到費這個地方做官，孔夫子說：「你這是害人家的孩子。」曾點言志，孔夫子稱許。由此可見聖人之意。

問：「寧靜存心時，可為『未發之中』[1] 否？」

先生曰：「今人存心，只定得氣。當其寧靜時，亦只是氣寧靜，不可以為『未發之中』。」

曰：「未便是中，莫亦是求中功夫？」

曰：「只要去人欲、存天理，方是功夫。靜時念念去人欲、存天理；動時念念去人欲、存天理，不管寧靜不寧靜。若靠那寧靜，不惟漸有喜靜厭動之弊，中間許多病痛，只是潛伏在，終不能絕去，遇事依舊滋長。以循理為主，何嘗不寧靜？以寧靜為主，未必能循理。」

注釋

1 未發之中：「喜怒哀樂未發，謂之中；發而皆中節，謂之和。中也者，天下之大本；和也者，天下之達道。致中和，天地位焉，萬物育焉。」（《中庸》第一章）

譯文

問：「寧靜存心的時候，可稱之為『未發之中』嗎？」

陽明說：「今人存心，只是把定個氣而已，當其寧靜時，也只是氣不動而已，不可以叫作『未發之中』。」

問：「此不是『中』，是不是別有求中的功夫？」

陽明說：「只是要去人欲，存天理，便是功夫。寧靜時候念念去人欲，存天理，動時也如此。若只依靠寧靜，恐怕不僅會漸漸生出喜靜厭動的毛病，而且心中存了多少的毛病，只是潛伏着，終究不能克去，遇到事情依舊會滋生出來。如果以循理為主，何嘗不寧靜？若以寧靜為主，未必能夠循理。」

問：「孔門言志，由、求任政事，公西赤任禮樂[1]，多少實用？及曾皙說來，卻似耍的事，聖人卻許他，是意何如？」

曰：「三子是有意必[2]，有意必便偏着一邊，能此未必能彼；曾點這意思卻無意必，便是『素其位而行，不願乎其外』、『素夷狄行乎夷狄，素患難行乎患難，無入而不自得矣』[3]。三子所謂『汝器也』[4]，曾點便有『不器』[5]意。然三子之才，各卓然成章，非若世之空言無實者，故夫子亦皆許之。」

注釋

1 孔門言志：（一）子路：「千乘之國，攝乎大國之間，加之以師旅，因之以饑饉，由也為之，比及三年，可使有勇，且知方也。」（二）求：「方六、七十，如五、六十，求也為之，比及三年。可使足民，如其禮樂，以俟君子。」（三）赤：「非曰能之，願學焉。宗廟之事，如會同，端章府，願為小相焉。」（四）點：見第21條注3。（《論語．先進》）由：子路。求：冉求，字子有（前五二二—前四八九），春秋末魯國人，孔子弟子。公西赤：字子華（前五〇九或五一九—？），亦稱公西華，春秋末魯國人，孔子弟子。2 意必：「子絕四，毋意，毋必，毋固，毋我。」（《論語．子罕》）3 語見《中庸》第十四章。4 器：子貢問曰：「賜也何如？」子曰：「汝器（有用之成材）也。」

曰：「何器也？」曰：「瑚璉（器之貴重而華美者）也。」（《論語・公冶長》）5 不器：「君子不器（只具有某一方面技能）。」（《論語・為政》）

譯文

問：「孔門言志這一章，子路、冉求擔任政事，公西赤擔任禮樂之事，有多少實事。但曾皙說來，卻像是玩耍一般，聖人卻稱許他，這是為甚麼？」

陽明說：「前三位是有意必，有意必便偏在一邊，能做此不能彼。曾點這意思卻是無意必，便是《中庸》所謂『處其位而行，不慕其外』，『處夷狄則行乎夷狄，處患難行乎患難，無入而不自得矣』。前三位是所謂「器」的實用型人才，而曾點便有君子『不器』的意思。然而三位的才能各自卓然成章，並非後人那般空談無實者，所以孔子也稱許他們。」

24/30

問：「知識不長進如何？」

先生曰：「為學須有本原，須從本原上用力，漸漸『盈科而進』[1]。仙家說嬰兒亦善譬[2]。嬰兒在母腹時，只是純氣，有何知識？出胎後，方始能啼，既而後能笑，又既而後能認識其父母兄弟，又既而後能立、能行、能持、能負，卒乃天下之事，無不可能。皆是精氣日足，則筋力日強，聰明日開，不是出胎日便講求推尋得來。故須有個本原。聖人到『位天地，育萬物』[3]，也只從『喜怒哀樂未發之中』上養來。後儒不明格物之說，見聖人無不知、無不能，便欲於初下手時講求得盡，豈有此理！」

注釋

1盈科而進：科通「窠」，坑。水流填滿坑後才能繼續前進。載《孟子·離婁下》：「原原混混，不舍晝夜，盈科而後進，放乎四海。」2嬰兒：「戴營魄抱一，能毋離乎？摶氣至柔，能嬰兒乎？」（《老子》第十章）3語見「致中和，天地位焉，萬物育焉。」（《中庸》第一章）

譯文

問：「知識沒有長進，怎麼辦？」

陽明說：「做學問須要有本原，在本原上用功，漸漸盈科而後進。仙家說嬰兒也是個好比喻。嬰兒在母親腹中時，只是一團純氣，有甚麼知識？出生後，才能啼哭，繼而能笑，繼而認識父母兄弟，繼而能站立、行走，能拿東西、背東西，以至於天下之事，無所不能。這是因為他這精氣日足，筋骨日益強壯，聰明日益展開，不是出生時便能講求的。所以說須有個本原。聖人到『位天地，育萬物』的地位，也是從『喜怒哀樂未發之中』存養出來的。後儒不明格物之說，見聖人無不知、無不能，在初下工夫之時便要完全講求，哪有這樣的道理！」

問：「看書不能明，如何？」

先生曰：「此只是在文義上穿求，故不明。如此，又不如為舊時學問。他到看得多，解得去。只是他為學雖極解得明曉，亦終身無得，須於心體上用功[1]。凡明不得，行不去，須反在自心上體當即可通。蓋《四書》[2]、《五經》不過說這心體，這心體即所謂道，心體明即是道明，更無二，此是為學頭腦處。」

注釋

1 心體：心之本體。2《四書》：《大學》、《中庸》、《論語》、《孟子》。

譯文

問：「讀書不明白，怎麼辦？」

陽明說：「這只是在文義上講求，所以有不明。這樣還不如做舊時的學問，看得多，也解釋得多。只是這樣的為學方法雖然講解得極為明白，但終身無所得。做學問須要在心體上用功，凡是不明白，做不來的，須反求在自己心體上體會，便可通達。大概《四書》、《五經》所說也不過是這心體，這心體便是道，心體明白便道理明白，此便是做學問的頭腦處。」

‖26/33

或問：「晦庵先生曰『人之所以為學者，心與理而已』[1]。此語如何？」

曰：「心即性，性即理，下一『與』字，恐未免為二。此在學者善觀之。」

注釋

1 語見朱熹《大學或問》第五格物章。晦庵先生：即朱熹。

譯文

有人問：「朱子說『人之所以為學者，心與理而已』，這句話怎麼樣？」

陽明說：「心即性，性即理，下一個『與』字，恐怕已是分之為二。學者要善於領會。」

‖27/34

或曰：「人皆有是心，心即理，何以有為善，有為不善？」

先生曰：「惡人之心，失其本體。」

譯文　有人問：「人都有這個心，心即理，為甚麼卻有善，有不善呢？」

陽明說：「惡人之心，失掉了他的本體。」

賞析與點評

在陽明學的理論構造中，「心之本體」是說心體是一道德的、價值的存在，因此與性、天便是同質同層的存在。心不僅是性，心體本身便是天理。陽明用天理來定義心體，其用意在於：他要把心往上提升，提升至形而上領域，這樣一來，心作為一種本體存在才能站住腳。從哲學上說，這是將「心」天理化的一種致思取向。就陽明而言，不如此說便不足以挺立起心的本體地位，也不足以樹立「心即理」這一心學命題。

省察[1]是有事時存養，存養是無事時省察。[2]

注釋　1 省察：「曾子曰：吾日三省吾身：為人謀而不忠乎？與朋友交而不信乎？傳不習

乎？」（《論語．學而》）[2]存養：「存其心，養其性，所以事天也。」（《孟子．盡心上》）

譯文　省察工夫是遇事時的存養工夫，存養工夫是無事時的省察工夫。

澄嘗問：「象山『在人情事變上做工夫之說』[1]。」

先生曰：「除了人情事變，則無事矣。喜怒哀樂非人情乎？自視聽言動，以至富貴貧賤患難死生，皆事變也。事變亦只在人情裏。其要只在『致中和』[2]，『致中和』只在『謹獨』[3]。」

注釋

[1]象山：陸九淵，號象山，又稱存齋先生，南宋碩儒，宋明「心學」開山之祖。語見《象山全集》卷三十四。[2]中和：儒家以中正平和為中庸之道的精神修養。語見《中庸》第一章。[3]謹獨：也作「慎獨」，獨處時言行仍謹慎不苟且。「是故君子戒慎乎其所不睹，恐懼乎其所不聞。莫見乎隱，莫顯乎微，故君子慎其獨也。」「此謂誠於中，形於外，故君子必慎其獨也。」（《中庸》第一章，《大學》第六章）

譯文

陸澄問：「象山說『要在人情事變上做工夫』，這句話怎麼樣？」

陽明說：「除了人情事變，便沒有甚麼事情了。喜怒哀樂不是人情嗎？視聽言動、富貴貧賤、患難生死，都屬於事變。而事變也都在人情之內。所以工夫的要領在於做到『喜怒哀樂未發之謂中，發而皆中節之謂和』的『中和』境地之實現，而『致中和』只不過是『謹獨』工夫。」

澄問：「仁、義、禮、智之名，因已發而有？」曰：「然。」

他日，澄曰：「側隱、羞惡、辭讓、是非[1]，是性之表德邪？」

曰：「仁、義、禮、智也是表德。性一而已：自其形體也，謂之天；主宰也，謂之帝；流行也，謂之命；賦於人也，謂之性；主於身也，謂之心。心之發也，遇父便謂之孝，遇君便謂之忠，自此以往，名至於無窮，只一性而已。猶人一而已：對父謂之子，對子謂之父，自此以往，至於無窮，只一人而已。人只要在性上用功，看得一性字分明，即萬理燦然。」

注釋

1 惻隱、羞惡、辭讓、是非：「惻隱之心，仁也；羞惡之心，義也；恭敬之心，禮也；是非之心智也。仁義禮智，非由外鑠我也，我固有之也，弗思耳矣。」（《孟子・公孫丑上》）

譯文

陸澄問：「仁、義、禮、智的名字，是已發才有的嗎？」

陽明說：「是的。」

他日，陸澄又問：「惻隱、羞惡、辭讓、是非，是性的表德嗎？」

陽明說：「仁、義、禮、智也是表德。性只有一個，從其形體角度來說，稱之為天；從其主宰來說，稱之為帝；從其流行來說，稱之為命；從其賦予人而言，稱之為性；從其為一身之主來說，稱之為心。心的發用，在父母那稱作孝，在國君那稱作忠，由此以往，名稱至於無窮，其實只是一個性。譬如一個人，在父親面前稱兒子，在兒子面前稱父親，自此以往，至於無窮，其實只是一人而已。人只要在性上用功，看得性字分明，自然明白許多道理。」

一日論為學工夫。

先生曰：「教人為學，不可執一偏。初學時心猿意馬，拴縛不定，其所思慮多是人欲一邊，故且教之靜坐、息思慮。久之，俟其心意稍定，只懸空靜守，如槁木死灰亦無用[1]，須教他省察克治。省察克治之功，則無時而可間，如去盜賊，須有個掃除廓清之意。無事時將好色、好貨、好名等私，逐一追究搜尋出來，定要拔去病根，永不復起，方始為快。常如貓之捕鼠，一眼看着，一耳聽着，才有一念萌動，即與克去[2]。斬釘截鐵[3]，不可姑容與他方便，不可窩藏，不可放他出路，方是真實用功，方能掃除廓清。到得無私可克，自有端拱時在。雖曰『何思何慮』[4]，非初學時事。初學必須思省察克治，即是思誠，只思一個天理，到得天理純全，便是何思何慮矣。」

注釋

1 槁木死灰：「形故可使如槁木，而心固可使如死灰乎？」（《莊子．齊物論》） 2 貓撲鼠：「子見貓兒撲鼠乎？目睛不瞬，四足踞地，諸根順向，首尾一直，子能如是，心無異緣。」（《五燈會元》卷十七〈黃龍祖心禪師法嗣章〉）又見朱熹《朱子大全》卷七十一《偶讀漫記》。 3 斬釘截鐵：「學佛底人，如斬釘截鐵始得。」（《景德傳燈錄》卷十七） 4 何思何慮：「天下何思何慮！天下同歸而殊途，一致而百慮。」（《周易．繫辭下》）

譯文

一天討論為學工夫的問題。

陽明說：「教人為學的工夫不可偏一。初學時心猿意馬，心思不定，其所思慮者多是人欲問題，可先教他靜坐息思慮。時間長了，等到心意稍微能定下來，這時如果只是懸空靜守，如槁木死灰一般，也是無用。便須教他省察克治的工夫，如此則工夫不會有間斷。譬如除去盜賊的方法，必須有個掃除廓清的意思，無事時，將那好色、好貨、好名等私心，逐個搜尋出來，定要拔去病根，永不復起，方是痛快。又如貓之捕鼠，眼看耳聽，才有一念萌動，便要克去，斬釘截鐵，不可姑且縱容，這才是真工夫。待無私欲可克的時候，自然有端坐拱手悠閒的時候。雖說『何思何慮』，但這不是初學者的事情。初學者必須做省察克治的工夫，此便是思誠的工夫，便是只思一個天理，到那天理純熟時，便是何思何慮的地位。」

定者心之本體，天理也。動靜，所遇之時也。[1]

注釋

1 語見「所謂定者，動亦定，靜亦定，無將迎，無內外。」。（程顥〈答橫渠張子厚先生書〉（也稱〈定性書〉）」）

譯文　定是心之本體，是天理。動靜，屬於心體與外境接觸之時的顯現狀態。

33/42

澄問：「《學》、《庸》同異。」

先生曰：「子思[1]括《大學》一書之義為《中庸》首章。」

注釋　[1]子思：名伋（前四八三—前四〇二），字子思，伯魚之子，孔子之孫。

譯文　陸澄問：「《大學》、《中庸》有何同異？」

陽明說：「子思是把《大學》全書的主旨概括為《中庸》第一章。」

34/43

問：「孔子正名[1]，先儒說『上告天子，下告方伯，廢輒立郢』[2]。此意如何？」

先生曰：「恐難如此。豈有一人致敬盡禮，待我而為政，我就先去廢他，豈

人情天理？孔子既肯與輒為政，必已是他能傾心委國而聽。聖人盛德至誠，必已感化衛輒，使知無父之不可以為人，必將痛哭奔走，往迎其父。父子之愛本於天性，輒能悔痛真切如此，蒯聵豈不感動底豫？蒯聵既還，輒乃致國請戮。聵已見化於子，又有夫子至誠調和其間，當亦決不肯受，仍以命輒。群臣百姓又必欲得輒為君，輒乃自暴其罪惡，請於天子，告於方伯諸侯，而必欲致國於父。聵與群臣百姓亦皆表輒悔悟仁孝之美，請於天子，告於方伯諸侯，必欲得輒而為之君。於是集命於輒，使之復君衛國。輒不得已，乃如後世上皇故事[3]，率群臣百姓尊聵為太公，備物致養，而始退復其位焉。則君君、臣臣、父父、子子，名正言順，一舉而可為政於天下矣。孔子正名，或是如此。」

注釋

[1]正名：「名不正，則言不順；言不順則事不成。」（《論語．子路》）[2]先儒說：指朱熹《論語集注．子路》引胡瑗（九三三—一〇五九）注：「衛世子蒯聵恥其母南子之淫亂，欲殺之不果而出奔。靈公欲立公子郢，郢辭。公卒，夫人立之，又辭。乃立蒯聵之子輒，以拒蒯聵。夫蒯聵欲殺母，得罪於父，而輒據國以拒父，皆無父之人也，其不可有國也明矣。夫子為政，而以正名為先。必將具其事之本末，告諸天王，請於方伯，命公子郢而立之。則人倫正，天理得，名正言順而事成矣。」[3]上皇故事：言劉

邦詔尊其父太公為太上皇一事，見《漢書》卷一〈高帝紀〉。

譯文

問：「對孔子正名的解釋，先儒認為是上告周天子，下告諸侯，廢輒而立郢，這個說法怎麼樣？」

陽明說：「恐不是如此。哪有人至誠至敬待我來協助治理國家，我反而去廢除他，這難道是人情天理嗎？孔子既然肯協助輒治理國家，必定是他信任孔子而把國家大政委託給孔子。聖人盛德至誠，既然已感化衛輒，必定知無父者不可為人，必將痛哭奔走，把父親蒯聵迎接回國。父子之間的愛，是天性，如果輒能夠痛悔如此，蒯聵哪有不被感動的？蒯聵歸國之後，兒子輒必定會讓國於父親。蒯聵既已被兒子感化，又有孔子從中調停，必定是不肯受，還是命輒當國。群臣百姓也希望輒為國君，輒於是自曝其惡，請於周天子，告於諸侯，定要讓國於父親。蒯聵與群臣百姓也表彰輒悔悟仁孝的美德，請於周天子，告於諸侯，定要輒為國君，於是命輒仍為衛國君主。輒不得已，只好如後世太上皇故事，率領群臣尊蒯聵為太公，殷勤奉養，而後登國君之位。如此則君君、臣臣、父父、子子，名正而言順，便可施行於天下。孔子正名，恐是如此。」

澄在鴻臚寺倉居[1]，忽家信至，言兒病危，澄心甚憂悶不能堪。

先生曰：「此時正宜用功，若此時放過，閒時講學何用？人正要在此時磨煉。父之愛子，自是至情，然天理亦自有個中和處，過即是私意。人於此處多認做天理當憂，則一向憂苦，不知已是『有所憂患，不得其正』[2]。大抵七情所感，多只是過，少不及者。才過，便非心之本體，必須調停適中始得。就如父母之喪，人子豈不欲一哭便死，方快於心？然卻曰『毀不滅性』[3]，非聖人強制之也，天理本體自有分限，不可過也。人但要識得心體，自然增減分毫不得。」

注釋

1 鴻臚寺倉居：陽明在正德九年（一五一四）升南京鴻臚寺卿，陸澄等從學在此時。倉居：倉舍暫住。2 語見「所謂修身在正其心者：身有所忿懥，則不得其正；有所恐懼，則不得其正；有所好樂，則不得其正；有所憂患，則不得其正。」（《大學》第七章）3 語見《禮記·喪服死制》，意為不要因為過度哀傷而滅絕人之常情。

譯文

陸澄在鴻臚寺倉暫住，忽然家中來信說兒子病危，遂憂悶不已。

陽明說：「此正是用功的好時候，此時放過，平日講學又有甚麼用？人正要在此時磨練。父親疼愛兒子，乃是人之至情，然而天理中自有個中和處，過了便是私意。人在此時便只知憂悶，一味愁苦，卻不知已是『有所憂患，則不得其正』。大概而言，喜、怒、哀、樂、愛、惡、欲七情，過多，不及者少，才過，便已非心之本體了，必須調停適中才好。比如父母之喪，人子豈不欲哭死，方是痛快？然卻有『毀不滅性』之說，這不是聖人強行制定的，而是天理本體本來就有分限，不可過。人只要認識此心體，自然不會增減一分一毫。」

不可謂「未發之中」常人俱有。蓋「體用一源」[1]，有是體即有是用，有「未發之中」，即有「發而皆中節之和」。今人未能有「發而皆中節之和」，須知是他「未發之中」亦未能全得。

注釋

1 體用一源：「至微者理也，至著者象也；體用一源，顯微無間。」（程頤〈易傳序〉）

譯文

不可說「未發之中」是常人都有的。蓋體用是「一源」的，有此體便有此用，有未發之中，便有「發而皆中節之和」。現在的人不能有「發而皆中節之和」，那麼便可推知他也沒有真正做到「未發之中」。

澄問「操存舍亡」章[1]。

曰：「『出入無時，莫知其鄉？』此雖就常人心說。學者亦須是知得心之本體，亦元是如此，則操存功夫，始沒病痛。不可便謂出為亡，入為存。若論本體，元是無出無入的。若論出入，則其思慮運用是出，然主宰常昭昭在此，何出之有？既無所出，何入之有？程子所謂『腔子』[2]，亦只是天理而已。雖終日應酬而不出天理，即是在腔子裏。若出天理，斯謂之放，斯謂之亡。」

注釋

1 操存舍亡：「操則存，舍則亡，出入無時，莫知其鄉（居）。」（《孟子．告子上》）

2 腔子：「心要常在腔子裏。」（《二程遺書》卷七）

譯文

陸澄問：《孟子》「操存舍亡」章。

陽明說：「『出入無時，莫知其鄉』，此雖是就常人的心而言，但學者也要知道心之本體原是如此，如此操存舍亡的功夫才不會有病痛。不可說出就是亡，入就是存。若說心之本體，本是無出無入的。若論出入，則思慮是出，然而主宰卻昭昭在此，又怎說是出呢？既無出，哪有入？程子所說『腔子』亦只是天理而已。雖終日應酬但不出天理，便是在腔子裏。若離開天理，便謂之放心，這才是亡。」

問：「孟子言『執中無權猶執一』[1]」。

先生曰：「中只有天理，只是易。隨時變易，如何執得？須是因時制宜，難預先定一個規矩在。如後世儒者要將道理一一說得無罅漏，立定個格式，此正是執一。」

注釋

1 執一：「孟子曰：子莫執中，執中為近之，執中無權，猶執一也。」（《孟子．盡心上》）

譯文

問：「孟子『執中無權猶如執一』這句話。」

陽明說：「中只是天理，只是易。隨時變易，怎麼好執定？須是因時制宜，很難預先設定一個規矩。如後世儒者，要將道理全部說完，沒有遺漏，立個一定格式，此便是執一。」

唐詡[1]問：「立志是常存個善念，要為善去惡否？」

曰：「善念存時，即是天理。此念即善，更思何善？此念非惡，更去何惡？此

念如樹之根芽，立志者長立此善念而已。『從心所欲不逾矩』[2]，只是志到熟處」。

注釋　1 唐詡：新淦（今江西）人，號里不詳。2 語見《論語．為政》，孔子自言七十歲時所達到的境界。

譯文　唐詡問：「立志是不是要常存個善念，要為善去惡？」陽明說：「善念存時，便是天理，此念是善，更思何善？此念非惡，更去何惡？此念如樹木的根芽，立志者，長養此善念而已。『從心所欲不逾矩』，只是立志到純熟處。」

許魯齋[1]謂「儒者以治生為先」之說，亦誤人。

注釋　1 許魯齋：許衡（一二〇九－一二八一），字仲平，號魯齋，謚文正，懷州河內（河南沁陽）人，元代大儒，朱子後學。

譯文　許魯齋提倡「學者治生最為先務」，這個說法也是誤人的。

問「仙家元氣、元神、元精」[1]。

先生曰：「只是一件，流行為氣，凝聚為精，妙用為神。」

注釋 [1] 精、氣、神：道教煉丹工夫以人未有此身，先有三元，一氣之妙用為元神，一氣之流行為元氣，一氣之凝聚為元精。

譯文 問「仙家元氣、元神、元精的意思」。陽明說：「只是一個，流行時為氣，凝聚時為精，妙用時為神。」

喜、怒、哀、樂本體自是中和的，才自家着些意思，便過不及，便是私。

譯文 喜、怒、哀、樂的本體自然是中和的，但自己才着一些意思，便是過與不及，便是私。

43/59

問「哭則不歌」[1]。

先生曰：「聖人心體自然如此。」

注釋　[1]語見「子是日哭，則不歌。」（《論語．述而》）

譯文　問：「孔子哭則不歌」。

陽明說：「聖人的心體自然如此。」

44/62

曰仁[1]云：「心猶鏡也，聖人心如明鏡，常人心如昏鏡。近世『格物』之說[2]，如以鏡照物，照上用功，不知鏡尚昏在，何能照？先生之『格物』，如磨鏡而使之明，磨上用功，明了後亦未嘗廢照。」

注釋　[1]曰仁：即徐愛。[2]此指程朱學派的格物說，以「窮理」釋「格物」。

譯文　徐愛說：「心猶明鏡，聖人的心如明亮之鏡，常人的心如昏暗之鏡。近世『格物』之說，譬如用鏡子照物，在照物這件事上用功，卻不知鏡子本身昏閉，怎麼能照？老師『格物』之說，譬如磨鏡而使之明亮，在磨上用功，鏡子明了以後何嘗不去照物？」

問「道之精麤」[1]。

先生曰：「道無精麤，人之所見有精麤。如這一間房，人初進來，只見一個大規模如此；處久，便柱壁之類，一一看得明白；再久，如柱上有些文藻，細細都看出來，然只是一間房。」

注釋

1 麤：音粗，同「粗」。

譯文

問：「道之精粗」。

陽明說：「道沒有精粗之可分，只是人見着有精粗之別罷了。譬如這間房子，人初進來時，只見一個大概模樣；久了，柱子、墻壁之類，便一一看得明白；再久，柱子上一些花紋雕飾，細細得便都看出來，然仍只是這一間房而已。」

問：「知至然後可以言誠意[1]。今天理人欲，知之未盡，如何用得克己工夫？」

先生曰：「人若真實切己用功不已，則於此心天理之精微日見一日，私欲之細微亦日見一日。若不用克己工夫，終日只是說話而已，天理終不自見，私欲亦終不自見。如人走路一般，走得一段，方認得一段。走到歧路處，有疑便問，問了又走，方漸能到得欲到之處。今人於已知之天理不肯存，已知之人欲不肯去，且只管愁不能盡知，只管閒講，何益之有？且待克得自己無私可克，方愁不能盡知，亦未遲在。」

注釋

1 知至誠意：「古之欲明明德於天下者，先治其國。欲治其國者，先齊其家。欲齊其家者，先修其身。欲修其身者，先正其心。欲正其心者，先誠其意。欲誠其意者，先致其知。致知在格物。」（《大學》第一章）「格物、致知、誠意、正心、修身、齊家、治國、平天下」是《大學》八條目，用以實現「明德、親民、止於至善」的《大學》「三綱」。

譯文

問：「『知至然後可以說誠意』，如今天理人欲還不能辨析明白，如何用克己工夫呢？」

陽明說：「人果真切實克己，那麼天理之精微自然一天比一天見得多，私欲之細微也是一天比一天見得真切。但如果不做克己工夫，終日只是說話，天理終不得見，私欲也終不得去。譬如人走路一樣，走了一段，才認識一段，走到歧路處，有疑問，問了再走，方能走到想去的地方。今人不肯存已知的天理，不肯去已知的人欲，且只擔憂不能知曉全部，只管嘴巴講，有甚麼益處？必待克己無私欲之時，再擔心不能全部知曉，也不遲。」

問：「道一而已[1]。古人論道往往不同，求之亦有要乎？」

先生曰：「道無方體[2]，不可執着。卻拘滯於文義上求道，遠矣。如今人只說天，其實何嘗見天？謂日月風雷即天，不可；謂人物草木不是天，亦不可。道即是天。若識得時，何莫而非道？人但各以其一隅之見，認定以為道止如此，所以不同。若解向裏尋求，見得自己心體，即無時無處不是此道，亙古亙今，無終無始，更有甚同異？心即道，道即天，知心則知道、知天。」

注釋　1 道一：「參乎！吾道一以貫之。」（《論語・里仁》）2 方體：「故神無方，《易》無體。一陰一陽之謂道。」（《周易・繫辭上》）

譯文　問：「道只是一個，但古人論道卻有很多不同，不知求道也有要領嗎？」

陽明說：「道沒有方體，不可執定。如果執泥在文義上求道，那就遠了。如今人只說天，其實何曾見天！說日月風雷即是天，不可；說人物草木不是天，也不可。道即是天，若認得時，甚麼不是道！人只因懂得一點，便認定道止於此，所以論道有許多不同。若向裏尋求，見得自家心體，則無時無處不是此道，亙古亙今，無終無始，有甚麼同異？心即道，道即天，知心則知道、知天。」

「與其為數頃無源之塘水，不若為數尺有源之井水，生意不窮。」時先生在塘邊坐，傍有井，故以之喻學云。

譯文　「與其為數頃沒有源頭的池塘水，不如為數尺有源頭的井水，因後者反而有無窮盡的生意。」當時先生在池塘邊坐着，旁邊有一口井，因說此語來比喻治學。

問：「心要逐物，如何則可？」

先生曰：「人君端拱清穆[1]，六卿分職[2]，天下乃治。心統五官[3]，亦要如此。今眼要視時，心便逐在色上；耳要聽時，心便逐在聲上。如人君要選官時，便自去坐在吏部；要調軍時，便自去坐在兵部。如此，豈惟失卻君體，六卿亦皆不得其職。」

注釋

1 端拱清穆：端拱，這裏指帝王莊嚴臨朝，清簡為政。清穆，清靜。2 六卿：原指周代六軍之將，隋唐以後遂立吏、戶、禮、兵、刑、工六部尚書，以象周之六卿。3 心統五官：「耳、目、鼻、口、形，能各有接而不相能也，夫是謂之天官。心居中虛，以治五官，夫是之謂天君。」（《荀子·天論》）

譯文

問：「心非要追逐外物，怎麼辦？」

陽明說：「人君端坐，六卿分職，天下為治。心統耳、目、鼻、口、形，也是要如此。今眼要看東西，心便執着在形色上；耳要聽東西，心便執着在聲音上。譬如人君選官時，便要自己坐在吏部；要調軍時，便要自己坐在兵部。如此，不僅人君失去君體，六卿也不能履行其職責。」

澄曰：「好色、好利、好名等心，固是私欲，如閒思雜慮，如何亦謂之私欲？」

先生曰：「畢竟從好色、好利、好名等根上起，自尋其根便見。如汝心中決知是無有做劫盜的思慮，何也？以汝元無是心也。汝若於貨色名利等心，一切皆如不做劫盜之心一般，都消滅了，光光只是心之本體，看有甚閒思慮？此便是『寂然不動』[1]，便是『未發之中』，便是『廓然大公』[2]，自然『感而遂通』，自然『發而中節』，自然『物來順應』」。

注釋

1寂然不動：「易，無思也，無為也。寂然不動，感而遂通天下之故。」（《周易・繫辭上》）2廓然大公：「故君子之學，莫若廓然而大公，物來而順應。」（程顥〈答橫渠張子厚先生書〉）

譯文

陸澄問：「好色、好利、好名等心，固然是私欲，但如閒思雜慮怎麼也稱為私欲呢？」

陽明說：「閒思雜慮畢竟也是從好色、好利、好名等根上產生的，看這些根便知曉。如你心中絕沒有做盜賊的思慮，這是因為你沒有做盜賊的心。如果好色、好利、好名等心，都像不做盜賊的心一樣，都消滅了，只剩下心之本體，看看還有甚麼閒思慮？此便是『寂然不動』，『未發之中』，『廓然大公』，自然『感而遂通』，『發而中節』，『物來順應』。」

問「志至氣次」[1]。

先生曰：「『志之所至，氣亦至焉』[2]之謂，非極至次貳之謂。『持其志』，則養氣在其中；『無暴其氣』，則亦持其志矣。孟子救告子之偏，故如此夾持[3]說。」

注釋

[1]語見「夫志，氣之帥也；氣，體之充也。夫志至焉，氣次焉。故曰：持其志，無暴其氣。」（《孟子．公孫丑上》）[2]朱子語，見《四書集注》「論語里仁第四」：「蓋為仁在己，欲之則是，而志之所至，氣必至焉。」[3]夾持：夾，通「挾」。從兩旁架住、握住。

譯文

問「志至氣次」這個問題。

陽明說：「『志之所至，氣亦至焉』並不是志為極致、氣為次的意思。『持其志』，那麼養氣工夫也包括在其中；『無暴其氣』，也有持志的工夫在。這本是孟子矯正告子偏頗之論，因此須要分開兩方面說。」

問：「先儒曰『聖人之道，必降而自卑；賢人之言，則引而自高』[1]，如何？」先生曰：「不然，如此卻乃偽也。聖人如天，無往而非天，三光之上，天也，九地之下，亦天也[2]。天何嘗有降而自卑？此所謂『大而化之』[3]也。賢人如山嶽，守其高而已。然百仞者不能引而為千仞，千仞者不能引而為萬仞，是賢人未嘗引而自高也，引而自高則偽矣。」

注釋

1 朱熹《論語集注．子罕》第七章引程頤話。2 三光：日月星。九地：此處指地的最深處。3 大而化之：「充實而有光輝之謂大，大而化之之謂聖。」（《孟子．盡心下》）

譯文

問：「先儒說『聖人之道，必要降而自卑，賢人之言，則要引而自高』，這個說法怎麼樣？」

陽明說：「不對，這樣說卻是虛偽了。聖人如天一樣，怎麼不是天呢？太陽、月亮、星星之上也是天，九層地之下也是天。天甚麼時候要降而自卑？此正是所謂

『大而化之』。賢人譬如山嶽，有其高度而已。但是百仞之高者不能引而為千仞之高者，同理，千仞者也不能引而為萬仞，可見賢人也不是引而自高，引而自高就是虛偽了。」

53/75

問：「伊川謂『不當於喜怒哀樂未發之前求中』[1]，延平[2]卻教學者『看未發之前氣象』[3]，何如？」

先生曰：「皆是也。伊川恐人於未發前討個中，把中做一物看，如吾向所謂『認氣定時做中』[4]，故令只於涵養省察上用功。延平恐人未便有下手處，故令人時時刻刻求未發前氣象，使人正目而視惟此，傾耳而聽惟此，即是『戒慎不睹，恐懼不聞』[5]的工夫。皆古人不得已誘人之言也。」

注釋

1 語見《二程遺書》卷十八。2 延平：李侗（一〇八八—一一五八），字願中，世稱延平先生，南劍（福建）人，朱子師。3 語見〈延平答問上〉。4 詳見第22條。5 語見「君子戒慎乎其所不睹，恐懼乎其所不聞（無人睹處心慎，無人聞處心懼）。」（《中庸》第一章）

譯文

問：「伊川說『不當於喜怒哀樂未發之前求中』，李延平卻教人要『看未發之前氣象』，如何理解這兩種說法？」

陽明說：「都對。伊川先生恐人在未發之前討個中，把中看作一個對象，比如我所說『認氣定時為中』，所以只教在涵養省察上用功。李延平恐人工夫沒有下手處，所以教人時時求未發氣象，使學者眼看、耳聽唯有此，便是『戒慎不睹，恐懼不聞』的工夫。這都是前人不得已教人的說法。」

澄問：「喜怒哀樂之中和，其全體常人固不能有。如一件小事當喜怒者，平時無有喜怒之心，至其臨時，亦能中節，亦可謂之中和乎？」

先生曰：「在一時一事，固亦可謂之中和，然未可謂之『大本』、『達道』[1]。人性皆善，中和是人人原有的，豈可謂無？但常人之心既有所昏蔽，則其本體雖亦時時發見，終是暫明暫滅，非其全體大用矣[2]。無所不中，然後謂之『大本』。無所不和，然後謂之『達道』。惟天下之至誠，然後能立天下之大本。」

曰：「澄於『中』字之義尚未明。」

曰：「此須自心體認出來，非言語所能喻。中只是天理。」
曰：「何者為天理？」
曰：「去得人欲，便識天理。」
曰：「天理何以謂之中？」
曰：「無所偏倚。」
曰：「無所偏倚是何等氣象？」
曰：「如明鏡然，全體瑩徹，略無纖塵染着。」
曰：「偏倚是有所染着，如着在好色、好利、好名等項上，方見得偏倚；若未發時，美色名利皆未相着，何以便知其有所偏倚？」
曰：「雖未相着，然平日好色、好利、好名之心，原未嘗無。既未嘗無，即謂之有；既謂之有，則亦不可謂無偏倚。譬之病瘧之人，雖有時不發，而病根原不曾除，則亦不得謂之無病之人矣。須是平日好色、好利、好名等項一應私心，掃除蕩滌，無復纖毫留滯，而此心全體廓然，純是天理，方可謂之『喜怒哀樂未發之中』，方是天下之『大本』。」

注釋

1 大本、達道：「中也者，天下之大本也；和也者，天下之達道也。」（《中庸》第一章），「大本者，天命之性，天下之理皆由此出，道之體也。達道者，循性之謂，天下古今之所共由，道之用也。」（朱熹《四書集注》）

2 **全體大用**：「至於用力之久，而一旦豁然貫通焉，則眾物之表裏精粗無不到，而吾心之全體大用無不明矣。此謂物格，此謂知之至也。」（朱熹《大學章句》格物補傳章）

譯文

陸澄問：「喜怒哀樂的中和，其全體常人固然不能擁有，但譬如一件小事，喜怒適當，平時沒有喜怒之心，到其遇事時，也能中節，是否可以稱作中和？」

陽明說：「在一時一事，固然也可以稱作中和，然卻不是『大本』、『達道』。人性皆善，中和本是人人都有的，怎麼能說沒有？但是常人之心既然有昏蔽，那麼其全體雖然也會有時發見表露出來，但終究是暫明暫滅的，不是全體大用。無所不中，然後才稱作『大本』；無所不和，然後才稱作『達道』。惟有天下之至誠，然後才能建立天下之大本。」

問：「我對中字的含義還是不太明白。」

答：「此須要你自己去體會才可以，不是言語所能講明的。中只是天理。」

問：「甚麼是天理？」

答：「去了人欲，便可識天理。」

問：「天理為甚麼可稱作中？」

答：「無所偏倚。」

問：「無所偏倚是甚麼氣象呢？」

答：「像明鏡一樣，光瑩透徹，沒有纖塵遮蔽。」

問：「偏倚是說有所染着，如着在好色、好利、好名上，方是偏倚；若未發時，美色名利都還未有相，怎麼能知道有沒有偏倚呢？」

答：「雖然未着相，然而平日好色、好利、好名之心未嘗沒有。既然未嘗沒有，便稱作有；既稱作有，那麼就不可說沒有偏倚。譬如病虐之人，雖然有時不發病，然而病根還沒根除，那就不能稱作無病的人。須將平日好色、好利、好名等私心掃除蕩滌乾淨，沒有絲毫存留，此心全體廓然，純是天理，方可稱作『喜怒哀樂，未發之中』，方才是天下之『大本』。」

‖55/77

問「『顏子沒而聖學亡』[1]，此語不能無疑。」

先生曰：「見聖道之全者惟顏子，觀『喟然一嘆』可見，其謂『夫子循循然善誘人，博我以文，約我以禮』[2]，是見破後如此說。博文約禮，如何是善誘人，

學者須思之。道之全體，聖人亦難以語人，須是學者自修自悟。顏子『雖欲從之，末由也已』，即文王『望道未見』[3]意。望道未見，乃是真見。顏子沒而聖學之正派遂不盡傳矣。」

注釋

1 顏子：姓顏，名回（前五二一—前四八一），字子淵，亦稱顏淵，春秋末魯國人，孔子弟子。2 語見《論語・子罕》。3 語見「文王視民如傷，望道而未之見。」（《孟子・離婁下》）

譯文

問：「『顏子沒而聖人之學亡』，這句話恐怕不正確吧？」

陽明說：「見聖人之全者唯有顏子，從其『喟然一歎』可以看出。他說『夫子循循善誘人，博我以文，約我以禮』，是見破後才如此說的。博文約禮怎麼就是善誘人？學者當思考。道的全體，聖人也是很難用言語來說與人聽，須是學者自修自悟。顏子『雖想追隨，但沒有找到正確道路』，便是文王所謂『望道未見』的意思。望道未見，乃是真見。所以說『顏子沒而聖人之學的正派不能傳承下去』。」

賞析與點評

此條反映陽明心學的道統觀。宋代道學在有關「道統」問題上，一般認為「至孟子而聖人之道益尊」，「孟軻死，聖人之學不傳」，程頤的這兩句話在宋代道學史上具有決定性的意義。而陽明指出「顏子沒而聖人之學亡」，可見陽明並不認同程朱道學所建立的道統觀。陽明此說一傳開，便在門人之間引起了種種懷疑，特別是他不願承認朱熹是周程之後的道統接續者這一南宋以來的道統觀。

問：「身之主為心，心之靈明是知，知之發動是意，意之所着為物，是如此否？」先生曰：「亦是。」

譯文　問：「身體的主宰稱作心，心的靈明稱作知，知的發動稱作意，意的所在稱作物，是這樣嗎？」

陽明說：「也是。」

57/79

只存得此心常見在，便是學。過去未來事，思之何益？徒放心耳。

譯文　只要存養此心使之常在，便是學了。思慮過去未來的事，有甚麼益處呢？徒放心而已。

58/80

言語無序，亦足以見心之不存。

譯文　說話語無倫次，也可見其不能做存心工夫。

59/81

尚謙[1]問：「孟子之『不動心』與告子異？」

先生曰：「告子是硬把捉着此心，要他不動；孟子卻是『集義』[2]到自然不動。」

又曰：「心之本體，原自不動。心之本體即是性，性即是理，性元不動，理元不動。『集義』是復其心之本體。」

注釋

1尚謙：薛侃（一四八六——一五四五），字尚謙，號中離，揭陽（廣東）人，陽明弟子。2不動心、集義：「敢問夫子之動心（無論遇到任何情況，心情都不受影響），與告子之不動心，可得聞歟？」「告子曰：『不得於言，勿求於心；不得於心，勿求於氣。』不得於心，勿求於氣，可；不得於言，勿求於心，不可……「是集義（事事皆合於義）所生者，非義襲（偶然集義）而取之也。行有不慊（粵：怯；普：qiè，滿足）於心，則餒（喪氣）矣。我故曰：『告子未嘗知義。』以其外之也（義在心外）。」（《孟子・公孫丑上》）

譯文

尚謙問：「孟子『不動心』與告子『不動心』的差異」。

陽明說：「告子是硬把持着使心不動，孟子卻是『集義』工夫到那自然不動的地步。」

又說：「心之本體，原是不動的。心之本體就是性，性就是理，性原是不動的，理也原是不動的。『集義』工夫就是恢復心之本體。」

先生曰：「今為吾所謂格物之學者，尚多流於口耳，況為口耳之學者，能反於此乎？天理人欲，其精微必時時用力省察克治，方日漸有見。如今一說話之間，雖只講天理，不知心中倏忽之間已有多少私欲。蓋有竊發而不知者，雖用力察之，尚不易見，況徒口講而可得盡知乎？今只管講天理來頓放[1]着不循，講人欲來頓放着不去，豈『格物致知』之學？後世之學，其極至，只做得個『義襲而取』[2]的工夫。」

注釋

1 頓放：安置。2 見第 59 條注 2。

譯文

陽明說：「今天研習我闡釋的『格物』學說的學者，尚多有流於口耳之學，更何況從事口耳之學的，能不如此嗎？天理人欲，其精微必須時時用力省察克治，方才漸漸有所見。比如今天開口說話，雖只講天理，卻不知心中多少私欲存在。大概存在隱蔽之處，沒有發見，便不知道，雖用力省察，尚不易見，更何況只是隨口講講便能知道嗎？如今只管講天理，卻不順着去踐履，只管講人欲，卻不知去克治，豈是『格物致知』的學問！後世的學問，其極致處，也只是做個『義襲而取』的工夫罷了。」

61/87

問：「『格物』於動處用功否？」

先生曰：「『格物』無間動靜，靜亦物也。孟子謂『必有事焉』[1]，是動靜皆有事。」

注釋

1 語見「必有事焉而勿正，心勿忘，勿助長也。」（《孟子．公孫丑上》）後代學者概括為「勿忘勿助」。

譯文

問：「『格物』是不是在動處用功呢？」

陽明說：「『格物』工夫是不分動靜的，寧靜時也是這一物。孟子說『必有事』，就是說無論動時還是靜時，都有工夫可做。」

62/88

工夫難處，全在格物致知上，此即誠意之事。意既誠，大段心亦自正，身亦自修。但正心、修身工夫，亦各有用力處。修身是已發邊，正心是未發邊。心正則中，身修則和。

譯文　工夫的難處，全在於格物致知上，這就是誠意的事。意若誠了，大致上，心也就正了，身也就修了。但是正心和修身工夫也各有其用力的地方。修身屬於已發時的工夫，正心屬於未發時的工夫，心正即是中，身修即是和。

‖63/89

自「格物」、「致知」至「平天下」，只是一個「明明德」。雖「親民」亦明德事也。明德是此心之德，即是仁。『仁者以天地萬物為一體』[1]，使有一物失所，便是吾仁有未盡處。

注釋　1 語見《二程遺書》卷二。

譯文　自「格物」、「致知」到「平天下」，只是一個「明明德」。即便是「親民」也是屬於「明德」的事。明德是此心之德，就是仁。『仁者是以天地萬物為一體』，如果有一物失其所，便是我的仁有沒有窮盡的地方。

64/90

只說「明明德」而不說「親民」，便似老、佛。

譯文　如果只說「明明德」而不說「親民」，便和佛、老相似。

65/91

「至善」者性也，性元無一毫之惡，故曰至善。「止之」，是復其本然而已。

譯文　「至善」者即是性，性原來就沒有絲毫的惡，所以說至善。「止之」是要恢復其本然而已。

66/93

問：「程子云：『仁者以天地萬物為一體』，何墨氏『兼愛』[1]反不得謂之仁？」

先生曰：「此亦甚難言，須是諸君自體認出來始得。仁是造化生生不息之理，雖彌漫周遍，無處不是，然其流行發生，亦只有個漸，所以生生不息。如冬至一陽生，必自一陽生，而後漸漸至於六陽；若無一陽之生，豈有六陽？陰亦然。惟有漸，所以便有個發端處；惟其有個發端處，所以生；惟其生，所以不息。譬之木，其始抽芽，便是木之生意發端處，抽芽然後發幹，發幹然後生枝生葉，然後是生生不息。若無芽，何以有幹有枝葉？能抽芽，必是下面有個根在，有根方生，無根便死。無根何從抽芽？父子兄弟之愛，便是人心生意發端處，如木之抽芽。自此而仁民，而愛物[2]，便是發幹生枝生葉。墨氏兼愛無差等[3]，將自家父子兄弟與途人一般看，便自沒了發端處。不抽芽便知得他無根，便不是生生不息，安得謂之仁？『孝弟為仁之本』[4]，卻是仁理從裏面發生出來。」

注釋

1兼愛：墨子主張平等之愛，無人己親疏厚薄的不同。2仁民愛物：「君子之於物也，愛人而弗仁；於民也，仁之而弗親，親親而仁民，仁民而愛物。」（《孟子．盡心上》）3差等：「愛無差等，施由親始。」（《孟子．滕文公上》）4語見《論語．學而》。

譯文

問：「程子說『仁者是以天地萬物為一體』，為甚麼墨子說『兼愛』，反而不能稱其為仁呢？」

陽明說：「這也很難說，須要你自己體會方能明白。仁是造化生生不息的理，雖瀰漫周遍，無處不在，但其流行發生，卻是有漸進的，所以才能生生不息。比如在冬至時節，一陽始生，必然是從一陽開始逐漸至於六陽；如果沒有一陽之生，哪有六陽？陰也是這樣。因其有漸進的意思，所以便有個發端處；因其有個發端處，所以才能生；因其生，所以才能不息。譬如樹木，從抽芽開始，這是樹木之生意的發端處，抽芽然後才能生出樹幹，然後才能生出枝葉，然後才是生生不息。如果沒有抽芽，怎麼會有枝葉？能夠抽芽，必定是下面有樹根，有樹根才能生，沒有根，樹就死了，沒有樹根哪能抽芽？父子兄弟之間的愛，就是人心之生意的發端處，如樹木之抽芽，然後是仁民愛物，這就如同樹幹枝葉的關係一般。墨子『兼愛』說卻是沒有差等，將自己的父子兄弟與路人同等看待，便沒有發端處；不抽芽便知他沒有根，便不是生生不息，如何可稱為仁呢！《論語》說『孝弟為仁之本』，就是指仁之理從裏面發出來的意思。」

問：「延平云：『當理而無私心』[1]，當理與無私心，如何分別？」

先生曰：「心即理也。無私心即是當理，未當理，便是私心。若析心與理言之，恐亦未善。」

又問：「釋氏於世間一切情欲之私，都不染着，似無私心；但外棄人倫，卻似未當理。」

曰：「亦只是一統事，都只是成就他一個私己的心。」

注釋　1 語見〈延平答問〉。

譯文　問：「李延平說『當理就無私心』，當理與無私心要怎麼分別呢？」

陽明說：「心就是理，無私心就是當理，不當理就是有私心。如分別心與理，恐怕也不好。」

又問：「佛家也是不染着世間一切情欲之私，似乎是無私心了；但捨棄人倫，卻像未當理。」

陽明說：「也只是一回事，都只是成就他一個私己的心罷了。」

侃問：「專涵養而不務講求[1]，將認欲作理，則如之何？」

先生曰：「人須是知學。講求亦只是涵養；不講求只是涵養之志不切。」

曰：「何謂知學？」

曰：「且道為何而學？學個甚？」

曰：「嘗聞先生教，學是學存天理。心之本體，即是天理，體認天理，只要自心地無私意。」

曰：「如此則只須克去私意便是，又愁甚理欲不明？」

曰：「正恐這些私意認不真。」

曰：「總是志未切。志切，目視耳聽皆在此，安有認不真的道理？『是非之心，人皆有之』，不假外求。講求亦只是體當自心所見，不成去心外別有個見？」

注釋

1 涵養：「涵養須用敬，進學在致知」（程伊川語），指內心的修煉。講求：修習研究。

譯文

薛侃問：「如果只做涵養工夫而不去講求，可能會認欲為理，該怎麼辦？」

陽明說：「人須先要知學，講求也只是涵養工夫的一種，不講求只是涵養的志向不真切。」

又問：「甚麼叫知學？」

陽明反問：「你說為甚麼而學？學又是學甚麼？」

薛侃答：「常聽老師說，學是學存天理。心的本體便是天理，體認天理，要自己的心沒有私意。」

陽明說：「如此便只須克去私意，又擔憂甚麼分不清天理與人欲呢？」

薛侃說：「正是怕不能認清私意。」

陽明說：「這也總是因為立志不真切。如果立志真切，耳聽、目視都在此，哪有認不清的道理？『是非之心，是人人都有的』，不假外求的。講求也只是體會、認識自己心中所見的道理，難不成是去心外尋個道理？」

先生問：「在坐之友，比來工夫何似？」

一友舉虛明意思。先生曰：「此是說光景[1]。」

一友敍今昔異同。先生曰：「此是說效驗。」

二友惘然，請是。

先生曰：「吾輩今日用功，只是要為善之心真切。此心真切，見善即遷，有過即改，方是真切工夫。如此，則人欲日消，天理日明。若只管求光景，說效驗，卻是助長外馳病痛[2]，不是工夫。」

注釋

1 光景：表面景象。2 助長：「宋人有閔其苗之不長，而拔之者，茫茫然歸，謂其人曰：『今日病矣，予助苗長矣』。」（《孟子・公孫丑上》）

譯文

陽明問：「在座的各位，近來工夫做得如何？」

一個朋友談了空明意思，陽明說：「這是說表面光景。」

一個朋友談了今昔差異，陽明說：「此是說結果效驗。」

這兩個朋友都茫然不解，請教。

陽明說：「我們今天做工夫，只是要使為善之心真切。如果此心真切，見善就做，見過就改，才是真切工夫。如此則人欲日銷，天理日增。如果只是說表面光景，說結果效驗，卻是外馳助長的毛病，不是工夫。」

朋友觀書，多有摘議晦庵者。

先生曰：「是有心求異，即不是。吾說與晦庵時有不同者，為入門下手處有毫釐千里之分，不得不辯。然吾之心與晦庵之心未嘗異也。若其餘文義解得明當處，如何動得一字？」

譯文　有一位朋友看書，喜歡指摘議論朱子。陽明說：「這是刻意求異的心，是不對的。我的說法之所以與朱子有不同，是因為做學問入門之處是毫釐之差便有千里之謬，所以不得不辯。然而我的心與朱子的心何嘗有別？如他其餘文義解釋非常明白精當的地方，怎麼能改動得一個字呢？」

希淵[1]問：「聖人可學而至，然伯夷、伊尹於孔子才力終不同，其同謂之聖者安在[2]？」

先生曰：「聖人之所以為聖，只是其心純乎天理而無人欲之雜。猶精金之所以為精，但以其成色足而無銅鉛之雜也。人到純乎天理方是聖，金到足色方是精。然聖人之才力亦有大小不同，猶金之分兩有輕重。堯、舜猶萬鎰[3]，文王、孔子猶九千鎰，禹、湯、武王猶七八千鎰，伯夷、伊尹猶四五千鎰。才力不同而純乎天理則同，皆可謂之聖人。猶分兩雖不同，而足色則同，皆可謂之精金。以五千鎰者而入於萬鎰之中，其足色同也，以夷、尹而廁之堯、孔之間，其純乎天理同也。蓋所以為精金者，在足色，而不在分兩；所以為聖者，在純乎天理，而不在才力也。故雖凡人而肯為學，使此心純乎天理，則亦可為聖人，猶一兩之金比之萬鎰，分兩雖懸絕，而其到足色處可以無愧。故曰『人皆可以為堯舜』[4]者以此。學者學聖人，不過是去人欲而存天理耳，猶煉金而求其足色。金之成色所爭不多，而鍛煉之工省而功易成，成色愈下則鍛煉愈難。人之氣質清濁粹駁，有中人以上，中人以下，其於道，有生知安行，學知利行，其下者，必須人一己百、人十己千，及其成功則一。後世不知作聖之本是純乎天理，卻專去知識才能上求聖人，以為聖人無所不知，無所不能，我須是將聖人許多知識才能逐一理會始得。故不務去天理上着工夫，徒弊精竭力，從冊子上鑽研，名物上考索，形跡上比擬，知識愈廣而人欲愈滋，才力愈多而天理愈蔽。正如見人有萬鎰精金，不務鍛煉成色，求無愧於彼之精純，而乃妄希分兩，務同彼之萬鎰，錫鉛銅鐵，雜然而投，分兩愈增而成色愈下，既其梢末，無復有金矣。」

注釋

1希淵：蔡宗兗，字希淵，號我齋，山陰（浙江紹興）人，陽明弟子。2伯夷：孤竹君之子，傳説周滅商後，恥食周粟，餓死於首陽山。伊尹：名摯，商代賢相，助湯伐桀，遂王天下。同謂之聖：語見「伯夷，聖之清者也；伊尹，聖之任者也；柳下惠，聖之和者也；孔子，聖之時者也。孔子之謂集大成。」（《孟子・萬章下》）3鎰：一鎰為二十兩，或云四十兩。4 語見《孟子・告子上》。

譯文

希淵問：「聖人是可學而至的，然而伯夷、伊尹與孔子相比終究是才力不同，卻同稱作聖人，為甚麼呢？」

陽明說：「聖人之所以為聖人，只在於其心純乎天理而無人欲之雜。譬如精金之所以為精金，只因其成色足而沒有銅鉛之雜。人到純是天理便是聖人，金到足色方是精金。然而聖人之才力，也有大小不同，譬如金的分量有輕重。堯、舜譬如萬鎰，文王、孔子猶如九千鎰，禹、湯、武王猶如七八千鎰，雖其分量不同，但足色則同，都可稱為精金。以五千鎰與萬鎰相比，其足色是相同的，以伯夷、伊尹與堯、孔子相比，其心純是天理則相同。所以為足金者，在於足色不在於分兩，所以為聖人者，在於純是天理而不在於才力。因此凡人如果肯為學，只要使此心純是天理，則可為聖人。譬如一兩足金與萬鎰相比，雖然分量懸殊，但都是足色，可以無須愧疚，所以說『人都是可以成為堯舜』。學者學習聖人，也不過是去人欲，存天理而已。就好比煉金就是追求足色，不去爭金的成色，那麼鍛煉的工夫就少，成色愈下，則鍛煉更難。人的氣質有清濁粹駁，有中人以上、中人以下之分，對於求道而言，則有生知安行、學知利行之分，那才質低下者，更是必須人用一分力，我要用百分力；他人用十分力，我須用千分力。但是到最後，其成功則是一樣的。後世不知做聖人的本領工夫在心純是天理，卻從知識才能上求做聖，認為聖人無所不知，無所不能，自己須將聖人這許多知識才能一一理會掌握才行。所以不在天理上做工夫，白白地勞費精神，在書本上鑽研，在名物上考索，在行為上模仿。知識愈廣大而人欲也更多，才力愈多而天理反更受昏蔽。正好比見人有萬鎰之精金，不去盡力鍛煉自己金子的成色，以求無愧別人的精純，反而在分兩妄求與別人的萬鎰一樣，於是將錫鉛銅鐵等混雜進去，結果是分兩愈重而成色愈低。到其最後，就不再有金這種成分了。」

賞析與點評

「聖人可學而至」是北宋道學興起之初就有的信念，但成聖的依據是甚麼？各家卻有不同。此條顯示陽明意圖在強調：人人有「足色」之金，如何使得自己的「足色之金」（喻指「良知本體」）能夠永遠保持不變，這才是人們應該關注的重要課題。在此陽明認為「人欲益滋」在於「知識愈廣」，這與朱熹立場便有不同，認為欲成就聖人不必在「知識才能上」、「冊子上」、「名物上」去做，而只須做「減」的工夫。

士德[1]問曰：「格物之說如先生所教，明白簡易，人人見得。文公[2]聰明絕世，於此反有未審。何也？」

先生曰：「文公精神氣魄大，是他早年合下便要繼往開來，故一向只就考索著述上用功。若先切己自修，自然不暇及此，到得德盛後，果憂道之不明。如孔子退修六籍，刪繁就簡，開示來學，亦大段不費甚考索。文公早歲便著許多書，晚年方悔是倒做了。」

士德曰：「晚年之悔，如謂『向來定本之悟』[3]，又謂『雖讀得書何益於吾事』[4]，又謂『此與守書籍，泥言語，全無交涉』[5]，是他到此方悔從前用功之錯，方去切己自修矣。」

曰：「然。此是文公不可及處。他力量大，一悔便轉，可惜不久即去世，平日許多錯處皆不及改正。」

注釋

1 士德：楊驥，字士德，初從湛若水遊，後業於陽明，為粵中王學之優秀者。2 文公：朱熹，謚曰文。3 語見陽明《朱子晚年定論》採錄第一書〈答黃直卿〉。4 語見《朱子晚年定論》採錄第六書〈與呂子約書〉。5 語見《朱子晚年定論》採錄第三書〈答何叔京〉。

譯文

士德問：「『格物』的學說，如老師所講，是明白簡易的，人人都知曉，為甚麼朱文公聰明絕世，反而不能明白呢？」

陽明說：「朱文公精神氣魄宏大，他早年就立志要繼往開來，所以一向在考索著述上用工夫。如果切己做修身工夫，自然無暇顧及此。到他德盛之後，果然憂慮聖人之道不明。比如孔子刪修六經，刪繁就簡，開示來學，大概也是不廢甚麼考索工夫。朱文公早年便著了好多書，晚年才後悔是做倒了。」

士德說：「朱文公晚年悔悟，譬如他說『向來定本之誤』，又說『雖讀得書，卻沒有益處』，又說『此與固守書籍，執着言語無關』，是他到此方後悔從前用功錯了，方才去做切己修身工夫。」

陽明說：「是。此是朱文公不可及的地方。他力量大，一旦悔悟便轉變過來，只可惜他不久就去世了，平日許多錯誤沒能及時改正。」

侃去花間草。因曰：「天地間何善難培，惡難去？」

先生曰：「未培未去耳。」

少間，曰：「此等看善惡，皆從軀殼[1]起念，便會錯。」侃未達。

曰：「天地生意，花草一般，何曾有善惡之分？子欲觀花，則以花為善，以草為惡；如欲用草時，復以草為善矣。此等善惡，皆由汝心好惡所生，故知是錯。」

曰：「然則無善無惡乎？」

曰：「無善無惡者理之靜，有善有惡者氣之動。不動於氣，即無善無惡，是謂至善。」

曰：「佛氏亦無善無惡，何以異？」

曰：「佛氏着在無善無惡上，便一切都不管，不可以治天下。聖人無善無惡，只是『無有作好』，『無有作惡』，不動於氣。『然遵王之道』，『會其有極』，[2]便自一循天理，便有個『裁成輔相』[3]。」

曰：「草既非惡，即草不宜去矣？」

曰：「如此卻是佛老意見。草若是礙，何妨汝去？」

曰：「如此又是作好作惡。」

曰：「不作好惡，非是全無好惡，卻是無知覺的人。謂之不作者，只是好惡一循於理，不去又着一分意思。如此，即是不曾好惡一般。」

曰：「去草如何是一循於理，不着意思？」

曰：「草有妨礙，理亦宜去，去之而已。偶未即去，亦不累心。若着了一分意思，即心體便有貽累，便有許多動氣處。」

曰：「然則善惡全不在物。」

曰：「只在汝心。循理便是善，動氣便是惡。」

曰：「畢竟物無善惡。」

曰：「在心如此，在物亦然。世儒惟不知此，捨心逐物，將格物之學錯看了，終日馳求於外，只做得個『義襲而取』[4]，終身『行不著』、『習不察』[5]。」

曰：「『如好好色，如惡惡臭』[6]，則如何？」

曰：「此正是一循於理。是天理合如此，本無私意作好作惡。」

曰：「『如好好色，如惡惡臭』，安得非意？」

曰：「卻是誠意，不是私意。誠意只是循天理。雖是循天理，亦着不得一分意，故『有所忿懥好樂，則不得其正』[7]，須是廓然大公，方是心之本體。知此即知未發之中。」

注釋

1 軀殼：身體，即私心之意。2 語見「無有作好，遵王之道，無有作惡，遵王之路。無偏無黨，王道蕩蕩，無偏無黨，王道平平，無反無側，王道正直。會有其極，歸有其極。」（《尚書・洪範》）3語見「後以裁成天地之道，輔相天地之宜。」（《周易・泰卦》）4見第59條注2。5語見「行之而不著焉，習矣而不察焉，終身由之而不知其道者，眾也。」（《孟子・盡心上》）6見第5條注3。7見第35條注2。

譯文

薛侃鋤花間的雜草。

因問：「天地之間，為甚麼善難以培養而惡難以除去？」

陽明說：「只是因為未去培養，未去除去而已。」

不一會，說：「這樣看待善惡，是從軀殼上起念，便會出錯。」薛侃未明白。

陽明說：「從天地生意來看，花和草都是一樣的，何嘗有善惡之分？你想觀花，便以花為善，草為惡；如果用草時，又以草為善的了。此種善惡之分，都是由你心中好惡而產生，便知是錯誤的。」

薛侃問：「然則是無善無惡了？」

陽明說：「無善無惡者，是理之靜；有善有惡，是氣之動。不為氣動，則無善無惡，稱為至善。」

侃問：「佛家也說無善無惡，與此有甚麼區別呢？」

陽明說：「佛家是執着在無善無惡上，便一切不管不顧，不可以治理天下。聖人無善無惡，只是『無有作好』，『無有作惡』，這是不為氣動。然而『遵王之道』、『會有其極』，便是依循天理，便是個『裁成輔相』。」

薛侃問：「既然草不是惡，那麼草不應鋤去。」

陽明說：「如此便是佛老的主意。草如果有礙，鋤去又何妨？」

侃問：「如此不是又作好作惡了嗎？」

陽明說：「不作好惡，不是全沒有好惡之分，如沒有知覺的人一樣。我所說不作者，只是說好惡要遵循天理，不去着一分意思，如此便是不曾好惡一樣。」

問：「鋤草如何是遵循天理，不着意思？」

陽明說：「草如果有妨礙，理當鋤去，那就鋤去。偶爾沒有鋤去，也無須煩心。若是着了一分意，就會給心體帶來貽累，便是有許多動氣的地方。」

問：「如此則善惡全不在物上？」

陽明說：「善惡只是在你心上，遵循天理便是善，動氣便是惡。」

問：「畢竟物本身沒有善惡？」

陽明說：「在心是如此，在物也是如此。世儒正是因為不知道此，所以捨心逐物，錯誤地看待『格物』之學，終日在心外奔忙，只是做個『義襲而取』，終身是『雖行事而不能明白其所當然』、『雖學習而不能認識其所以然』。」

問：「『如好好色，如惡惡臭』，這句話怎麼理解？」

陽明說：「此正是遵循天理，是天理本該如此，本來沒有私意去好去惡。」

問：「『如好好色，如惡惡臭』，怎麼說是沒有意呢？」

陽明說：「此是誠意，不是私意。誠意就是要遵循天理，雖是遵循天理，卻不着一分意思。所以『有所忿懥好樂則不得其正』，須是廓然大公，才是心之本體。知此，便知未發之中。」

賞析與點評

這裏出現的「無善無惡」一詞，值得注意，與其晚年提出的「四句教」（見第 194 條）可以合觀。這裏用「理之靜」和「氣之動」來分別論說善惡有無，其實這裏的理氣都指向心體而言，由於心即理，本無所謂動靜，故有「無」的特性；由於氣是心體的發動狀態，因而展現為「有」。講的既不是宇宙論問題，也不是人性論問題，而是從心學本體論出發，對心之本體「本來無有」的一種狀態描述。由於心體超越了一切善惡對峙，淘空了一切念慮雜質，排除了一切意識干擾，所以說無善無惡乃是終極意義上的善——「是謂至善」。

74/102

先生謂學者曰：「為學須得個頭腦工夫，方有着落。縱未能無間，如舟之有舵，一提便醒。不然，雖從事於學，只做個『義襲而取』[1]，只是『行不著』、『習不察』[2]，非『大本』、『達道』[3]也。」

注釋　[1]見第59條注2。[2]見第73條注5。[3]見第54條注1。

譯文　陽明對學者說：「做學問須要有個頭腦工夫，方才有着落；縱然是工夫不能沒有間斷，但如船之有舵一樣，一經提起，便會醒悟。不然，雖從事學問，只做個『義襲而取』，只是『雖行事而不能明白其所當然』、『雖學習而不能認識其所以然』而已，不是『大本』、『達道』。」

75/104

崇一[1]問：「尋常意思多忙，有事固忙，無事亦忙，何也？」

先生曰：「天地氣機，元無一息之停。然有個主宰，故不先不後，不急不緩，雖千變萬化，而主宰常定，人得此而生。若主宰定時，與天運一般不息，雖酬酢[2]萬變，常是從容自在，所謂『天君泰然，百體從令』[3]；若無主宰，便只是這氣奔放，如何不忙？」

注釋

1崇一：歐陽德（一四九五—一五五四），字崇一，號南野，謚文莊，江西泰和人，陽明弟子。2酬酢（粵：昨；普：zuò）：應對，交際應酬。3天君：心也。范浚〈心箴〉曰：「一心之微，眾欲攻之，其與存者，嗚呼幾希！君子存誠，克念克敬，天君泰然，百體從令。」（朱熹《孟子集注．告子上》）

譯文

崇一問：「平常心思多忙碌，有事時固然忙碌，無事時怎麼也忙碌？」

陽明說：「天地之氣機，哪有一息暫停的？然而有個主宰在，所以不先不後，不緩不急，縱然千變萬化，而主宰常安定，人便得此以生。若是主宰安定時，與天運行一般，雖是酬酢萬變，常是從容自在，所謂『天君安然，百體從命』。若是沒有主宰，便只是任憑這氣奔放，如何不忙？」

德章[1]曰：「聞先生以精金喻聖，以分兩喻聖人之分量，以鍛煉喻學者之工夫最為深切[2]。惟謂堯舜為萬鎰，孔子為九千鎰，疑未安。」

先生曰：「此又是軀殼上起念，故替聖人爭分兩。若不從軀殼上起念，即堯舜萬鎰不為多，孔子九千鎰不為少。堯舜萬鎰只是孔子的，孔子九千鎰只是堯舜的。原無彼我，所以謂之聖。只論精一，不論多寡。只要此心純乎天理處同，便同謂之聖。若是力量氣魄，如何盡同得？後儒只在分兩上較量，所以流入功利。若除去了比較分兩的心，各人盡着自己力量精神，只在此心純天理上用功，即人人自有，個個圓成，便能大以成大，小以成小，不假外慕，無不具足。此便是實實落落，明善誠身的事。後儒不明聖學，不知就自己心地良知良能上體認擴充，卻去求知其所不知，求能其所不能。一味只是希高慕大，不知自己是桀紂心地，動輒要做堯舜事業，如何做得？終年碌碌，至於老死。竟不知成就了個甚麼，可哀也已。」

注釋

1 德章：姓劉，餘不詳。2 見第 71 條。

譯文

德章問：「老師您用精金來比喻聖人之為聖人的根本，用分量來比喻聖人的不同才能，用鍛煉來比喻學者的工夫，這些都非常深刻貼切。只是說堯舜為一萬鎰，孔子為九千鎰，可能不太妥當。」

陽明說：「這只是從表面來思考問題，所以才替聖人爭分量。如果不從表面上來思考，那麼堯舜的一萬鎰也為多，孔子的九千鎰也不為少。因為堯舜的一萬鎰也是孔子的，孔子的九千鎰也是堯舜的。原本不分彼此，所以同稱為『聖』。只要求精一純粹，不求分量多少。只要此心同是純然天理，便同稱為『聖』。如果說個人的才能力量之類，哪裏會完全一樣？後世儒者只在分量上區分，所以淪入功利之見。如果除去了比較分量的心，個人盡着自己的精神力氣，只就此心純是天理上用工夫，那麼每個人都會成功，也就才能大者成就其大，才能小者成就其小，不必羨慕他人，無不充實自信。這就是實實在在做『明善誠善』的工夫。後世儒者不明白聖人之學，不懂得在自己心地良知良能上去體悟、去充實自己，反而去尋求自己無須知道的知識，追求自己無須具備的才能，一味地好高鶩遠，不知道自己本來是桀紂的心，動輒要去做堯舜的事業，這怎麼可能做到！其結果就是終年忙忙碌碌，乃至老死，竟然不知自己做成了個甚麼！真是可悲呀！」

侃問：「先儒『以心之靜為體，心之動為用』[1]，如何？」

先生曰：「心不可以動靜為體用。動靜，時也，即體而言用在體，即用而言體

在用，是謂『體用一源』[2]。若說靜可以見其體，動可以見其用，卻不妨。」

注釋

[1]語見「心一也，有指體而言者，寂然不動是也；有指用而言者，感而遂通天下之故是也。」（程頤〈與呂大臨論中書〉）[2]見第36條注1。

譯文

薛侃問：「先儒說『心之靜為體，心之動為用』，這句話怎麼樣？」

陽明說：「心不可以動靜為體用。動靜是屬於時間範疇的概念。從體來說，用就在體；從用來說，體就在用，因此說『體用一源』。若是說靜時可以見其體，動時可以見其用，卻不妨礙。」

‖78/111

子仁[1]問：「『學而時習之，不亦說乎？』先儒以『學為效先覺之所為』[2]，如何？」

先生曰：「學是學去人欲、存天理。從事於去人欲、存天理，則自正。諸先覺考諸古訓，自下許多問辨思索、存省克治工夫，然不過欲去此心之人欲，存吾心之天理耳。若曰『效先覺之所為』，則只說得學中一件事，亦似專求諸外了。『時習』者，『坐如尸』，非專習坐也，坐時習此心也；『立如齋』[3]，非專習立也，立時習此心也。『說』是『理義之說我心』[4]之『說』，人心本自說理義，如目本說色，耳本說聲，惟為人欲所蔽所累，始有不說。今人欲日去，則理義日洽浹[5]，安得不說？」

注釋

1 子仁：姓欒，名惠，浙江西安人，一說是指林春，字子仁。2 說通悅。「先儒」句：「人性皆善，而覺有先後，後覺者必效先覺之所為，乃可以明善而復其初也。」（朱熹《論語集注・學而》）3 坐如尸、立如齋：「坐如尸，視貌正。立如齋，謂（立如在）祭祀時。」（《禮記・曲禮》）4 語見「理義之說我心，猶芻豢之說我口。」（《孟子・告子上》）5 洽浹（粵：恰接；普：qià jiā）：廣博，融洽，貫通。

譯文

子仁問：「『學而時習之，不亦說乎！』朱子解釋為『學是效先覺之所為』，怎麼樣？」

陽明說：「學是學去人欲，存天理。從事於去人欲，存天理的學問，自然要向先覺求教，要考索古訓，也自然會下許多問辨思索、存省克治的工夫，然而也不過是要去掉此心中的人欲，存養此心中的天理。若說『效先覺之所為』，也只是學中的一件事，也是一味求之於外。『時習』的意思，如『坐如尸』，不是專門練習坐，而是在坐時修習此心；如『立如齋』，不是練習站立，而是在站時修習此心。『說』是指理義之悅我心，人心本來是喜歡理義的，譬如目本來喜歡看形色，耳朵本來喜歡聽聲，只是被人欲所蒙蔽，才有不喜歡。如果人欲日益減少，理義日漸貫通，怎麼會不喜歡呢？」

國英[1]問：「曾子三省[2]雖切，恐是未聞『一貫』[3]時工夫。」

先生曰：「『一貫』是夫子見曾子未得用功之要，故告之。學者果能忠恕上用功，豈不是『一貫』？『一』如樹之根本，『貫』如樹之枝葉，未種根，何枝葉之可得？『體用一源』[4]，體未立，用安從生！謂『曾子於其用處蓋已隨事精察而力行之，但未知其體之一』[5]，此恐未盡。」

注釋

1國英姓陳，其他不詳。2三省：「曾子曰：『吾日三省吾身：為人謀而不忠乎？與朋友交而不信乎？傳不習乎？』」（《論語．學而》）3見第47條注1。一貫，一理貫萬物。4見第36條注1。5語見朱熹《論語集注．里仁》。

譯文

國英問：「曾子三省之說雖是真切，恐怕是他沒有聽聞『一貫』之教時候的工夫吧？」

陽明說：「『一貫』是孔子見曾子用功不得要領才告訴他的。學者真能在忠恕上用功，怎麼不是『一以貫之』？『一』就如樹木的根，『貫』就如樹木的枝葉，不去培植其根，哪有枝葉？『體用一源』，體沒有建立，用從何而出？朱子認為『曾子在用處已經隨事精察而力行之，但未知其體之一』，這個說法恐是不對的。」

黃誠甫[1]問「汝與回也孰愈」章[2]。

先生曰：「子貢多學而識，在聞見上用功，顏子在心地上用功，故聖人問以啟之。而子貢所對又只在知見上，故聖人嘆惜之，非許之也。」

注釋

1 黃誠甫：黃宗明（一五三六年卒），號致齋，寧波鄞縣人。2 語見「子謂子貢曰：『汝與回（顏回）也孰愈（較好）？』對曰：『賜也何敢望回？回也聞一以知十，賜也聞一以知二。』子曰：『弗如也，吾與汝弗如也！』」（《論語・公冶長》）

譯文

黃誠甫問《論語・公冶長》「汝與回誰在學問上更出色」章。陽明説：「子貢博學多識，在聞見上用工夫，顏子是在內心用工夫，所以聖人有此問來啟發他。而子貢的回答又只是從知見上説，所以聖人為他歎息，而不是讚許他。」

梁日孚[1]問：「居敬、窮理[2]是兩事，先生以為一事，何如？」

先生曰：「天地間只有此一事，安有兩事？若論萬殊，『禮儀三百，威儀三千』[3]，又何止兩！公且道居敬是如何？窮理是如何？」

曰：「居敬是存養工夫，窮理是窮事物之理。」

曰：「存養個甚？」

曰：「是存養此心之天理。」

曰：「如此亦只是窮理矣。」

曰：「且道如何窮事物之理？」

曰：「如事親便要窮孝之理，事君便要窮忠之理。」

曰：「忠與孝之理，在君親身上，在自己心上？若在自己心上，亦只是窮此心之理矣。且道如何是敬？」

曰：「只是主一。」

「如何是主一？」

曰：「如讀書便一心在讀書上，接事便一心在接事上。」

曰：「如此則飲酒便一心在飲酒上，好色便一心在好色上，卻是逐物，成甚居敬功夫？」

日孚請問。

曰：「一者天理。主一是一心在天理上。若只知主一，不知一即是理，有事時便是逐物，無事時便是着空。惟其有事無事，一心皆在天理上用功，所以居敬亦即是窮理。就窮理專一處說，便謂之居敬；就居敬精密處說，便謂之窮理。卻不是居敬了，別有個心窮理；窮理時，別有個心居敬。名雖不同，功夫只是一事。就如《易》言『敬以直內，義以方外』[4]，敬即是無事時義，義即是有事時敬，兩句合說一件。如孔子言『修己以敬』[5]，即不須言義；孟子言集義[6]，即不須言敬。會得時，橫說竪說工夫總是一般。若泥文逐句，不識本領，即支離決裂，工夫都無下落。」

問：「窮理何以即是盡性？」

曰：「心之體，性也，性即理也。窮仁之理，真要仁極仁；窮義之理，真要義極義，仁義只是吾性，故窮理即是盡性。如孟子說『充其惻隱之心，至仁不可勝用』[7]，這便是窮理工夫。」

注釋

1 梁日孚：名焯，廣東南海人。2 居敬，窮理：「居敬而行簡。」（《論語．雍也》）指立身莊重。「窮理盡性以至於命。」（《周易．說卦》）意為窮究萬物之理。居敬、窮理，後宋儒解為道德修養方式。3 語見《中庸》第二十章。4 語見《周易．坤．文言》。5 語見《論語．憲問》。6 見第59條注2。7 語見《孟子．公孫丑上》。

譯文

梁日孚問：「居敬、窮理是兩件工夫，老師認為是一件，為甚麼？」

陽明說：「天地之間只有這一件事，哪有兩件事？若是說萬殊，則是『禮儀三百，威儀三千』，又怎麼說是只有兩個？你說居敬是甚麼？窮理又是甚麼？」

日孚說：「居敬是存養工夫，窮理是窮盡事物之理。」

陽明問：「存養甚麼？」

日孚說：「存養此心中的天理。」

陽明說：「如此也就是窮理。」
陽明說：「再說如何是窮事物之理呢？」
日孚說：「比如事親要窮孝之理，事君要窮忠之理。」
陽明說：「忠與孝之理是在君親身上，還是在自己心上呢？若是在自己心上，也只是窮此心中的理。你再說如何是敬？」
日孚說：「只是主一。」
陽明問：「如何是主一？」
日孚說：「如讀書便一心在讀書上，接事便一心在接事上。」
陽明說：「如此飲酒便一心在飲酒上，好色便一心在好色上，這是逐物，算甚麼居敬工夫？」
梁日孚請問。
陽明說：「一者，天理，主一就是主一在天理上。若只知主一，不知一就是理，遇事時便是逐物，無事時便是着空。唯有在有事與無事時，一心都在天理上用功，這樣居敬也就是窮理。就窮理專一的角度來說，便是居敬；就居敬精密的角度來說，便是窮理，而不是居敬外別有個窮理，窮理外別有個居敬，名稱雖然不同，功夫卻只是一事。就如《周易》所說的『敬以直內，義以方外』，敬是無事時的義，義是有事時的敬，兩句是說一件事。再如孔子說『修己以敬』，則不須再說義；孟子說『集義』，則不須再說敬。若能對學問融會貫通，那麼即便橫說豎說，工夫總是這一件。如果只是拘泥於文字語句，不識學問之本領，便會導致支離破碎，工夫便沒有下手處。」

日孚問：「窮理怎麼說是盡性？」

陽明說：「心之體，就是性，性就是理。窮仁之理就要做到極仁，窮義之理就是要做到極義，仁義只是我的心性，所以窮理就是盡性，就像孟子所說的『擴充惻隱之心，至仁不可勝用』，這便是窮理工夫。」

賞析與點評

這裏陽明對程朱理學的居敬工夫的批評，特別是「飲酒便一心在飲酒上，好色便一心在好色上，卻是逐物」一句，與本書第 13 條如出一轍，可以比照合觀，都是批評理學的居敬工夫未免落入心理學意義上的精神集中而在根本上缺乏心體的主導。不過陽明在此表述的「天地間只有此一事，安有兩事」的觀點顯然十分重要，其論述的邏輯起點是對程朱理學將居敬與窮理割裂為二的思想批判，然就陽明所欲由此引出的結論來看，無疑地，他是試圖將各種儒學工夫論打合為一，建構起一套工夫論的有機系統。

惟乾[1]問：「知如何是心之本體？」

先生曰：「知是理之靈處。就其主宰處說便謂之心，就其稟賦處說便謂之性。孩提之童，無不知愛其親，無不知敬其兄，只是這個靈能不為私欲遮隔，充拓得盡，便完完是他本體，便與天地合德。自聖人以下不能無蔽，故須格物以致其知。」

注釋

1 惟乾：冀元亨（？—一五二一），號闇齋，楚之武陵（湖南常德）人。

譯文

惟乾問：「知怎麼會是心之本體？」

陽明說：「知是理的靈妙處。就其主宰來說是心，就其稟賦來說是性。孩提之童，沒有不知道愛其父母，沒有不知道敬其兄長的，只是這個靈妙不被私欲所遮蔽，擴充出去，便完全是他本體，便與天地合德。自聖人以下不能無遮蔽，所有須有『格物』工夫以達致其良知。」

賞析與點評

自龍場之悟以後，當陽明提出「心即理」這個命題時，就已把「知」認定為「心之本體」，只是他還沒有拈出「致良知」三字訣而已。陽明用良知、天理來具體規定「心之本體」的含義，此「心之本體」不是意識活動本身，而是意識活動的根據，可見，心體是一道德的、價值的存在。

守衡[1]問：「《大學》工夫只是誠意，誠意工夫只是格物。修、齊、治、平[2]，只誠意盡矣。又有正心之功，『有所忿懥好樂，則不得其正』[3]，何也？」先生曰：「此要自思得之，知此則知未發之中矣。」

守衡再三請。

曰：「為學工夫有淺深。初時若不着實用意去好善惡惡，如何能為善去惡？這着實用意便是誠意。然不知心之本體原無一物，一向着意去好善惡惡，便又多了這分意思，便不是廓然大公。《書》所謂『無有作好作惡』，方是本體，所以說『有所忿懥好樂，則不得其正』。正心只是誠意工夫裏面，體當自家心體，常要鑒空衡平，這便是未發之中。」

注釋　1守衛：情況未詳。2見第46條注1。3見第35條注2。

譯文　守衡問：「《大學》工夫只是誠意，誠意工夫只是格物，修身、齊家、治國、平天下，只用誠意工夫就全概括了，為甚麼又有正心工夫，『有所忿懥好樂則不得其正』？」

陽明說：「此須自己思考才能得知。知此便知未發之中。」

守衡再三請問。

陽明說：「治學的工夫有深有淺。初學時如果不着實用意去好善惡惡，怎麼能為善去惡？這着實用意便是誠意。但若不知心之本體原本是無一物，一向着意去好善惡惡，便是多了這分意思，便不是廓然大公。《尚書》所謂『無有所好，無有作惡』，方是本體。所以說『有所忿懥好樂則不得其正』。正心只是誠意工夫裏面體察自己心體，常使心如明鏡一般透徹，如秤桿一般恆定，這便是未發之中。」

正之[1]問：「『戒懼是己所不知時工夫』，『慎獨是己所獨知時工夫』[2]，此說如何？」

先生曰：「只是一個工夫。無事時固是獨知，有事時亦是獨知。人若不知於此獨知之地用力，只在人所共知處用功，便是作偽，便是『見君子而後厭然』[3]。此獨知處便是誠的萌芽，此處不論善念惡念，更無虛假，一是百是，一錯百錯，正是王霸、義利、誠偽、善惡界頭，於此一立立定，便是端本澄源，便是立誠。古人許多誠身的工夫，精神命脈全體只在此處，真是莫見莫顯，無時無處，無終無始，只是此個工夫。今若又分戒懼為己所不知，即工夫便支離，亦有間斷。既戒懼即是知，己若不知，是誰戒懼？如此見解，便要流入斷滅禪定[4]。」

曰：「不論善念惡念，更無虛假，則獨知之地，更無無念時邪？」

曰：「戒懼亦是念。戒懼之念，無時可息。若戒懼之心稍有不存，不是昏聵，便已流入惡念。自朝至暮，自少至老，若要無念，即是己不知，此除是昏睡，除是槁木死灰。」

注釋

1 正之：黃宏綱（一四九二——一五六一），字正之，號洛村，江西雩縣人，陽明弟子。2 語見朱熹《中庸章句》第一章。「戒懼、慎獨」見第53條注2、第29條注3。3 語見《大學》第六章。厭然，閉藏其不善之事。（孔穎達）4 斷滅禪定：認為山河大地不真實，萬物空無，為佛教一種頑空式的修持禪定的見解和方法。

譯文

正之問：「『戒慎是己所不知時的工夫，慎獨是己所獨知時的工夫』，這個說法怎麼樣？」

陽明說：「只是一個工夫，無事時候固然是獨知，有事時候也是獨知。學者如果不知在此獨知的地方用功，只在人所共知的地方用功，便是作偽，便是『見君子而後厭然』。此獨知的地方便是誠的萌芽，此處不論善念惡念，全無虛假，一對百對，一錯百錯，正是王道與霸道、義與利、誠與偽、善與惡的界限，在此處立穩腳跟，便是端本澄原，便是立誠。古人許多誠身的工夫，精神命脈，全體只在此處，真是無顯無隱，無時無處，無終無始，只是這個工夫。今又分『為戒慎為己所不知』，工夫便會支離，便會有間斷。既說戒慎便是知，己如果不知，那是誰知？如此見解，便是會流入斷滅禪定。」

正之問：「不論善念惡念，更沒有虛假，則獨知的地方，就是沒有無念的時候嗎？」

陽明說：「戒慎就是念。戒慎之念，無時停息。如果戒慎之心稍有不存，不是昏聵就是流入惡念。自早上至傍晚，自年少至年老，如果沒有念，那就是自己麻木不仁，此除卻昏睡，便是形同槁木，心如死灰。」

志道[1]問：「荀子云『養心莫善於誠』[2]，先儒非之[3]，何也？」

先生曰：「此亦未可以為非。『誠』字有以工夫說者。誠是心之本體，求復其本體，便是思誠的工夫。明道說『以誠敬存之』[4]，亦是此意，《大學》『欲正其心，先誠其意』。荀子之言固多病，然不可一例吹毛求疵。大凡看人言語，若先有個意見，便有過當處。『為富不仁』之言，孟子有取於陽虎[5]，此便見聖賢大公之心。」

注釋

1 志道：情況未詳。2 語見《荀子．不苟》。3 先儒非之：「既誠矣，心焉用養邪？荀子不知誠。」（程頤《二程外書》卷二）4 語見程顥〈識仁篇〉：「識得此理，以誠敬存之，不須防檢，不須窮索。」（《二程遺書》卷二上）5 語見「為富不仁矣，為仁不富矣。」（《孟子．滕文公上》）

譯文

志道問：「荀子說『養心莫善於誠』，而程子要批評他，為甚麼？」

陽明說：「此說也不能說不對。『誠』字有從工夫角度來說的。誠是心之本體，求回復其本體，便是思誠的工夫。明道說『以誠敬存之』，便是這個意思，便是《大學》『欲正其心，先誠其意』。荀子的話固然是有許多毛病，然而不可一概而論，吹毛求疵。大凡看人說話，若是先有個偏見在，便會有不當的地方。『為富不仁』這句話，是孟子引用陽虎的說法，此便可見聖賢的大公之心。」

先生曰：「『美色令人目盲，美聲令人耳聾，美味令人口爽，馳騁田獵令人發狂』[1]，這都是害汝耳、目、口、鼻、四肢的，豈得是為汝耳、目、口、鼻、四肢？若為着耳、目、口、鼻、四肢時，便須思量耳如何聽，目如何視，口如何言，四肢如何動。必須非禮勿視聽言動，方才成得個耳、目、口、鼻、四肢……汝若為着耳、目、口、鼻、四肢，要非禮勿視、聽、言、動時，豈是汝之耳、目、口、鼻、四肢自能勿視、聽、言、動？須由汝心。這視、聽、言、動皆是汝心……所謂汝心，亦不專是那一團血肉。若是那一團血肉，如今已死的人，那一團血肉還在，緣何不能視、聽、言、動？所謂汝心，卻是那能視、聽、言、動的，這個便是性，便是天理。有這個性，才能生。這性之生理，便謂之仁。這性之生理發在目便會視，發在耳便會聽，發在口便會言，發在四肢便會動。都只是那天理發生，以其主宰一身，故謂之心。這心之本體，原只是個天理，原無非禮，這個便是汝之真己。這個真己，是軀殼的主宰。若無真己，便無軀殼，真是有之即生，無之即死。汝若真為那個軀殼的己，必須用着這個真己，便須常常保守着這個真己的本體，戒慎不睹，恐懼不聞，惟恐虧損了他一些，才有一毫非禮萌動，便如刀割，如針刺，忍耐不過，必須去了刀，拔了針。這才是有為己之心，方能克己。」

注釋
1 語見《老子》第十二章。

譯文
陽明說：「美色令人目盲，美聲叫人耳聾，美味叫人口味變差，馳騁田獵叫人心發狂，這些都是危害你耳、目、口、鼻與四肢的！這怎麼是為你耳、目、口、鼻與四肢？如果真為耳、目、口、鼻與四肢，就應該考慮耳朵如何聽，眼睛如何看，嘴巴如何說話，四肢如何動？必要非禮勿視、非禮勿聽、非禮勿言、非禮勿動，方才成個耳、目、口、鼻、四肢……你要真為耳、目、口、鼻與四肢，要非禮勿視、非禮勿聽、非禮勿言、非禮勿動，這豈是耳、目、口、鼻與四肢自身能夠做到的，須是由你的心。這視、聽、言、動，都是你的心來做主宰……所謂你的心，也不是那一團血肉。如是那一團血肉，如今死去的人，那一團血肉還在，怎麼不能視、聽、言、動？所謂你的心，便是那能視、能聽、能言、能動的，這便是性，便是天理。有這個性，才能生生不息。這性的生生不息之理，便是仁。這性的生生不息之理發用在眼睛便會視，發用在耳朵便會聽，發用在嘴巴便會說；發用在四肢，便會動。都只是那天理發用出來的，以其主宰一身，便稱之為心。這心之本體，原本是天理，原本沒有非禮。這個便是你的真己，這個真己是軀體的主宰。若是沒有真己，便沒有軀體；有此真己之心便有生命，沒有真己之心便意味着死亡。你若真為那個軀體的己，必須用着這個真己，必須時時保守着這個真己的本體，戒慎不睹，恐懼不聞，唯恐虧損了他一些。才有一毫非禮萌動，便如刀割，如針刺，忍耐不過，必須拔去這刀，拔去這刺。這才是為己之心，方能克己。」

賞析與點評

對陽明而言，「心」無疑是其思想的一個最為重要的核心概念。陽明說「心，不是那一團血肉」，心是心體意義上的良心或本心，而不是血肉軀體的那顆心臟之心，也不是只知痛癢的感官知覺之心，陽明稱之為「真己」。此心體之真己既是身體的主人，也是意識活動的主宰，意識當中哪怕只有絲毫的非禮之想，心體就會如同刀割針刺一般疼痛，必欲去之而後快，這就是孔子所說的「為己之學」、「克己復禮」之工夫。陽明的「良知」概念也相當於這個「真己」。

蕭惠[1]好仙、釋。

先生警之曰：「吾亦自幼篤志二氏，自謂既有所得，謂儒者為不足學。其後居夷三載，見得聖人之學若是其簡易廣大，始自嘆悔錯用了三十年氣力。大抵二氏之學，其妙與聖人只有毫釐之間。汝今所學乃其土苴[2]，輒自信自好若此，真鴟鴞竊腐鼠耳[3]。」

注釋

1 蕭惠：江西雩都人，其他情況不詳。2 土苴（粵：追；普：jū）：渣滓。3 鴟鴞竊腐鼠：「鴟得腐鼠，鵷雛過之，仰而視之曰『嚇』。」（《莊子・秋水》）

譯文

蕭惠喜好道教、佛教。

陽明告誡他說：「我年輕時也喜好二氏之學，自認為有所收穫，認為儒學反不值得去學。其後在蠻夷之地（貴州龍場）待了三年，才見聖人之學是如此簡易廣大，才後悔自己錯用了三十年工夫。大概二氏之學，其妙與聖人之學只有毫釐的差別。你現在學的不過是他們的糟粕，還自信自好成這樣，這真好比鴟鴞得到一個死老鼠一樣可笑。」

賞析與點評

這條資料約記錄於一五一八年。陽明在此反省自己年輕時誤入佛老歧途，及至一五〇八年「居夷三載」，始幡然悔悟，領悟到儒家聖人之學原本是簡易而又廣大的。陽明指出，佛老之學雖然有精妙之處，但是他們的學說在根本旨趣上與我們儒家相比，畢竟是差之毫釐失之千里，不可同日而語。從今天學術理性的立場看，我們有理由放棄以儒為「正統」、以釋道為「異端」的傳統偏見，而應看到陽明對某些佛老智慧的批判性改造及其汲取並非是不合理或不合法的。

馬子莘[1]問：「『修道之教』[2]，舊說謂『聖人品節，吾性之固有，以為法於天下，若禮樂刑政之屬』[3]，此意如何？」

先生曰：「道即性即命，本是完完全全，增減不得，不假修飾的，何須要聖人品節？卻是不完全的物件！禮樂刑政是治天下之法，固亦可謂之教，但不是子思本旨。若如先儒之說，下面由教入道的，緣何舍了聖人禮樂刑政之教，別說出一段戒慎恐懼工夫？卻是聖人之教為虛設矣。」

子莘請問。

先生曰：「子思性、道、教，皆從本原上說。天命於人，則命便謂之性；率性而行，則性便謂之道；修道而學，則道便謂之教。率性是誠者事，所謂『自誠明，謂之性』也；修道是誠之者事，所謂『自明誠，謂之教』也[4]。聖人率性而行，即是道。聖人以下，未能率性於道，未免有過不及，故須修道。修道則賢知者不得而過，愚不肖者不得而不及，都要循着這個道，則道便是個教。此『教』字與『天道至教』[5]、『風雨霜露，無非教也』[6]之『教』同。『修道』字與『修道以仁』[7]同。人能修道，然後能不違於道，以復其性之本體，則亦是聖人率性之道矣。下面『戒慎恐懼』[8]便是修道的工夫，『中和』便是復其性之本體……」

注釋

1馬子莘：馬明衡，字子莘，福建莆田人。2修道之教：「天命之謂性，率性之謂道，修道之謂教。道也者，不可須臾離也，可離非道也。」（《中庸》第一章）3語見朱熹《中庸章句》第一章。4語見《中庸》第二十一章。5語見《禮記・禮器》卷七。6語見「天有四時，春秋冬夏，風雨霜露，無非教也。」（《禮記・孔子閒居》）7語見《中庸》第二十章。8見第53條注2。

譯文

馬子莘問：「『修道之教』，朱子認為是指『聖人品節我性之固有，而創法於天下，如禮樂刑政之屬』，此說怎麼樣？」

陽明說：「道即是性即是命，本來是完完全全的，增減不得，不假修飾的，何須聖人品節？卻像是不完全的東西。禮樂刑政是治理天下的大法，固然可稱為教，但不是子思的本意。若如朱子所說，《中庸》下面由教入道的章節，為甚麼沒有聖人禮樂刑政之教，而別說個戒慎恐懼的工夫？那是說聖人之教為虛設了。」

馬子莘請問。

陽明說：「子思的性、道、教都是從本原上說。天命體現在人身上，命便稱為性；率性而行，性便稱為道；修道而學，道便稱為教。率性是誠者的事，所謂『自誠明，謂之性』；修道是誠之者的事，所謂『自明誠，謂之教』。聖人率性而行就是道，聖人以下未能率性，於道未免有過不及之別，所以須要修道。修道則賢知者不能過，愚不肖者不能不及，都是循着這個道，道便是教。此『教』與『天道至教』、『風雨霜露，無非教』之『教』字同，『修道』這兩字與『修道以仁』同。人能修道，然後才能不違背道，從而恢復性之本體，這也是聖人率性的道。下面『戒慎恐懼』便是修道的工夫，『中和』便是恢復性的本體……」

黃誠甫問：「先儒『以孔子告顏淵為邦之問，是立萬世常行之道』[1]，如何？」

先生曰：「顏子具體聖人，其於為邦的大本大原，都已完備，夫子平日知之已深，到此都不必言，只就制度文為上說。此等處亦不可忽略，須要是如此方盡善，又不可因自己本領是當了，便於防範上疏闊，須是要『放鄭聲，遠佞人』。蓋顏子是個克己向裏、德上用心的人，孔子恐其外面末節或有疏略，故就他不足處幫補說。若在他人，須告以『為政在人，取人以身，修身以道，修道以仁』、『達道』、『九經』及『誠身』許多工夫[2]，方始做得。這個方是萬世常行之道。不然，只去行了夏時，乘了殷輅，服了周冕，作了韶舞，天下便治得？後人但見顏子是孔門第一人，又問個『為邦』，便把做天大事看了。」

注釋

1見朱熹《論語集注．衛靈公》第十章引程頤語。2均見《中庸》第二十章。五達道、三達德：「天下之達道五，所以行之者三。曰：君臣也，父子也，夫婦也，昆弟也，朋友之交也。五者，天下之達道也。知、仁、勇三者，天下之達德也。」九經：「凡為天下國家有九經。曰：修身也，尊賢也，親親也，敬大臣也，體群臣也，子庶民也，來百工也，柔遠人也，懷諸侯也。」

譯文

黃誠甫問：「先儒認為『孔子告訴顏淵為邦之問，是萬世常行之道』，這話怎麼樣？」

陽明說：「顏子是具體聖人，對治理國家的大本大原，都已經完全掌握了，孔子平日也比較了解這點，至此便無須再說，而只是就典章制度上講。此些知識也是不可忽略的，須要如此方是盡善，又不可因自己本領是正確的，便在細節防範上疏忽了，必須還要『放鄭聲，遠佞人』。大概顏子是個克己向裏、在內心德性上用功的人，孔子擔心他外面末節或有疏略，所以就他不足處補說。若是在他人，必須告訴『為政在人，以身取人，以道修身，以人修道』、『達道』、『九經』以及『誠身』等許多工夫，方才做到。這才是萬世常行之道。不然，只是去使用夏代的曆法，乘坐殷代的輅車，穿着周代的冠冕，演習舜時的韶舞，天下就能治得好？後人只見顏子是孔門第一人，又問了個治國的問題，便看作天大的事了。」

蔡希淵問：「文公《大學》新本，先格致而後誠意工夫，似與首章次第相合。若如先生從舊本之說，即誠意反在格致之前，於此尚未釋然」。

先生曰：「《大學》工夫即是明明德，明明德只是個誠意，誠意的工夫只是格物、致知。若以誠意為主，去用格物、致知的工夫，即工夫始有下落，即為善去惡，無非是誠意的事。如新本先去窮格事物之理，即茫茫蕩蕩，都無着落處，須用添個『敬』字，方才牽扯得向身心上來，然終是沒根源。若須用添個『敬』字，緣何孔門倒將一個最緊要的字落了，直待千餘年後要人來補出？正謂以誠意為主，即不須添『敬』字，所以舉出個誠意來說，正是學問的大頭腦處。於此不察，真所謂毫釐之差、千里之謬。大抵《中庸》工夫只是誠身，誠身之極便是至誠；《大學》工夫只是誠意，誠意之極便是至善。工夫總是一般。今說這裏補個『敬』字，那裏補個『誠』字，未免畫蛇添足。」

譯文

蔡希淵問：「朱子的《大學》新本先格致而後誠意工夫，似與首章次序相符合。如老師從舊本之說，則誠意反而在格致前面，此處我還不能看明白。」

陽明說：「《大學》的工夫就是明明德，而明明德只是個誠意。誠意的工夫只是格物、致知。若以誠意為主，去做格物、致知工夫，則工夫才有下手處，如此為善去惡無非是誠意的事。如新本先去窮格事物之理，就茫茫蕩蕩，沒有着落，須是再添一個『敬』字，才能牽涉身心上來，但終究沒有根源。如果必須添上個『敬』

字，那為甚麼孔門倒將這麼一個最緊要的字漏了，而要等到千餘年之後才補出來？所以我說以誠意為主，則不須填『敬』字。因此提出個誠意來說，正是學問的大頭腦處。對此不能明察，真是所謂毫釐之差，千里之謬了。大概《中庸》的工夫只是誠意，誠意之極致，便是至誠；《大學》的工夫只是誠意，誠意之極致便是至善。工夫總是如此這般。如今這裏補個『敬』，那裏又補個『誠』，未免畫蛇添足！」

賞析與點評

在《大學》經典問題上，陽明反對程朱的《大學》改本，主張採用《大學》古本（即《禮記》中的《大學》原本）。陽明強調《大學》最重要的工夫條目是「誠意」。結合陽明此前的相關論述，可以了解到他的論證思路是清楚一貫的：他將格物的物字解釋成意之所在、意之所向、意之所着或意之所之，如此一來，格物工夫就須在「意」上落實，也就把格物工夫化解為誠意工夫。及至晚年提出致良知教以後，更是將良知提升為意之主宰，於是，誠意便是致良知，而格物工夫就被統一為致良知工夫。

《傳習錄》中

本篇導讀——

嘉靖三年（一五二四）九月，陽明門人南大吉刻於浙江紹興。本卷體例與上下兩卷的語錄體不同，而是陽明親自寫給門人或友人的八封書信（原刻本為九篇）。因是親筆書信，故所述較為嚴整而可信，所用的自然是書信體，後經錢德洪的刪定，將書信體改為問答體，並刪除了書信中常見的寒暄語。各篇書信討論的主題互有不同，大致探討了這樣一些關鍵問題：致良知、良知即天理、知行本體、萬物一體（又稱「拔本塞源」論）等。以隨時就事上「致吾心之良知於事事物物」之說，來為《大學》格物概念重新定義；提出「夫聖人之心，以天地萬物為一體」的著名命題，以重建儒家萬物一體理論；又有「公道公學」論，以為「道」與「學」都是天下之公器，非朱子「可得而私也」，亦非孔子「可得而私也」，進而提出「天下之公也，公言之而已矣」的大膽主張，充分顯示了陽明良知學的時代批判精神。而良知本身不僅是「萬古一日」、「聖愚無間」的普遍存在，更具有「知是知非」的判斷力以及「公是非，同好惡」的批判力；它不僅是一種有關道德行為只有自己能當下覺察的「獨知」存在，更是儒家成德之學乃至實現外王理想的實踐動力。

答顧東橋書[1]

‖91/130

若誠意之說，自是聖門教人用功第一義。但近世學者乃作第二義看，故稍與提掇緊要出來，非鄙人所能特倡也。

注釋

1 顧東橋：顧璘（一四七六—一五四五），字華玉，上元（江蘇江寧）人。王陽明頗為看重這封信，曾轉寄他人以闡明自己的思想：「寄去鄙錄，末後《論學》一書，亦頗能發明鄙見，暇中幸示及之。」（《王陽明全集》卷六〈與毛古庵憲副〉）

譯文

若誠意之說，本來就是聖人教人用工夫的第一義；只是近世學者看作第二義，所以須要拾掇出來說給大家聽，不是我所能特意提倡的。

‖92/131

來書云：「但恐立說太高，用功太捷，後生師傳，影響謬誤，未免墜於佛氏明心見性、定慧頓悟[1]之機，無怪聞者見疑。」

區區[2]格、致、誠、正之說，是就學者本心日用事為間，體究踐履，實地用功，是多少次第、多少積累在，正與空虛頓悟之說相反。

注釋

1 明心見性、定慧頓悟：語見《六祖壇經》第八，是禪宗修持方法。2 區區：這裏是自稱的謙詞。

譯文

來信說：「只怕立論太高，用功太便捷，容易產生謬誤，未免落入佛家所說明心見性、定慧頓悟等說，也無怪有人聽到您的學說產生了疑慮。」

我的格物、致知、誠意、正心的學說，是從學者本心、日常處事入手，通過體悟、踐履，實實在在做工夫，這裏面有多少次第積累，正與空虛頓悟的學說相反。

來書云：「所喻知行並進，不宜分別前後，即《中庸》尊德性而道問學之功[1]，交養互發、內外本末一以貫之之道。然工夫次第，不能無先後之差，如知食乃食，知湯乃飲，知衣乃服，知路乃行，未有不見是物，先有是事。此亦毫釐倏忽之間，非謂有等今日知之而明日乃行也。」

既云「交養互發、內外本末，一以貫之」，則知行並進之說無復可疑矣。又云「工夫次第，不能不無先後之差」，無乃自相矛盾已乎？『知食乃食』等說，此尤明白易見，但吾子為近聞障蔽[2]，不自察耳。夫人必有欲食之心，然後知食。欲食之心即是意，即是行之始矣。食味之美惡，必待入口而後知，豈有不待入口而已先知食味之美惡者邪？必有欲行之心，然後知路。欲行之心即是意，即是行之始矣。路岐之險夷，必待身親履歷而後知，豈有不待身親履歷而已先知路岐之險夷者邪？知湯乃飲，知衣乃服，以此例之，皆無可疑。

注釋

1見第20條注3。2近聞：以朱子為主的知先行後說。

譯文

來信說：「您所宣揚的『知行並進，不應該分別先後』的說法，也就是《中庸》『尊德性』與『道問學』兩個工夫，交互為用、內外本末，一以貫之。然而工夫次第不能無先後之別，就像必先知食物然後吃，必先知熱水然後喝，必先知道衣服然後穿，必先知道路然後走，未有不見這些事物就預先做這件事的。當然知行之間也是毫釐疏忽之間而已，不是說今天知道，明天才去行。」

既然說「交互為用、內外本末，一以貫之」，那麼知行並進的說法就是確定無疑的了。但又說「工夫次第，不能無先後之別」，豈不是自相矛盾嗎？您「先知食物然後吃」等比喻更是簡易明白，只是您被朱子等知先行後的說法所蒙蔽，自己不能覺察而已。人必須先有想吃的心，然後才知道去吃。想吃的心便是意，便是行的開始。吃的東西好與不好必須入口才能知道，哪有不待入口便知道食物的好與不好？必先有想走的心，然後知走路。這個想走的心便是意，便是行的開始。路途的平坦或崎嶇，必須親身走過才能知道，哪有不親身體驗便知道路途的平與歧？像知道熱水然後喝，知道衣服然後穿，都可以此類推而沒有甚麼可疑的。

來書云：「真知即所以為行，不行不足謂之知，此為學者吃緊立教，俾務躬行則可。若真謂行即是知，恐其專求本心，遂遺物理，必有暗而不達之處，抑豈聖門知行並進之成法哉？」

知之真切篤實處即是行，行之明覺精察處即是知，知行工夫本不可離。只為後世學者分作兩截用功，失卻知行本體，故有合一並進之說。「真知即所以為行，不行不足謂之知」，即如來書所云「知食乃食」等說可見，前已略言之矣。此雖吃緊救弊而發，然知行之體本來如是，非以己意抑揚其間，姑為是說以苟一時之效者也。

「專求本心，遂遺物理」，此蓋失其本心者也。夫物理不外於吾心，外吾心而求物理，無物理矣；遺物理而求吾心，吾心又何物邪？心之體，性也，性即理也。故有孝親之心，即有孝之理；無孝親之心，即無孝之理矣。有忠君之心，即有忠之理；無忠君之心，即無忠之理矣。理豈外於吾心邪？晦庵謂：「人之所以為學者，心與理而已。心雖主乎一身，而實管乎天下之理，理雖散在萬事，而實不外乎一人之心」[1]，是其一分一合之間，而未免已啟學者心理為二之弊。此後世所以有「專求本心，遂遺物理」之患，正由不知心即理耳。夫外心以求物理，是以有闇而不達之處。此告子義外之說[2]，孟子所以謂之不知義也[3]。心一而已。以其全體惻怛而言謂之仁，以其得宜而言謂之義，以其條理而言謂之理。不可外心以求仁，不可外心以求義，獨可外心以求理乎？外心以求理，此知行之所以二也。求理於吾心，此聖門知行合一之教，吾子又何疑乎？

注釋　[1]語見朱子《大學或問》。[2]見第2條注2。[3]見第59條注2。告子認為義在心外，故孟子說他不知義。

譯文　來信說：「真知即是去行，不行不足稱知，此是學者吃緊成教之處，務必要努力實踐才可。若真認為行便是知，恐怕會造成一味求本心，而遺缺萬物之理，產生灰暗而不明之處，這難道是聖門知行並進的定法？」

知的真切篤實處便是行，行的明覺精察處便是知，知行工夫本來就不可分離。只因後世學者分為兩截工夫，失去了知行本體，所以有合一並進的說法。「真知即是去行，不行不足稱知」，就用您來信所說「知道食物然後吃」等比喻可說明，前面已經討論過了。此雖是吃緊挽救時弊的說法，然而知行的本體本來就是如此，並非我因一己之見來妄加評說，故意如此說，以求得一時的信任。

「專求本心，外遺物理」，此大概是針對失去本心者來說的。萬物之理不外在於吾心。在吾心外尋求萬物之理，也就沒有萬物之理；遺失萬物之理而專求吾心，不知吾心是何物呢？心之體，便是性，性便是理。所以有孝敬父母的心，便有孝的理；沒有孝敬父母的心，便沒有孝的理。有忠君的心，便有忠君的理；沒有忠君的心，便沒有忠君的理。理難道在我心外嗎？朱子說「人之所以為學者，在於心與理而已。心雖是身體之主宰，而實際是管天下之理；理雖是分散在萬事之中，而實際上不外於一人之心」，朱子這樣一分一合的說法，未免已啟發學者分心與理為二。所以後世才有「專求本心而會遺失物理」的擔憂，正因為不知心即理。在心之外尋求萬物之理，才會有灰暗不明之處，此是告子義外之說，孟子批評他不知義。心只能有一個。從其全體惻怛而言稱為仁，從其得宜而言便為義，從其有條理而言便謂之理。不可在心外求仁，不可在心外求義，獨可在心外求理嗎？在心外求理，所以知行才分為二。在吾心中求理，此是聖門知行合一的教誨，您又有甚麼可疑慮的呢？

賞析與點評

陽明從「心即理」的角度強調「知行合一」乃是「聖門之教」，指出若以為仁、義、理都可以「外心以求」，這無疑是主張心與理為二，必將導致知行割裂。其中「行之明覺精察處便是知，知之真切篤實處便是行」的說法很重要，我們知道在陽明學的術語中，「明覺」特指良知，而「篤實」特指良知工夫。現在，陽明將兩者倒過來使用，表述為「行之明覺精察」和「知之真切篤實」，旨在表達這樣一個重要觀點：行的過程必須有知的參與，知行是同一個過程的兩個方面而不可分離。

朱子以「盡心知性知天」為物格、知致，以「存心、養性、事天」為誠意、正心、修身，以「夭壽不貳，修身以俟」為知至仁盡，聖人之事[1]。若鄙人之見，則與朱子正相反矣。夫「盡心、知性、知天」者，生知安行[2]，聖人之事也；「存心、養性、事天」者，學知利行，賢人之事也；「夭壽不貳，修身以俟」者，困知勉行，學者之事也。豈可專以「盡心、知性」為知，「存心、養性」為行乎？

吾子驟聞此言，必又以為大駭矣。然其間實無可疑者，一為吾子言之。

夫心之體，性也；性之原，天也。能盡其心，是能盡其性矣。《中庸》云「惟天下至誠，為能盡其性」，又云「知天地之化育」[3]、「質諸鬼神而無疑，知天也」[4]，此惟聖人而後能然，故曰「此生知安行，聖人之事也」。

存其心者，未能盡其心者也，故須加存之之功。必存之既久，不待於存而自無不存，然後可以進而言盡。

蓋「知天」之「知」，如「知州」、「知縣」之知。知州則一州之事皆己事也；知縣則一縣之事皆己事也，是與天為一者也。「事天」則如子之事父，臣之事君，猶與天為二也。天之所以命於我者，心也，性也，吾但存之而不敢失，養之而不敢害，如「父母全而生之，子全而歸之」[5]者也，故曰「此學知利行，賢人之事也」。

至於「夭壽不貳」，則與存其心者又有間矣。存其心者，雖未能盡其心，固已一心於為善，時有不存，則存之而已。今使之「夭壽不貳」，是猶以夭壽貳其心者也。猶以夭壽貳其心，是其為善之心猶未能一也，存之尚有所未可，而何盡之可云乎？今且使之不以夭壽貳其為善之心，若曰死生夭壽皆有定命，吾但一心於為善，修吾之身，以俟天命而已，是其平日尚未知有天命也。

「事天」雖與天為二，然已真知天命之所在，但惟恭敬奉承之而已耳。若「俟之」云者，則尚未能真知天命之所在，猶有所俟者也，故曰「所以立命」。立者創立之立，如立德、立言、立功、立名[6]之類。凡言立者，皆是昔未嘗有而今始建立之謂，孔子所謂「不知命，無以為君子」[7]者也，故曰「此困知勉行，學者之事也」。

今以「盡心、知性、知天」為格物致知，使初學之士，尚未能不貳其心者，而遽責之以聖人「生知安行」之事，如捕風捉影，茫然莫知所措其心，幾何而不至於「率天下而路」[8]也！

注釋

1 參考第6條注2。朱子之說見於「知性則物格之謂，盡心則知至之謂也」、「存，謂操而不舍；養，謂順而不害。事，則奉承而不違也」、「知天之至，修身以俟死，則事天以終身也」（《孟子集注．盡心上》）。2「生知安行、學知利行、困知勉行」見第6條注3。3語見《中庸》第二十二章。原文作「贊天地之化育」。4語見《中庸》第二十九章。5語見《禮記．祭義》卷十四。6立德、立功、立言：「古人有言曰『死而不朽』，何謂也？……太上有立德，其次有立功，其次有立言，雖久不廢，此之謂三不朽。」（《左傳》襄公二十四年）7語見《論語．堯曰》。8語見「有大人之事，有小人之事。且一人之身，而百工之所為備。如必自為而後用之，是率天下而路也。」（《孟子．滕文公上》）。

譯文

朱子把「盡心知性知天」看作物格致知，而把「存心養性事天」看作誠意正心修身，把「夭壽不貳，修身以俟」看作知至仁盡、聖人之事。而我的看法卻與朱子正相反。「盡心知性知天」，乃是所謂生知安行，屬聖人的事情；「存心養性事天」，乃是所謂學知利行，屬賢人的事情；「夭壽不貳，修身以俟」，乃是所謂困知勉行，屬學者的事情。哪能以「盡心知性」屬知，「存心養性」屬行呢？

你乍聽此說，肯定會驚訝，但其實並無可疑，現一一為您說明。

心之體，便是性，性之原，乃是天。能盡其心，便是能盡其性。《中庸》說：「唯有天下至誠者才能盡其性」，又說「知天地之化育」、「質諸鬼神而無疑，是知天」，此唯聖人才能做到。所以我說這是「生知安行，屬聖人的事情」。存其心者，是還未能盡其心者，所以還須要加存的工夫。必定是存養久了，等到無須存而自然無不存的時候，然後可以進而說盡其心。

大概「知天」的「知」字，就如「知州」、「知縣」的「知」字一樣，知州便是一州的事都是自己的事，知縣便是一縣的事都是自己的事。知天就是與天合一。而「事天」則如子之事父、臣之事君，還是與天為二。天之所以命於我者，心也，性也，我只要存之而不敢喪失，養之而不敢損害，如同「父母全而生之，子便全而歸之」一樣。所以我說這是「學知利行，屬賢人的事情」。

至於「夭壽不貳」則與存其心者又有差別。存其心者雖未能盡其心，然而一心為善，雖有時或放失，而要特別再加存的工夫。現在說「夭壽不貳」，是說還會因為夭折、長壽的緣故而動搖為善的心念。既然如此，便是為善之心還不能做到專一，尚不可說存，哪有盡其心的說法？如今且能不因夭折、長壽的緣故，動搖為善的心，好比是說夭壽都有定數，自己只要一心為善，修養自身，以等候天命而已，這表示平日裏還不知道有天命。

「事天」雖是已與天仍為二，但卻已經真知道天命之所在，所以能恭敬奉承而已。若是「修身俟命」的說法，則還不能真正地知道天命之所在，猶有所等候，所以說「立命」。立是指創立的立，如立德、立言、立功、立名之類。凡說「立」者，都是指過去未曾有而如今才開始建立的意思，此如孔子所說「不知命不足以為君子」。所以我說這是「困知勉行，屬學者的事情」。

如今把「盡心、知性、知天」看作物格致知，初學者還不能與其心合一，而急切地以聖人「生知安行」的事情來苛求他，這就如捕風捉影一樣，叫人茫然不知所措，怎麼不會導致「率天下以路」的後果呢？

朱子所謂「格物」云者，在「即物而窮其理」也。即物窮理，是就事事物物上求其所謂定理者也，是以吾心而求理於事事物物之中，析心與理而為二矣。

夫求理於事事物物者，如求孝之理於其親之謂也。求孝之理於其親，則孝之理其果在於吾之心邪？抑果在於親之身邪？假而果在於親之身，則親沒之後，吾心遂無孝之理歟？見孺子之入井，必有惻隱之理[1]。是惻隱之理，果在於孺子之身歟？抑在於吾心之良知歟？其或不可以從之於井歟？其或可以手而援之歟？是皆所謂理也，是果在於孺子之身歟？抑果出於吾心之良知歟？以是例之，萬事萬物之理，莫不皆然。是可以知析心與理為二之非矣。……若鄙人所謂「致知格物」者，致吾心之良知於事事物物也。吾心之良知，即所謂天理也。致吾心良知之天理於事事物物，則事事物物皆得其理矣。致吾心之良知者，致知也；事事物物皆得其理者，格物也。是合心與理而為一者也。

注釋

1 孺子入井，詳見第8條注1。

譯文

朱子所謂「格物」云者，是指「即物而窮理」。即物窮理是指從事事物物上尋求所謂定理，是用自己的心在事事物物上尋求理，這是分心與理為二了。在事事物物上求理，就如要在父母身上尋求孝的理。在父母身求孝的理，那麼孝的理果真在自己的心中？抑或果真在父母身上？假如果在父母身上，那父母過世以後，自己心中就沒有孝的理了嗎？見小孩將要掉進井裏，便會有惻隱之理，是惻隱之理果在小孩身上還是果出於自己心中的良知？以此類推，萬事萬物之理莫不皆然，則可知分心與理為二是錯誤的。

……若我所說「致知格物」，是將自己心中的良知推及事事物物中去。自己心中的良知，就是「天理」。將自己心中的良知之「天理」推及事事物物上，則事事物物都得其天理。將自己心中的良知推及事物，便是「致知」；事事物物皆得其天理，便是「格物」，這樣一來，心與理就可達到合一了。

賞析與點評

自陽明提出致良知教以後，他在格物問題上有了更為明確的主張，指出「所謂致知格物者，致吾心之良知於事事物物也」。至此陽明在格物問題上最終獲得了一個結論：格物就是在事事物物上致吾心之良知。顯然，對陽明來說，這個說法比「格物」即「正心」的解釋更加圓融完備。

夫學問思辨[1]行，皆所以為學，未有學而不行者也。如言學孝，則必服勞奉養，躬行孝道，然後謂之學，豈徒懸空口耳講說，而遂可以謂之學孝乎？學射，則必張弓挾矢，引滿中的。學書，則必伸紙執筆，操觚染翰[2]。盡天下之學，無有不行而可以言學者，則學之始，固已即是行矣。篤者，敦實篤厚之意，已行矣，而敦篤其行，不息其功之謂爾。

蓋學之不能以無疑，則有問，問即學也，即行也；又不能無疑，則有思，思即學也，即行也；又不能無疑，則有辨，辨即學也，即行也；辨既明矣，思既慎矣，問即審矣，學既能矣，又從而不息其功焉，斯之謂篤行，非謂學問思辨之後而始措之於行也。

是故以求能其事而言謂之學，以求解其惑而言謂之問，以求通其說而言謂之思，以求精其察而言謂之辨，以求履其實而言謂之行。蓋析其功而言則有五，合其事而言則一而已。此區區心理合一之體，知行並進之功，所以異於後世之說者，正在於是。

今吾子特舉學問思辨以窮天下之理，而不及篤行，是專以學問思辨為知，而謂窮理為無行也已。天下豈有不行而學者邪？豈有不行而遂可謂之窮理者邪？……是故知不行之不可以為學，則知不行之不可以為窮理矣。知不行之不可以為窮理，則知知行之合一並進，而不可以分為兩節事矣。

注釋 1學問思辨：見第4條注2。2操觚（粵：孤；普：gū）染翰：觚，木簡；翰，長而硬的鳥羽，指毛筆。

譯文 博學、審問、慎思、明辨、篤行，都屬於學，沒有學哪能行。比如說學孝道，則必是服侍奉養，躬行孝道，然後才稱為學，豈可口說耳聽便可謂之學孝？學射箭必是張弓拿矢，拉弓中的；學寫字必是展紙拿筆，握筆染墨。天下所有的學問，沒有不實行就能稱為學的，則學從一開始就已經包含行了。篤行的篤字是指敦實篤厚的意思，篤行就是指已經行了，但能切切實實地行，且能不停息的意思。大概學不能沒有疑惑，所以就有審問，審問也就是學，也就是行；又不能沒有疑惑，所有就有慎思，慎思便是學，便是行；又不能沒有疑惑，就有明辨，明辨便是學，便是行。辨解既明了，思考既慎密，問答既清楚，就算能學了，又能不片刻停息這些工夫，便是篤行。不是學問思辨之後，再去施行。所以說從能做這件事的角度說謂之學，從尋求解除疑惑的角度謂之問，從希望想通某種說法而言謂之思，從力圖精察其義理而言謂之辨，從尋求落實、實踐的角度謂之行。大概分別而言有五種工夫，合起來說就一種工夫而已。此便是我心理合一說法的本體，知行並進的工夫，與世儒說法不同的地方，就在於此。

如今您只列舉博學、審問、慎思、明辨為窮天下之理的工夫，卻不說篤行，這是專以學問思辨屬知的事情，而認為窮理是無須篤行這個工夫。天下哪有不行而稱為學的？哪有不行而可稱為窮理的？……因此可知不行不可稱為學，不行不可稱為窮理，於是可知「知行合一」、「知行並進」，而不能將知行分為兩件事。

區區論致知格物，正所以窮理，未嘗戒人窮理，使之深居端坐而一無所事也。若謂「即物窮理」[1]，如前所云「務外而遺內」[2]者，則有所不可耳。昏闇之士，果能隨事隨物精察此心之天理，以致其本然之良知，則「雖愚必明，雖柔必強」[3]，大本立而達道行[4]，「九經」[5]之屬，可一以貫之而無遺矣，尚何患其無致用之實乎？彼頑空虛靜之徒，正惟不能隨事隨物精察此心之天理，以致其本然之良知，而遺棄倫理，寂滅虛無以為常，是以要之不可以治家國天下。孰謂聖人窮理盡性之學而亦有是弊哉？

心者，身之主也，而心之虛靈明覺，即所謂本然之良知也。其虛靈明覺之良知，應感而動者謂之意。有知而後有意，無知則無意矣。知非意之體乎？意之所用，必有其物，物即事也。如意用於事親，即事親為一物；意用於治民，即治民為一物；意用於讀書，即讀書為一物；意用於聽訟，即聽訟為一物。凡意之所用，無有無物者，有是意即有是物，無是意即無是物矣。物非意之用乎？

「格」字之義，有以「至」字訓者，如「格于文祖」[6]、「有苗來格」[7]，是以至訓者也。然「格于文祖」，必純孝誠敬，幽明之間，無一不得其理，而後謂之格；有苗之頑，實以文德誕敷[8]而後格，則亦兼有「正」字之義在其間，未可專以「至」字盡之也。如「格其非心」[9]、「大臣格君心之非」[10]之類，是則一皆「正其不正以歸於正」[11]之義，而不可以「至」字為訓矣。

且《大學》格物之訓，又安知其不以「正」字為訓，而必以「至」字為義乎？如以「至」字為義者，必曰「窮至事物之理」，而後其說始通。是其用功之要，全在一「窮」字，用力之地，全在一「理」字也。若上去一「窮」字，下去一「理」字，而直曰「致知在至物」，其可通乎？

夫窮理盡性，聖人之成訓，見於《繫辭》者也。苟格物之說而果即窮理之義，則聖人何不直曰「致知在窮理」，而必為此轉折不完之語，以啟後世之弊邪？

蓋《大學》格物之說，自與《繫辭》「窮理」大旨雖同，而微有分辨。窮理者，兼格、致、誠、正而為功也。故言窮理，則格、致、誠、正之功皆在其中；言「格物」，則必兼舉致知、誠意、正心，而後其功始備而密。

今偏舉格物，而遂謂之窮理，此所以專以窮理屬知，而謂格物未嘗有行，非惟不得格物之旨，並窮理之義而失之矣。此後世之學所以析知行為先後兩截，日以支離決裂，而聖學益以殘晦者，其端實始於此。

注釋

1 即物窮理：詳見第96條第一段。2 語見「近時學者務外遺內，博而寡要。故先生特倡「誠意」一義，針砭膏肓。」（見陳榮捷本第130條）[3]語見「人一能之，己百之；人十能之，己千之。果能此道矣，雖愚必明，雖柔必強。」（《中庸》第二十章）[4]**大本、達道**：見第54條注1。[5]**九經**：見第89條注2。[6]語見《尚書・舜典》。[7]語見《尚書・大禹謨》。[8]**誕敷**：遍佈。[9]語見《尚書・冏命》。[10]語見「惟大人為能格君心之非……一正君而國定矣。」（《孟子・離婁上》）[11]語見「格者，正也，正其不正以歸於正之謂也。正其不正者，去惡之謂也；歸於正者，為善之謂也。」（王陽明《大學問》）

譯文

我所說的「致知格物」工夫，正是為了窮理，何嘗禁止人去窮理，而使他們深居端坐，無所事事？

若把「即物窮理」理解成前面所說「務外而遺內」，則我是不贊成的。

昏暗的人，果能在事事物物上精察自己心中的天理，來推致其心中本然的良知，那麼，即便愚笨的人也定會變得聰明，柔弱的人也必會變得堅強，就能樹立大本而能踐行達道，「九經」之類，可以一以貫之而沒有遺落，又何必擔憂不能有實際的效用呢？至於那些頑空虛靜之徒，正是由於不能在事事物物上精察自己心中的天理，來推致其心中本然的良知，又遺棄物理，以寂滅虛無為常，所以不能治國、平天下。誰說聖人窮理盡性的學問也有這種弊端？

心乃是身體之主宰，而心的虛靈明覺，就是所謂本然的良知。其虛靈明覺的良知應外感而動者，便是意。有知而後才有意，無知便沒有意。知難道不是意的本體嗎？意的發用流行必要着在物上，物便是事。如意在於事親，則事親便是一物；意在於治民，則治民便是一物；意在於讀書，則讀書便是一物；意在聽訟，則聽訟便是一物。凡意的發用，無有無物的；有是意便有是物，無是意便無是物。物難道不是意的發用嗎？

「格」字的含義，有用「至」字來解釋的，比如「格于文祖」、「有苗來格」等，都是用「至」字來解。然而「格于文祖」，必定要純孝誠敬，幽冥之間沒有不得理的，才稱為「格」；有苗氏頑固不化，必要遍佈文德去感化而後能至，則也兼有「正」字的含義在內，不可專以「至」字來解。如「格其非心」、「大臣格君心之非」之類，都是「正其不正以歸於正」的意思，而不可以「至」字來解。

且《大學》中「格物」的「格」，又怎麼確知其不可用「正」字而必用「至」字來解釋呢？如以「至」字來解，必說「窮至事物之理」，而後其說才可通。這樣，用功的關鍵，全在一個「窮」字，用力的目標，全在一個「理」字。若上面去一個「窮」字，下去一個「理」字，而直說「致知在至物」，怎麼能說得通？

窮理盡性乃是聖人的成訓，見於《周易・繫辭》。若格物的說法果真是窮理的意思，那麼聖人為何不直說「致知在窮理」，而必要作此轉折不完之語，造成後世如此的邪弊呢？

蓋《大學》格物自與《繫辭》「窮理」雖大體意思相同，但仍略有區別。窮理包括了格物、致知、誠意、正心工夫，所以說窮理則格致誠正的工夫都包括其中了。說格物，就一定要同時提出致知、誠意、正心，而後工夫才算完備和嚴密。如今只說格物便謂之窮理，這就是只把窮理看成知的工夫，而認為格物不包括行，這就不但不能得格物的主旨，而且連窮理的含義也丟失了。後世之學所以分知與行為先後兩截，造成聖人之學逐日支離破碎，日益殘破晦澀，其根源就在於此。

賞析與點評

自陽明晚明提出致良知教以後，他對心、意、知、物的問題有了新的認識，他用良知來貫穿其對心意知物之關係的解釋，所謂「有知而後有意，無知亦無意」，旨在強調「意」是良知之意識，而非一般意義上的知覺意識或經驗意識。此條後段圍繞「意」字來展開論述，指出「意之所用，必有其物，物即事也」，可見，「物」不再是甚麼與吾心無關的外在客觀物，而是與我們人類的實踐密切相關的行為物（事），而此所謂「物」完全是由「意」所建構起來的，如果沒有「意」的指向，也就不存在任何「物」。

蓋鄙人之見，則謂意欲溫清，意欲奉養者，所謂意也，而未可謂之誠意。必實行其溫清奉養之意，務求自慊，而無自欺，然後謂之誠意。

知如何而為溫清之節，知如何而為奉養之宜者，所謂知也，而未可謂之致知。必致其知如何為溫清之節者之知，而實以之溫清；致其知如何為奉養之宜者之知，而實以之奉養，然後謂之致知。

溫清之事，奉養之事，所謂物也，而未可謂之格物。必其於溫清之事也，一如其良知之所知當如何為溫清之節者而為之，無一毫之不盡；於奉養之事也，一如其良知之所知當如何為奉養之宜者而為之，無一毫之不盡，然後謂之格物。

溫清之物格，然後知溫清之良知始致；奉養之物格，然後知奉養之良知始致，故曰：「物格而後知至。」致其知溫清之良知，而後溫清之意始誠；致其知奉養之良知，而後奉養之意始誠，故曰：「知至而後意誠。」[1]

注釋

1 物格、知至、意誠：見第20條注2。

譯文

我的意思是說，希望做到冬溫夏清來奉養父母，這是所謂意，但不可稱為誠意。必定實行了冬溫夏清、奉養父母的心意，盡心盡力而不自欺欺人，然後才可稱其為誠意。

知道如何實施冬溫夏清的禮節，知道如何恰到好處地奉養父母，這是知，但不可稱為致知。一定要貫徹已知的冬溫夏清的禮節，實行已知的奉養父母的合宜做法，然後才可稱為致知。

冬溫夏清、奉養父母的事情，就是所謂的物，但不可稱為格物。對冬溫夏清的事情，一定要完全按照自己良知所知的溫清之禮節去做，沒有絲毫的怠慢；對於奉養父母的事情，一定要完全按照自己良知所知的奉養之宜去做，沒有絲毫的鬆懈，然後才可稱為格物。

了解了冬溫夏清的事情，在冬溫夏清之事上才能做到致良知；了解了奉養父母的事情，在奉養父母之事上才能做到致良知，所以《大學》說「物格而後知至」。在冬溫夏清之事上致良知，然後冬溫夏清之意才得以實現誠；在奉養父母之事上致良知，而後奉養父母之意才得以實現誠，所以《大學》說「知至而後意誠」。

節目1 時變，聖人夫豈不知？但不專以此為學。而其所謂學者，正惟致其良知，以精察此心之天理，而與後世之學不同耳……

夫良知之於節目時變，猶規矩尺度之於方圓長短也。節目時變之不可預定，猶方圓長短之不可勝窮也。故規矩誠立，則不可欺以方圓，而天下之方圓不可勝用矣；尺度誠陳，則不可欺以長短，而天下之長短不可勝用矣；良知誠致，則不可欺以節目時變，而天下之節目時變不可勝應矣。毫釐千里之謬，不於吾心良知一念之微而察之，亦將何所用其學乎？是不以規矩而欲定天下之方圓，不以尺度而欲盡天下之長短。吾見其乖張謬戾，日勞而無成也已。

吾子謂「語孝於溫清定省，孰不知之？」，然而能致其知者，鮮矣。若謂麤[2]知溫清定省之儀節，而遂謂之能致其知，則凡知君之當仁者，皆可謂之能致其仁之知，知臣之當忠者，皆可謂之能致其忠之知，則天下孰非致知者邪？以是而言，可以知致知之必在於行，而不行之不可以為致知也，明矣。知行合一之體，不益較然矣乎？

注釋　[1]節目：細節條目、事情的具體項目。[2]麤：音粗，同「粗」。

譯文　變化無窮的具體事物之類，聖人豈不知？只不過不以此為學而已。而他們所謂的學，正在於致良知，從中精察自己心中的天理，從而與後世的學問不同罷了……

良知與節目時變相比，就像規矩尺度與方圓長短相比一樣；節目時變不能預先設定，就像方圓長短無窮無盡一樣。如果規矩一旦建立，則方形圓形便不能作假，而天下的方形圓形也就不可勝用；尺度一旦成立，長的短的便不能作假，而天下長的和短的也就不可勝用；良知一旦能踐行，則節目時變不能相欺，而天下的節目時變等也就應對自如了。差之毫釐失之千里，不在自己心中良知的一念細微之處去精察，將何以用此學？這好比不用規矩就想定天下的方圓，不用尺度就想量天下的長短，我只見其乖張繆戾，整天辛勞卻一事無成。

您說「在冬溫夏清、昏定晨省上說孝，誰人不知？」，然而能在此事上致其知者卻很少。若說略知冬溫夏清、昏定晨省的儀節，便謂之能致其知，那麼但凡知道君主當仁的，都可認為他能致其仁的知；知道人臣當忠的，都可認為他能致其當忠的知，那麼天下有誰不能致知者呢？就此而言，可以明白致知一定要落實到行動中去，沒有行動則不可稱致知。知行合一的本體，不是愈發清楚嗎？

至於「多聞多見」[1]，乃孔子因子張[2]之務外好高，徒欲以多聞多見為學，而

不能求諸其心，以闕疑殆，此其言行所以不免於尤悔。而所謂見聞者，適以資其務外好高而已。蓋所以救子張多聞多見之病，而非以是教之為學也。夫子嘗曰「蓋有不知而作之者，我無是也」[3]，是猶孟子「是非之心，人皆有之」[4]之義也。此言正所以明德性之良知，非由於聞見耳。

若曰「多聞擇其善者而從之，多見而識之」，則是專求諸見聞之末，而已落在第二義矣，故曰「知之次也」。夫以見聞之知為次，則所謂知之上者果安所指乎？是可以窺聖門致知用力之地矣。夫子謂子貢曰：「賜也，汝以予為多學而識之者歟？非也，予一以貫之。」[5]使誠在於多學而識，則夫子胡乃謬為是說以欺子貢者邪？一以貫之，非致其良知而何？《易》曰「君子多識前言往行，以畜其德」，夫以畜其德為心，則凡多識前言往行者，孰非畜德之事？此正知行合一之功矣。

「好古敏求」[6]者，好古人之學而敏求此心之理耳。心即理也。學者，學此心也；求者，求此心也。孟子云「學問之道無他，求其放心而已矣」[7]，非若後世廣記博誦古人之言詞以為好古，而汲汲然惟以求功名利達之具於其外者也。

「博學審問」，前言已盡。[8]

「溫故知新」，朱子亦以「溫故」屬之「尊德性」矣[9]，德性豈可以外求哉？惟夫知新必由於溫故，而溫故乃所以知新，則亦可以驗知行之非兩節矣。

「博學而詳說之」[10]者，將以「反說約」也。若無反約之云，則「博學詳說」者果何事邪？

舜之「好問好察」，惟以用中而致其精一於道心耳。道心者，良知之謂也。君子之學，何嘗離去事為[11]而廢論說？但其從事於事為論說者，要皆知行合一之功，正所以致其本心之良知。而非若世之徒事口耳談說以為知者，分知行為兩事，而果有節目先後之可言也。

注釋

[1] 多聞多見：「多聞多見，多聞闕疑（有疑問處予以保留），慎言其餘（其餘處慎言），則寡尤（過失）；多見闕殆，慎行其餘，則寡悔。言寡尤，行寡悔，祿在其中矣。」（《論語．為政》）[2] 子張：姓顓孫，名師，字子張（前五〇三—？），魯人，孔子弟子。[3] 語見「蓋有不知而作之者，我無是也。多聞，擇其善者而從之；多見而識之；知之次也。」（《論語．述而》）[4] 語見《孟子．告子上》。[5] 語見《論語．衛靈公》。[6] 語見「我非生而知之者，好古敏以求之者也。」（《論語．述而》）[7] 語見《孟子．告子上》。[8] 此說見第97條。[9] 語見《朱子語類》卷六十四。[10] 語見「博學而詳說之，將以反（通「返」）說約（說出要點）也。」（《孟子．離婁下》）其意為「出博返約」。[11] 事為：百工技藝。

譯文

至於所引「多聞多見」，乃是子張務外好高，以為多問多見才是學問，不能反求諸內心去祛疑，孔子因此而擔心他的言行難免會帶來悔恨。孔子說「多聞多見」正是為了救治他這個毛病，而不是以此來教導他這樣做學問。孔子曾經說過「蓋有不知而作者，我卻不是」，這就是孟子所說「是非之心，人皆有之」的意思。這是說德性之知不從見聞中產生。

至於說「多聞擇其善者而從之，多見而識之」，則是尋求見聞末節而已，已經落在第二義上去了，所以孔子說這是「知之次也」。孔子既然把見聞得來的知識看成次要的，那麼第一等的知果真指甚麼？由此可以看出孔門致知的用功之處。孔子曾對子貢說：「賜也，你認為我是多學而識之者嗎？不是，我是一以貫之。」假使求知果在多學而識之，那麼孔子為甚麼要故意說這話來欺騙子貢呢？一以貫之，難道不是致良知嗎？

《周易》說「君子多識前言往行，以畜其德」，如果以畜其德為目的，則凡多識前言往行者，怎麼會不是畜德的事呢？這正是知行合一的工夫。

「好古敏求」者，是指喜好古人的學問而敏求自己心中的理。心即理也。學者，學習自己的心；求者，求自己的心。孟子說：「學問之道無他，求其放心而已。」並不像後世的學者，只去廣記博頌古人的言辭便以為是好古，忙忙碌碌以此為尋求功名利達。

「博學審問」，前面已經說過了。

「溫故所以知新」，朱子也以「溫故」屬於「尊德性」。德性豈可以外求？此便是知新由於溫故，而溫故乃是用來知新，則正可驗證知行不是兩節。

「博學而詳說之」者，為的是「反之於約」。若沒有反約的說法，「博學詳說」目的是為了甚麼？

舜的「好問好察」，正是因為他用中而致其精一於道心的意思。道心，便是良知。君子之學，何嘗離去事為而廢論說？但從事於事為論說者，要都知道知行合一的工夫正是用來致其本心的良知，而非如後世從事口耳談說以為知者，分知行為兩件事而以為有節目之先後。

賞析與點評

顧東橋以古典文獻中多聞多識、前言往行、好古敏求、博學審問、溫故知新、博學詳說、好問好察等為人們耳熟能詳的典故為例，企圖說明行有待於知，知行必有先後次序。陽明對以上這些典故一一作出了重新詮釋，最後得出結論：「要皆知行合一之功，正所以致其本心之良知。」意謂知行合一作為一種工夫實踐，其實就是「致其本心之良知」的工夫。這個說法值得注意，陽明欲強調的是，知行合一之所以可能的根據就在於良知。

夫「拔本塞源」[1]之論不明於天下，則天下之學聖人者將日繁日難，斯人淪於禽獸夷狄，而猶自以為聖人之學……

夫聖人之心，以天地萬物為一體，其視天下之人，無外內遠近，凡有血氣，皆其昆弟赤子之親，莫不欲安全而教養之，以遂其萬物一體之念。

天下之人心，其始亦非有異於聖人也。特其間於有我之私，隔於物欲之蔽，大者以小，通者以塞，人各有心，至有視其父子兄弟如仇讎者。聖人有憂之，是以推其天地萬物一體之仁以教天下，使之皆有以克其私，去其蔽，以復其心體之同然。

其教之大端，則堯舜禹之相授受，所謂「道心惟微，惟精惟一，允執厥中」。而其節目則舜之命契，所謂「父子有親，君臣有義，夫婦有別，長幼有序，朋友有信」五者而已[2]。

唐虞三代之世，教者惟以此為教，而學者惟以此為學。當是之時，人無異見，家無異習，安此者謂之聖，勉此者謂之賢，而背此者，雖其啟明如朱[3]，亦謂之不肖。下至閭井、田野、農、工、商、賈之賤，莫不皆有是學，而惟以成其德行為務。何者？無有聞見之雜，記誦之煩，辭章之靡濫，功利之馳逐，而但使之孝其親，弟其長，信其朋友，以復其心體之同然。是蓋性分之所固有，而非有假於外者，則人亦孰不能之乎？

學校之中，惟以成德為事，而才能之異，或有長於禮樂，長於政教，長於水土播植者，則就其成德，而因使益精其能於學校之中。

迨夫舉德而任，則使之終身居其職而不易。用之者惟知同心一德，以共安天下之民，視才之稱否，而不以崇卑為輕重，勞逸為美惡；效用者亦惟知同心一德，以共安天下之民，苟當其能，則終身處於煩劇而不以為勞，安於卑瑣而不以為賤。當是之時，天下之人熙熙皞皞[4]，皆相視如一家之親。其才質之下者，則安其農、工、商、賈之分，各勤其業以相生相養，而無有乎希高慕外之心。其才能之異，若皋、夔、稷、契者，則出而各效其能……

蓋其心學純明，而有以全其萬物一體之仁，故其精神流貫，志氣通達，而無有乎人己之分，物我之間。譬之一人之身，目視、耳聽、手持、足行，以濟一身之用。目不恥其無聰，而耳之所涉，目必營焉；足不恥其無執，而手之所探，足必前焉。蓋其元氣充周，血脈條暢，是以癢病呼吸，感觸神應，有不言而喻之妙。此聖人之學所以至易至簡，易知易從，學易能而才易成者，正以大端惟在復心體之同然，而知識技能非所與論也。

注釋

1 語見《左傳．昭公九年》。2 舜之命契句：首見《尚書．禹典》，《孟子．滕文公上》有詳論：「聖人有憂之，使契為司徒，教以人倫：父子有親，君臣有義，夫婦有別，長幼有序，朋友有信。」3 朱：即丹朱，堯長子。語見「堯知子丹朱之不肖，不足以授天下，於是乃權授舜。」（《史記．五帝本紀》）4 熙熙皞皞（粵：浩；普：hào）：舒暢自得、合樂貌。

譯文

「拔本塞源」之論不顯明於天下已經很久了，於是天下學聖人之學的人，將要日漸繁難，以至於淪為禽獸夷狄，還自認為是聖人之學……

聖人的心，以天地萬物為一體，他看待天下的人，沒有遠近內外的分別，凡是有血氣的，都如其自己的兄弟孩子一般，都想讓他們獲得安全及教養，來實現自己萬物一體的宏願。

天下人的心，開始時也並非與聖人的心有甚麼差別，只不過心中被有我的私心所隔離，被物欲所蒙蔽，廣大的心反而變小了，通達的心反而變堵塞了，人各懷私心，以至於竟然將父子兄弟看成如仇人一般。

聖人對此很憂慮，所以推廣他的天地萬物一體之仁來教化天下，想讓人們都能克去有我之私和物欲之蔽，恢復他們心中原有的萬物一體之念。

這種教化的大要，就是堯舜禹之間相互傳授的所謂「道心惟微，惟精惟一，允執厥中」。而其具體的細節條目，便是舜命契教化天下的所謂「父子有親，君臣有義，夫婦有別，長幼有序，朋友有信」這五教而已。

唐堯、虞舜、三代之世，講授者都是以此為教，學習者也都是以此為學。當時，個人沒有異見，家庭沒有異習，能自然而然地安心於此教者為聖人，經過辛勤努力達到此教者為賢人，而違背此教者哪怕像丹朱一樣聰明的人，也被稱為不肖。下至於市井、田野、農、工、商、賈等低賤者，都是以此為學，都專心成就自己的德行。為甚麼能這樣呢？這是因為那時沒有龐雜的見聞知識、繁瑣的記誦之學、氾濫的辭章之學、令人追逐不放的功利之學，只是讓人們孝敬父母，尊敬師長，取信朋友，以此恢復其心體之同然。這是性分所固有的，無須假借於外，那麼有誰做不到呢？

學校之中，只以培養德行為主，而才能的差異，或有擅長禮樂的、或長於政教的、或長於水土播植的，則在成就其德行的同時，使他們的各種技能在學校裏史加精益求精而已。

等到德行養成之後，就讓他們終身做這個工作而不改變。選拔任命他們的人只要求他們能夠同心同德，安定天下的百姓，考察其才能的相稱與否，而不以地位的高低分輕重，也不以職務的勞逸分好惡。任職的人也只知道同心同德，共安天下的百姓，如能勝任，則雖終身做煩勞的工作而不以為苦，安於卑下瑣碎而不以為低賤。當時，天下的人都樂陶陶，親如一家。那才能低下的，也都安於農、工、商、賈的職分，各自努力做好自己的事情，相生相養，而沒有好高騖遠、羨慕外物的心。那些才能優異者，如皋陶、夔、稷、契等聖人，脫穎而出，並能各自貢獻自己的才能……

因為當時心學純明，能夠成全萬物一體的仁愛，因此人人精神流貫，志氣通達，不分人己，不分物我。這好比一個人的身體，眼睛看、耳朵聽、手拿而腳行，都是成就一身之用。眼睛不會因為聽不見聲音而感到羞恥，而耳朵在聽的時候，眼睛也會參與；腳不會因為不能拿東西而感到羞恥，而手在拿東西時，腳也會自覺走向前去。這是因為元氣充周，血脈暢達，所以能夠痛癢相關，有不可言傳之妙。聖人之學，就是這般易知易從的，學起來很容易，才能也易於養成，這是因為其大端在於恢復心中原有的萬物一體之信念，而知識技能不算其中。

賞析與點評

「拔本塞源」原意為拔起樹根，塞住水源，比喻防患除害要從根本上着手。而陽明的「拔本塞源論」，旨在揭示如何從根本上拯救人心、重整秩序的道理。此條與下條構成了「拔本塞源論」之整體，這篇文字原文長達兩千餘字（此處有刪節），縱論古今，氣勢磅礴，充滿激情，讀來令人蕩氣迴腸，感奮不已，以致於明末大儒劉宗周盛讚該文為孟子而後「僅見此篇」的大手筆，充分展現了陽明「先生一腔真血脈，洞徹萬古」。全文從「心體同然」這一心學觀念出發，全面而深刻地闡發了萬物一體論，從中可以看到王陽明對三代以降直至陽明生活的那個時代的社會批判以及對未來理想社會的思想寄託。

三代之衰，王道熄而霸術猖[1]，孔孟既沒，聖學晦而邪說橫。教者不復以此為教，而學者不復以此為學。霸者之徒，竊取先王之近似者，假之於外，以內濟其私己之欲，天下靡然而宗之。聖人之道遂以蕪塞，相仿相效，日求所以富強之說，傾詐之謀，攻伐之計，一切欺天罔人，苟一時之得，以獵取聲利之術，若管、商、蘇、張之屬者，至不可名數。既其久也，鬥爭劫奪，不勝其禍，斯人淪於禽獸夷狄，而霸術亦有所不能行矣。

世之儒者，慨然悲傷，蒐獵先聖王之典章法制，而掇拾修補於煨燼之餘。蓋其為心，良亦欲以挽回先王之道。聖學既遠，霸術之傳積漬已深，雖在賢知，皆不免於習染，其所以講明修飾，以求宣暢光復於世者，僅足以增霸者之藩籬，而聖學之門墻遂不復可睹。於是乎有訓詁之學，而傳之以為名；有記誦之學，而言之而為博；有詞章之學，而侈之以為麗……聖人之學日遠日晦，而功利之習愈趨愈下。其間雖嘗瞽惑於佛老，而佛老之說卒亦未能有以勝其功利之心；雖又嘗折衷於群儒，而群儒之論終亦未能有以破其功利之見。

蓋至於今，功利之毒淪浹於人之心髓，而習以成性也幾千年矣。相矜以知，相軋以勢，相爭以利，相高以技能，相取以聲譽。其出而仕也，理錢穀者則欲兼夫兵刑，典禮樂者又欲與於銓軸，處郡縣則思藩臬之高，居台諫則望宰執之要[2]。故不能其事，則不得以兼其官；不通其說，則不可以要其譽；記誦之廣，適以長其敖也；知識之多，適以行其惡也；聞見之博，適以肆其辯也；辭章之富，適以飾其偽也。是以皋、夔、稷、契所不能兼之事，而今之初學小生皆欲通其說，究其術。其稱名僭號[3]，未嘗不曰「吾欲以共成天下之務」，而其誠心實意之所在，以為不如是則無以濟其私而滿其欲也。

嗚呼！以若是之積染，以若是之心志，而又講之以若是之學術，宜其聞吾聖人之教，而視之以為贅疣枘鑿[4]，則其以良知為未足，而謂聖人之學為無所用，亦其勢有所必至矣。嗚呼！士生斯世，而尚何以求聖人之學乎？尚何以論聖人之學乎？士生斯世，而欲以為學者，不亦勞苦而繁難乎？不亦拘滯而險艱乎？嗚呼！可悲也已！所幸天理之在人心，終有所不可泯，而良知之明，萬古一日，則其聞吾「拔本塞源」之論，必有惻然而悲，戚然而痛，憤然而起，沛然若決江河，而有所不可禦者矣！非夫豪傑之士，無所待而興起者，吾誰與望乎？

注釋

1 王道，霸術：「以力假仁者霸，霸必有大國。以德行仁者王，王不待大。」（《孟子·公孫丑上》）一般來講，儒家尚王道治國，法家尚霸術治國。2 理錢穀：戶部的財政工作。典禮樂：禮部及太常卿的禮儀工作。銓軸：選官的要職。藩臬（粵：聶；普：niè）：明清兩代布政使和按察使的合稱。台諫：御史台與諫議大夫。宰執：宰相執政。3 僭（粵：塹；普：jiàn）號：冒用帝王的稱號或者超越自己本來地位的稱號。4 贅疣

（粵：尤；普：yóu）枘（粵：銳；普：ruì）鑿：（多餘的）肉瘤，（不協調的）榫頭和卯眼。

譯文

三代衰亡以後，王道衰微而霸術昌盛，孔孟逝世以後，聖人之學晦暗而邪說橫行。教人者不再以此為教，而學習者也不再以此為學。霸者之徒，竊取近似於先王的東西，假借於外來達到私己的欲望，天下靡然風從，聖人之道因此阻塞不通。人們相仿相效，成日追求富強之說、權謀之術、攻伐之計，以及所有欺大罔人的學說，哪怕能獲得一時的效驗，獵取聲名財貨的利益，像管仲、商鞅、蘇秦、張儀之類者，至於不可勝數。時間長了，爭鬥搶奪，不勝其禍，人淪於禽獸夷狄，而霸術也漸漸行不通了。

世間的儒者慨然悲傷，搜集先聖王的典章法制，在秦焚書之後去拾掇修補，其心誠然是欲挽回聖人之道。但聖學既已久遠，霸術之傳又影響深遠，即便是賢人智者，都不免沾染霸者的舊習，他們所講明修飾而力求能夠發揚於世的，只不過增高了霸者的藩籬，而聖學的門墻愈發看不到了。於是，有訓詁之學來邀名聲，有記誦之學來展示博學，有辭章之學來炫耀富麗……於是，聖人之學漸行漸遠，而功利的習俗卻越來越深厚。其間雖也曾流連佛老之學，但佛老之學仍不能戰勝他們的功利之心；也曾有會通群儒論說的，但群儒的觀點始終也不能破除他們功利之見。

以至於今日，功利的流毒深入人的骨髓，習以成性，也有千年之久。人們以知識相互輕視，以權勢相互傾軋，以功利相互爭奪，以技能相互吹捧，以聲名相互取悅。其出世而做官者，理錢穀的想兼任兵刑，典禮樂的又想兼任銓軸，管理郡縣的期望一省藩臬的高位，身居台諫之位的又奢望宰相之職。所以不能兼其事，就不能做好某官；不能通達聖人之學，就不能取得聲譽。但是，記誦的廣博，恰好能增長其傲慢；知識越多，恰好用來作惡；聞見愈博，恰好能增其狡辯；辭章富美，恰好能修飾其虛偽。所以當初臯、夔、稷、契不能兼備的事情，而如今初學的小生卻想樣樣精通。其自我宣傳，何嘗不說「我欲以共成天下之務」，而其誠心實意之所在，以為不這樣就無法滿足自己的私欲。

嗚呼！以這樣的積染，這樣的心志，而又講這樣的學術，難怪聽到我所說的聖人之教，而將其視為多餘的、格格不入的？他們以為良知不足學，而聖人之學沒有用處，也是必然之勢。嗚呼！士人生活在這樣的世道裏，哪能尋求聖人之學？哪能討論聖人之學？士人生活在這種世道裏，而想要成為學者，不是件辛勞而繁難的事嗎？不是件拘滯而艱難的事嗎？嗚呼！可悲啊！所幸的是天理在人心，終有不可泯滅的，而良知的明朗，萬古如一日。於是，聽到我說「拔本塞源」論，一定會有惻然而心悲，戚然而心痛，憤然而奮起，像滔滔江河不可阻擋者！非豪傑之士，沒有私心的貽累，勇於擔當，我還能寄望於誰呢？

賞析與點評

在上述有關萬物一體的論述中，陽明充分展現了其對歷史和現實的批判精神。由此可見，陽明的萬物一體論既是有關聖人以天地萬物為一體的理論建構，同時又是一種社會批判理論。事實上，沒有對現實的批判和對歷史的反省，理想社會就無法重建。面對三代之衰、孔孟既沒、聖學既遠直至於今的歷史變遷以及社會現實，陽明抱持一種清醒的自覺意識，他堅信天理之在人心終不可泯滅，良知之明猶如萬古一日，具有普世性、永恆性。因此，作為知識人的士大夫生當此世，面對歷史與現實，必然會激起惻然而悲、戚然而痛、憤然而起的悲情與勇氣，來共同擔當重整社會秩序、實現萬物一體之理想的大任。

啟周道通書[1]

《繫》言「何思何慮」[2]，是言所思所慮只是一個天理，更無別思別慮耳，非謂無思無慮也，故曰：「同歸而殊途，一致而百慮，天下何思何慮。」云「殊途」，云「百慮」，則豈謂無思無慮邪？心之本體即是天理，天理只是一個，更有何可思慮得？天理原自寂然不動，原自感而遂通。

學者用功，雖千思萬慮，只是要復他本來體用而已，不是以私意去安排思索出來，故明道云：「君子之學，莫若廓然而大公，物來而順應。」[3]若以私意去安排思索，便是用智自私矣。「何思何慮」，正是工夫，在聖人分上便是自然的，在學者分上便是勉然的。

注釋　1周道通：名衡，號靜菴，常州府宜興人。據《陽明先生文錄》，此信寫於甲申（一五二四）。2見第31條注4。3語見程顥〈答橫渠張子厚先生書〉。

譯文　《繫辭》說「何思何慮」是說所思所慮只是一個天理，更無別的思慮，並不是說沒有任何思慮。所以才說「同歸而殊途，一致而百慮，天下何思何慮」，說「殊途」，說「百慮」，哪裏是說沒有思慮？心之本體便是天理。天理只是一個，還有甚麼可思慮得？天理原是寂然不動的，原是感而遂通的。學者用工夫，雖千思萬慮，只是要恢復它本來的體用而已，不是用私意能安排思索出來的。所以明道先生說：「君子之學，莫若廓然大公，物來而順應。」如果用私意去安排思索，那就是自私、要小聰明。「何思何慮」正是工夫，在聖人分上，便是自然地；在學者分上，便是勤勉的。

來書云：「今之為朱陸之辨者尚未已，每對朋友言正學不明已久，且不須枉費心力為朱陸爭是非，只依先生『立志』二字點化人。若其人果能辨得此志來，決意要知此學，已是大段明白了。朱陸雖不辨，彼自能覺得。又嘗見朋友中見有人議先生之言者，輒為動氣。昔在朱陸二先生所以遺後世紛紛之議者，亦見二先生工夫有未純熟，分明亦有動氣之病。若明道則無此矣。觀其與吳涉禮論介甫之學[1]，云『為我盡達諸介甫，不有益於他，必有益於我也』[2]，氣象何等從容！

嘗見先生與人書[3]中亦引此言，願朋友皆如此。如何？」

此節議論得極是極是，願道通遍以告於同志，各自且論自己是非，莫論朱陸是非也。以言語謗人，其謗淺。若自己不能身體實踐，而徒入耳出口，呶呶[4]度日，是以身謗也，其謗深矣。凡今天下之議論我者，苟能取以為善，皆是砥礪切磋我也，則在我無非警惕修省進德之地矣。

注釋

1 吳涉禮：「涉」為「師」之誤。吳師禮，字安仲，杭州人，傳見《宋史》卷三四七。介甫：王安石。《二程遺書》卷一作陳師禮。2 語見《二程遺書》卷一。3 指王陽明〈答汪石潭內翰書〉。4 呶呶（粵：撓；普：náo）：形容說起話來沒完沒了、喧嚷不停。

譯文

來信說：「如今為朱陸之辯者仍在繼續，我和朋友講論，正學不顯明已經很久，暫且不要枉費心力為朱陸爭是非，只要依老師『立志』二字去開導人。如果這個人果能立此志，決意要學此學，那就已經是大體明白了。雖然不去辨明朱陸是非，他也能自己覺悟出來孰是孰非。又常見朋友之中見有人譏議老師學說的，就會動怒。當初，朱陸兩位先生之所以會招致後世紛紛議論，也只見兩先生工夫還未純熟，分明有動氣的毛病。若明道先生則沒有這病痛。觀其與吳涉禮論王安石的學說時講：『為我盡傳達於介甫，不有益於他，就有益於我。』這氣像是何等從容！

曾見老師在給人的書信中也引用過此言，希望朋友都能如此。怎麼樣？」此節議論極好極好，希望道通遍告同志，各自只要知道自己的是非，莫要議論朱陸的是非。以語言誹謗人者，是淺顯的。如果自己不能身體力行，只是口入耳出，整天滿腹牢騷度日，這是以身獲謗，這就是很沉重的。凡天下對自己的議論，苟能擇取以為善，對我來說，無非是一種砥礪，無非是警惕反省、增進德行的機會。

來書云：「有引程子『人生而靜以上不容說，才說性，便已不是性』[1]，何故不容說？何故不是性？晦庵答云：『不容說者，未有性之可言；不是性者，已不能無氣質之雜矣。』[2]二先生之言皆未能曉，每看書至此，輒為一惑，請問。」

「生之謂性」[3]，生即是氣字，猶言氣即是性也。氣即是性，人生而靜以上不容說，才說「氣即是性」，即已落在一邊，不是性之本原矣。孟子性善，是從本原上說，然性善之端須在氣上始見得，若無氣亦無可見矣。惻隱、羞惡、辭讓、是非即是氣。程子謂「論性不論氣不備，論氣不論性不明」[4]，亦是為學者各認一邊，只得如此說。若見得自性明白時，氣即是性，性即是氣，原無性氣之可分也。

注釋

1語見《二程遺書》卷一。2語見朱熹〈答嚴時亨〉(《朱文公文集》卷六十一)。3生之謂性：語見《孟子．告子上》。4語見《二程遺書》卷六。

譯文

來信說：「大程說『人生而靜以上不容說，才說性便已不是性』，為甚麼不容說？為甚麼不是性？有人以此向朱子請教。朱子答：『不容說者，是沒有性可說；不是性者，已不能無氣質之雜。』我還弄不懂這兩位先生的話，每看書到這裏，便有疑惑。所以請問。」

「生之謂性」的生字便是氣字，這話好比說「氣即是性」。氣即是性，「人生而靜以上不容說」，才說「氣即是性」，則已落在一邊，不是性的本原了。孟子的性善說，是從本原上說的，然性善的端倪，須在氣上才能見到，若是沒有氣便都不可見。惻隱、羞惡、辭讓、是非都是氣。大程說「論性不論氣不完備，論氣不論性不明白」，也是因為學者各自偏向一邊，只得這樣表述。如果清楚地認識了自己的天性，氣便是性，性便是氣，也無妨，原本就沒有性氣的分別。

賞析與點評

陽明指出「人生而靜以上」是指「性之本原」，是不容說的，我們的語言表達只能涉及「氣」的層面；雖然孟子論性是「從本原上說」，然善端亦須就「氣上始見」，因此孟子所說的「四端之心」其實都是即「氣」或即「情」而言的。歸結而言，孟子之性是本原之性，然性之善端離不開氣，在這個意義上，可以認同二程的「論性不論氣不備，論氣不論性不明」這兩句說法。應注意的是，陽明談到程顥「人生而靜以上不容說」的觀點時，結合告子「生之謂性」的觀點來加以討論，表明其對「生之謂性」說的理解，並強調了「性氣不分」的觀點。

答陸原靜書[1]

來書云：「下手工夫，覺此心無時寧靜，妄心固動也，照心亦動也。心既恆動，則無刻暫停也。」

是有意於求寧靜，是以愈不寧靜耳。夫妄心則動也，照心非動也。恒照則恒動恒靜，天地之所以恒久而不已也[2]。照心固照也，妄心亦照也，其「為物不貳，則其生物不息」，有刻暫停則息矣，非至誠無息之學矣[3]。

注釋

1 此書寫於嘉靖三年（一五二四）。2 語見「天地之道，恒久而不已也。」（《周易·恒卦》）3 語見「其為物不貳，則其生物不測」，和「至誠無息，不息則久」。（《中庸》第二十六章）

譯文

來信說：「下手工夫，覺得此心沒有片刻寧靜的時候，妄心固然是動，照心也在動。心既然一直在動，就不會有片刻停息的時刻吧。」

這是你刻意求寧靜，所以愈加不寧靜。妄心則動，照心不是動。恒照則恒動恒靜，這就是天地恒久不息的原因。照心固然是照，妄心也是照。其「為物不貳，則其生物不測」，有片刻停息則是息也，而非至誠無息之學。

來書云：「良知亦有起處。」云云。

此或聽之未審。良知者，心之本體，即前所謂「恆照」者也。心之本體，無起無不起。雖妄念之發，而良知未嘗不在，但人不知存，則有時而或放耳。雖昏塞之極，而良知未嘗不明，但人不知察，則有時而或蔽耳。雖有時而或放，其體實未嘗不在也，存之而已耳；雖有時而或蔽，其體實未嘗不明也，察之而已耳。若謂良知亦有起處，則是有時而不在也，非其本體之謂矣。

譯文

來信說：「良知也有發起處」等等。也許因為你未能細察我的說法，才會提這樣的問題。良知乃是心的本體，也就是前面所說的「恆照」。心的本體，是無起無不起的。雖是妄念的發動，而良知未嘗不在，只是不知存養而已，所以有時會放失掉本心良知。雖昏塞到極點的人，其良知也未嘗不明，只是人不知精察，所以有時會受蒙蔽罷了。然而儘管有時或放失本心良知，但其心體未嘗不在，只要加以存養便是；儘管有時或受蒙蔽，但其心體未嘗不明，只要加以精察便是。如果說良知有時發起，有時又不存在，這就不是其本體了。

賞析與點評

陽明在這裏強調了良知未嘗不在、良知未嘗不明的觀點，意思是說在人的意識過程中，良知是「無所不在」的。要注意的是，這個說法是針對心體發動而言的，陽明指出，雖妄念之發、雖昏暗之極、雖有時而或放，不管何種情況，良知都是存在的，都會明察秋毫，如果說良知有時在而有時卻不在，那是對良知本體的誤解。按照陽明的觀點，良知在人的意識活動及行為過程當中是無時不在的，不會有一時之停息，這就是「良知無所不在」之意，亦即「恆照」之意，意謂永遠普照。

來書云：「元神、元氣、元精必各有寄藏發生之處，又有真陰之精、真陽之氣。」云云[1]。

夫良知一也。以其妙用而言謂之神，以其流行而言謂之氣，以其凝聚而言謂之精，安可以形象方所求哉？真陰之精，即真陽之氣之母；真陽之氣，即真陰之精之父。陰根陽，陽根陰[2]，亦非有二也。苟吾良知之說明，則凡若此類，皆可以不言而喻。

注釋 1元神等概念道教內丹修煉多提及，守仁借用這類語句參考第47條。2語見「靜而生陰，靜極復動，一動一靜，互為其根。」（周敦頤〈太極圖說〉）

譯文 來信說：「元神、元氣、元精必定各有寄藏和發生的地方，又有真陰之精、真陽之氣等說。」良知是一。從其妙用來說便是神，從其流行來說便是氣，從其凝聚來說便是精，哪能從具體形象和方位來尋求呢？真陰之精便是真陽之氣的母親；真陽之氣，便是真陰之精的父親。陰根植於陽，陽根植於陰，陰陽本來就不是兩個東西。如果能明白我所說的良知，諸如此類，皆可不言而喻。

賞析與點評

陽明認為良知具有妙用、流行、凝聚這三大特徵，分別可以用神、氣、精來加以描述。然而神、氣、精（即精氣神），原本是道家的概念，後來成為道教內丹術的一種專門術語，並歸納出一套「煉精化氣，煉氣化神」的內丹功法。陽明在此對良知的描述，已經超出了人之德性的範圍，而是將良知提升至宇宙天地之精神，而氣作為一種功能存在，為良知遍在於宇宙天地提供某種介質作用，換種說法，良知在表現形式上可以展現為氣的妙用、流行、凝聚等各種形態，但這並不等於說良知就是氣，致良知更不同於道教煉丹術。

又[1]

來書云：「良知，心之本體，即所謂性善也、未發之中也，寂然不動之體也，廓然大公也，何常人皆不能而必待於學邪？中也，寂也，公也，既以屬心之體，則良知是矣。今驗之於心，知無不良，而中、寂、大公，實未有也。豈良知復超然於體用之外乎？」

性無不善，故知無不良。良知即是未發之中，即是廓然大公，寂然不動之本體，人人之所同具者也。但不能不昏蔽於物欲，故須學以去其昏蔽，然於良知之本體，初不能有加損於毫末也。知無不良，而中、寂、大公未能全者，是昏蔽之

未盡去，而存之未純耳。體即良知之體，用即良知之用，寧復有超然於體用之外者乎？

注釋

1 又：指〈答陸原靜〉又一書。

譯文

來信說：「良知是心之本體，也就是所謂性善、未發之中、寂然不動、廓然大公，為甚麼一般人都不能持守，而一定要通過學習呢？中、寂、公等字既然都屬於心的本體，也就是良知。如今在自己心中檢驗，發現知無不良，而中、寂、大公，實際上卻沒有，難道良知是超然於體用之外的嗎？」

性無不善，所以知無不良。良知的確是未發之中，也是廓然大公，寂然不動的本體，這是人人共同具備的。但不可能不被物欲蒙蔽，所以必須通過學習除去蒙蔽，然而本體的良知原本沒有絲毫的增加或減少。知無不良，而中、寂、大公未能全者，是心之蒙蔽還沒有完全除去，存養還未達到純粹。體是良知之體，用是良知之用，良知怎是超然於體用之外呢？

來書云：「周子曰『主靜』[1]，程子曰『動亦定，靜亦定』[2]，先生曰『定者心之本體』[3]，是靜定也，決非不睹不聞、無思無為之謂，必常知、常存、常主於理之謂也。夫常知、常存、常主於理，明是動也，已發也，何以謂之靜？何以謂之本體？豈是靜定也，又有以貫乎心之動靜者邪？」

理無動者也。常知、常存、常主於理，即不睹不聞、無思無為之謂也。不睹不聞、無思無為，非「槁木死灰」之謂也。睹、聞、思、為一於理，而未嘗有所睹、聞、思、為，即是動而未嘗動也，所謂「動亦定，靜亦定」、「體用一原」者也。

注釋

1 語見「五性感動而善惡分，萬事出矣。聖人定之以中正仁義而主靜。」（周敦頤〈太極圖說〉）2 語見程顥〈答橫渠張子厚先生書〉。3 語見本書第 32 條。

譯文

來信說：「周敦頤的『主靜』說，程子的『動也定，靜也定』說，老師的『定者心之本體』，這是指靜就是定，絕非是不睹不聞，無思無為的意思，而是指一定要常知、常存、常主於理的意思。常知、常存、常主於理，分明是動，是已發，怎麼稱為靜呢？怎麼稱為本體？莫非這靜定還能貫穿心的動靜嗎？」

理是沒有動靜的。常知、長存、常主於理，便是不睹不聞、無思無為的意思。不睹不聞、無思無為，不是「槁木死灰」的意思。睹、聞、思、為都一於理，而未嘗有所睹、聞、思、為，便是動而未嘗動，也就是所謂「動亦定，靜亦定」，也就是「體用一原」。

賞析與點評

這段話談到「理」的問題，而沒有出現良知概念，其實所謂「常知、常存、常主於理」的說法，無疑就是陽明晚年致良知教的另一種說法而已，而非宋儒所理解的「窮理」說。陽明所說的「睹、聞、思、為一於理」，其實也就是要求「循其良知」、「依着良知」來展開睹、聞、思、為的活動。

未發之中，即良知也，無前後內外而渾然一體者也。有事無事，可以言動靜，而良知無分於有事無事也；寂然感通，可以言動靜，而良知無分於寂然感通也。動靜者，所遇之時，心之本體固無分於動靜也。理無動者也，動即為欲。循理則雖酬酢萬變而未嘗動也；從欲則雖槁心一念而未嘗靜也。「動中有靜，靜中有動」[1]，又何疑乎？有事而感通，固可以言動，然而寂然者未嘗有增也；無事而寂然，固可以言靜，然而感通者未嘗有減也。「動而無動，靜而無靜」[2]，又何疑乎？無前後內外而渾然一體，則至誠有息之疑，不待解矣。未發在已發之中，而已發之中未嘗別有未發者在；已發在未發之中，而未發之中未嘗別有已發者存。是未嘗無動靜，而不可以動靜分者也。

……周子「靜極而動」之說，苟不善觀，亦未免有病。蓋其意從「太極動而生陽，靜而生陰」[3]說來。太極生生之理[4]，妙用無息，而常體不易。太極之生生，即陰陽之生生。就其生生之中，指其妙用無息者而謂之動，謂之陽之生，非謂動而後生陽也；就其生生之中，指其常體不易者而謂之靜，謂之陰之生，非謂靜而後生陰也。若果靜而後生陰，動而後生陽，則是陰陽動靜截然各自為一物矣。陰陽一氣也，一氣屈伸而為陰陽；動靜一理也，一理隱顯而為動靜。春夏可以為陽為動，而未嘗無陰與靜也；秋冬可以為陰為靜，而未嘗無陽與動也。春夏此不息，秋冬此不息，皆可謂之陽，謂之動也；春夏此常體，秋冬此常體，皆可謂之陰，謂之靜也。自元、會、運、世、[5]歲、月、日、時，以至刻、杪、忽、

微，莫不皆然，所謂「動靜無端，陰陽無始」[6]，在知道者默而識之，非可以言語窮也。

注釋

[1]語見《二程遺書》卷七。[2]語見周敦頤《通書‧動靜》。[3]語見「太極動而生陽，動極而靜，靜而生陰。靜極復動。一動一靜，互為其根；分陰分陽，兩儀立焉。」（周敦頤〈太極圖說〉）[4]太極生生：「易有大極，是生兩儀，兩儀生四象，四象生八卦，八卦定吉凶，吉凶生大業。」（《周易‧繫辭上》）[5]語見邵雍〈皇極經世〉，一世三十年，一運十二世，一會三十運，一元十二會。[6]語見《河南程氏經說》卷一。

譯文

未發之中就是良知，是沒有前後內外而渾然一體的。有事無事可以以動靜來說，而良知卻不能分有事無事；寂然感通可以分動靜來說，而良知卻不能分寂然感通。動靜者是指所遇到時間不同而言的，心的本體是不分動靜的。理沒有動的，動就成了欲。只要遵循理，那麼即便應酬萬變也未嘗動；只要從欲，那麼即便是槁木死灰也未嘗靜。「動中有靜，靜中有動」，又有甚麼可疑的？有事而感通，固可以說動，然而寂然不動者未嘗有所增加；無事而寂然，固可以說靜，然而感而遂通者未嘗有所減少。「動而無動，靜而無靜」，則又有甚麼可疑？良知不分前後內外而渾然一體，則至誠有息的疑惑，不須再去解釋了。未發在已發之中，而已發之中並非有另外的未發在；已發在未發之中，而未發之中並非有另外的已發在。這就是未嘗沒有動靜，但不可分動靜。

……周子「靜極而動」的學說，如果理解不好，也未免有病。大概而言，他的意思是從「太極動而生陽，靜而生陰」的說法而來的。太極生生之理，妙用無息，而其常體又無變易。太極的生生，也就是陰陽的生生。在其生生的過程中，從其妙用無息的角度而言就稱為動，稱為陽之生，並非說動以後才生陽；就其生生的過程中，從其常體不變易的角度來說稱為靜，稱為陰之生，並非說靜以後才生陰。如果真是靜以後才生陰，動以後才生陽，那麼，陰陽動靜就都截然各自為一物。陰陽本來就是一氣，一氣的屈伸而分為陰陽；動靜本來就是一理，一理的隱現而分為動靜。春夏可以為陽、為動，而未嘗沒有陰與靜也；秋冬可以為陰、為靜，而未嘗沒有陽與動。春夏此不息，秋冬此不息，都可以稱為陽，稱為動；春夏此常體，秋冬此常體，都可稱為陰，稱為靜。自元、會、運、世、歲、月、日、時，以至於刻、秒、忽、微，莫不皆然。所謂「動靜無端，陰陽無始」，在知道者默而識之，不是用言語所能表達清楚的。

賞析與點評

自陽明提出良知學說以後，對良知概念如何理解，在其門下可謂衆說紛紜。陽明弟子陸澄試圖用《中庸》「未發已發」、《周易》「寂然感通」等概念來對良知概念作分解式的說明。然而陽明卻以「無前後內外而渾然一體」作答，表明了「此理豈容分析」這一心學立場。在這裏，陽明從良知本體的角度出發，極力反對用未發已發、前後內外、寂然感通、有事無事、有動有靜等一切分解式概念來定義良知，揭示了良知具有不可分節的本體特徵，而陽明的旨意就在於打破朱熹理學以來將心、理等概念進行分節式解讀的態度及立場。

「照心非動」[1]者，以其發於本體明覺之自然，而未嘗有所動也，有所動即妄矣。「妄心亦照」者，以其本體明覺之自然者，未嘗不在於其中，但有所動耳，無所動即照矣。無妄無照，非以妄為照，以照為妄也。照心為照，妄心為妄，是猶有妄有照也。有妄有照則猶貳也，貳則息矣。無妄無照則不貳，不貳則不息矣。[2]

注釋 1 照心非動、妄心亦照：見第 107 條。2 貳、息：見第 107 條注 3。

譯文 「照心非動」，是說發自本體自然的明覺，而從未有所動，有所動便是妄。「妄心亦照」，是說其本體自然的明覺，未嘗不在於其中，只是有所動。無所動便是照。無妄無照，並非以妄為照，以照為妄也。照心為照，妄心為妄，就好比是說妄和照是有區別的。有妄有照，這就有了兩個心，兩個心也就有停息。無妄無照就不會有兩個心，沒有兩個心也就不會停息。

「不思善不思惡時，認本來面目」[1]，此佛氏為未識本來面目者設此方便。本來面目，即吾聖門所謂「良知」。今既認得良知明白，即已不消如此說矣。隨物而格，是致知之功，即佛氏之「常惺惺」[2]，亦是常存他本來面目耳。體段工夫，大略相似。但佛氏有個自私自利之心，所以便有不同耳……孟子說「夜氣」[3]，亦只是為失其良心之人指出個良心萌動處，使他從此培養將去。今已知得良知明白，常用致知之功，即已不消說「夜氣」，卻是得兔後不知守兔，而仍去守株，兔將復失之矣。

欲求寧靜，欲念無生，此正是自私自利、將迎意必之病，是以念愈生而愈不寧靜。

良知只是一個良知，而善惡自辨，更有何善何惡可思！良知之體本自寧靜，今卻又添一個求寧靜；本自生生，今卻又添一個欲無生。非獨聖門致知之功不如此，雖佛氏之學亦未如此將迎意必也。只是一念良知，徹頭徹尾，無始無終，即是「前念不滅，後念不生」[4]。今卻欲前念易滅而後念不生，是佛氏所謂「斷滅種性」[5]，入於「槁木死灰」之謂矣。

注釋

1 語見「不思善，不思惡。」（《六祖壇經．行由品》）2 語見《明覺禪師語錄》卷三，意為心不昏昧。3 夜氣：「梏之反復（反復窒息），則其夜氣不足以存；夜氣不足以存，則其違禽獸不遠矣。」（《孟子．告子上》）4 語見《六祖壇經．機緣品》。5 語見《成唯識論》卷九，斷滅種性，則不能悟入唯識，不能解脫（習氣、業氣）。

譯文

「不思善不思惡時，認識本來面目」，這是佛教為還不識本來面目的人設的方便法門。所謂本來面目，也就是我們聖學所說的「良知」，如今既然已經明明白白地認得這良知，就不必再說這樣的話了。

隨物而格是致知的工夫，也是佛教所說的「常惺惺」，也就是要常存他本來面目。

體段工夫，大體相似。但佛教有個自私自利的心，所以便有不同……

孟子所說的「夜氣」，也只是為失去自己良心的人指出個良心萌動的地方，讓他從此培養出去。如今既然已經明明白白知道這良知，常用致知的工夫，也就無須再說「夜氣」，否則便如守株獲兔後，不知去守兔，反倒去守株，而兔也終究不會再次捉到了。

想要尋求寧靜，想要欲念不產生，這正是自私自利和將迎意必的毛病，所以才會欲念越加產生，越加不寧靜。

良知只是一個良知，而善惡自然明辨，還有甚麼善惡可思？良知之體，本就寧靜，如今卻又添出一個求寧靜；本來就生生不息，如今卻又添一個欲無生，不光是聖門致知的功夫不如此，就連佛教的學問也未如此奉迎固執。只是一念良知，徹頭徹尾，無始無終，便是前念不滅，後念不生。如今卻想要前念易滅，而後念不生，這就是佛教所說的「斷滅種性」，淪入到所謂「槁木死灰」中去了。

性一而已。仁義禮知，性之性也；聰明睿知，性之質也；喜怒哀樂，性之情

也；私欲客氣，性之蔽也。質有清濁，故情有過不及，而蔽有淺深也。私欲客氣，一病兩痛，非二物也。張、黃、諸葛及韓、范諸公[1]，皆天質之美，自多暗合道妙，雖未可盡謂之知學，盡謂之聞道，然亦自有其學，『違道不遠者』也[2]。使其聞學知道，即伊、傅、周、召矣[3]。若文中子則又不可謂之不知學者，其書雖多出於其徒，亦多有未是處，然其大略則亦居然可見，但今相去遼遠，無有的然憑證，不可懸斷其所至矣。

夫良知即是道，良知之在人心，不但聖賢，雖常人亦無不如此。若無有物欲牽蔽，但循着良知發用流行將去，即無不是道。但在常人多為物欲牽蔽，不能循得良知。如數公者天質既自清明，自少物欲為之牽蔽，則其良知之發用流行處，自然是多，自然「違道不遠」。學者學循此良知而已。謂之知學，只是知得專在學循良知。數公雖未知專在良知上用功，而或泛濫於多歧，疑迷於影響，是以或離或合而未純。若知得時，便是聖人矣。

注釋

1 張良：字子房（前一八九年卒），東漢名士。黃憲：字叔度，東漢名士。諸葛亮：字孔明（一八一—二三四），三國時蜀國之相。韓琦：字稚圭（一〇〇八—一〇七五），宋之名臣。范仲淹：字希文（九八九—一〇五二），宋之名臣。2 語見《中庸》第十三章。3傳說：商武丁之賢相。召公：名奭，文王之子，武王之弟，與周公相輔成王。

譯文

人性只有一個。仁義禮智是人性的性，聰明睿智是人性的質，喜怒哀樂是人性的情，私欲客氣是人性的遮蔽。質有清濁之分，情有過有不及，而遮蔽有深淺之分，私欲客氣是一種病的兩種痛法，並非兩種病。張、黃、諸葛及韓、范諸公都是天資優美的人，自然暗合聖道之妙，儘管還不能稱他們知學、聞道，但也都各有其學問，屬於違道不遠的人。假如他們能夠知學、聞道，便是伊尹、傳說、周公、召公這樣的人物了。至於文中子王通則又不能認為他不知學，他的著作雖多出於其弟子之手，也有許多不對的地方，然而其大體也可觀，但是如今相去久遠，沒有確實的證據，不可妄斷。

良知就是道，良知在人的心中，不但聖賢，就連常人也無不如此。如果沒有物欲的牽絆，但遵循着良知發用流行去，自然無不是道。但在常人多為物欲遮蔽，不能遵循着良知。這幾位前輩天資清明，所以很少被物欲遮蔽，於是他們良知的發用流行，自然正確的地方多，自然可說「違道不遠」。學者所學便是指學循此良知而已。稱作知學，只是知得專在學習遵循良知。這幾位前輩雖然沒有專門在良知上用功，或者是汜濫於別路，迷惑於影響，所以有時或暗合聖道但是並不純正。

如果知得遵循良知，便是聖人了。

樂[1]是心之本體，雖不同於七情之樂，而亦不外於七情之樂。雖則聖賢別有真樂，而亦常人之所同有。但常人有之而不自知，反自求許多憂苦，自加迷棄。雖在憂苦迷棄之中，而此樂又未嘗不存。但一念開明，反身而誠，則即此而在矣。每與原靜論，無非此意，而原靜尚有「何道可得」之問，是猶未免於騎驢覓驢之蔽也。

注釋

1 樂：「樂者，音之所由生也。其本在人心之感於物也。」（《禮記・樂記第十九》）

譯文

樂是心的本體，雖不同與七情的樂，然也不外於七情的樂。雖是聖賢別有真樂，這與常人也並無不同，只是常人有這種樂卻不能自知，反而自去尋求許多憂苦，自己給自己帶來更多的迷茫。然而雖在憂苦迷茫之中，這種樂又未嘗不存在，只要一念豁然開明，只要反身而誠，就能體會到這種樂。每次與原靜討論，無非就是這個意思，而你還問「甚麼地方可尋樂」，這就不免像騎驢覓驢一樣可笑了。

聖人致知之功，至誠無息。其良知之體，皦如明鏡，略無纖翳，妍媸之來[1]，隨物見形，而明鏡曾無留染，所謂「情順萬事而無情」[2]也。「無所住而生其心」[3]，佛氏曾有是言，未為非也。明鏡之應物，妍者妍，媸者媸，一照而皆真，即是「生其心」處。妍者妍，媸者媸，一過而不留，即是「無所住」處。

注釋

1 皦：潔白明亮。纖翳（粵：縊；普：yì）：微小的障蔽。妍媸：美好和醜惡。2 語見程顥〈答橫渠張子厚先生書〉。3 語見《金剛經》。

譯文

聖人致知的工夫是至誠無息。聖人良知的本體，皎潔如明鏡，沒有纖毫的蒙蔽，當美的、醜的到來時，鏡子就隨物現形，然而明鏡本身並不流連染污，這就是所謂的「情順萬事而無情」也。「無所住而生其心」，這是佛教的說法，但並不為過。明鏡照物，美者還其美，醜者還其醜，一照都是真實顯現，這就是所謂的「生其心」處。美者自美，醜者自醜，一過而不留，這就是所謂的「無所住」處。

答歐陽崇一[1]

良知不由見聞而有，而見聞莫非良知之用，故良知不滯於見聞，而亦不離於見聞。孔子云：「吾有知乎哉？無知也。」[2]良知之外，別無知矣。故致良知是學問大頭腦，是聖人教人第一義。今云專求之見聞之末，則是失卻頭腦，而已落在第二義矣。

近時同志中，蓋已莫不知有致良知之說，然其工夫尚多鶻突[3]者，正是欠此一問。大抵學問工夫，只要主意頭腦是當。若主意頭腦專以致良知為事，則凡多聞多見，莫非致良知之功。蓋日月之間，見聞酬酢，雖千頭萬緒，莫非良知之發用流行，除卻見聞酬酢，亦無良知可致矣。故只是一事。

若曰「致其良知而求之見聞」，則語意之間未免為二。此與專求之見聞之末者，雖稍不同，其為未得精一之旨，則一而已。「多聞擇其善者而從之，多見而識之」，既云「擇」，又云「識」，其良知亦未嘗不行於其間。但其用意乃專在多聞多見上去擇識，則已失卻頭腦矣。

注釋

1歐陽崇一：即歐陽德。2語見《論語・子罕》。3鶻（粵：核；普：hú）突：糊塗，疑惑不定。

譯文

良知並不由見聞而產生，但見聞莫非良知的作用，所以良知不受制於見聞，但也又離不開見聞。孔子說：「我有知嗎？我無知也。」可見良知之外，別無所謂的知。所以說致良知是學問的大頭腦，是聖人教人的第一義。如今說專門尋求見聞的細枝末節，就會失去頭腦，已經落在第二義上了。

近來同志當中大都已經知道致良知的學說，然而他們功夫尚多糊塗，正好缺少像你這樣的一個問題。大概而言，做學問下工夫主要是在於頭腦端正。若是專注在頭腦上以致良知為工夫，那麼凡是多聞多見，都屬致良知的工夫。大概日用之間，見聞應酬，雖然千頭萬緒，然而沒有不是良知的發用流行，除卻見聞應酬，也沒有良知可致。所以說良知和見聞只是一件事情。

如果說「致良知而求之見聞」，言語表達之間未免分為兩件事情。這與專門尋求見聞的細枝末節者，雖然稍有不同，但也沒有獲得精一的主旨，卻是一樣的。「多聞擇其善者而從之，多見而識之」，既說「擇」，又說「識」，可見良知也未嘗不行於其間，但其用意仍是偏重在多問多見上去擇、去識，就已失去頭腦。

賞析與點評

此條涉及良知與知識的關係問題。在陽明看來，良知不等同於「見聞之知」，但見聞知識又莫非「良知之用」。陽明以孔子「無知」為例，意在指明良知本體具有一種重要特質：即「無」。而「無」是對一般意義上的經驗知識的擱置，以使這種外在的經驗知識對心體良知的干擾接近於零的狀態，同時也就意味着接近於良知的本來狀態。

來書云：「師云：『《繫》言何思何慮[1]，是言所思所慮只是天理，更無別思別慮耳，非謂無思無慮也。心之本體即是天理，有何可思慮得？學者用功，雖千思萬慮，只是要復他本體，不是以私意去安排思索出來。若安排思索，便是自私用智矣。學者之蔽，大率非沉空守寂，則安排思索。』[2]德辛壬[3]之歲着前一病，近又着後一病。但思索亦是良知發用，其與私意安排者何所取別？恐認賊作子[4]，惑而不知也。」

「思曰睿，睿作聖」[5]，「心之官則思，思則得之」[6]，思其可少乎？沉空守寂與安排思索，正是自私用智，其為喪失良知一也。良知是天理之昭明靈覺處，故良知即是天理，思是良知之發用。若是良知發用之思，則所思莫非天理矣。良知發用之思，自然明白簡易，良知亦自能知得。若是私意安排之思，自是紛紜勞擾，良知亦自會分別得。蓋思之是非邪正，良知無有不自知者。所以認賊作子，正為致知之學不明，不知在良知上體認之耳。

注釋

1見第31條注4。2參見〈啟周道通書〉。3德：即歐陽德。辛壬：辛巳（一五二一），壬午（一五二二）。4語見《楞嚴經》卷一，佛家比喻將妄想認作真實。5語見《尚書·洪範》。6語見《孟子·告子上》。

譯文

來信說：「老師您說『《繫辭》中何思何慮，是說所思所慮只是天理，再無別的思慮，並不是說沒有思慮。心的本體就是天理，又有甚麼可思慮的！學者用功，雖然千思萬慮，也只是要恢復他的本體，並不是用私意去安排思索出來的。如果刻意去安排思索，就是自私要小聰明了。學者的弊病，大都不是淪入沉空守寂，就是刻意去安排思索。』我在辛巳至壬午期間得前一種病，近來又得後一種病。只是思索也是良知的發用，它與刻意安排者有甚麼區別？我恐怕會認賊作子，迷惑而不知。」

「思曰睿，睿作聖」，「心之官則思，思則得之」，思索怎麼能缺少呢？淪入沉空守寂與刻意安排思索，正是自私耍小聰明，都是喪失了良知。良知是天理的昭明靈覺的所在，所以說良知就是天理，而思正是良知的發用。如果是良知發用的思，那麼所思就沒有不是天理。良知發用的思，自然是明白簡易的，良知也自然能分辨清楚。如果是私意安排的思，自然是紛紛擾擾，良知也自會去明辨。大概思的是非邪正，良知自然沒有不明白辨析的。你所說的認賊作子，正是由於還不能明白致知之學，不知在良知上去體認。

賞析與點評

這段話從「思」的角度講起，這個「思」概指人心意識。陽明認為「思」有兩種：一為「良知發用之思」，一為「私意安排之思」。意指一般意義上的意識活動不免受外界影響而導致種種紛擾，然而即便如此，良知依然「自會分別」其中的是非對錯，陽明在此強調良知自知才是分別人心意識之是非邪正的依據。

孟子言「必有事焉」[1]，則君子之學終身只是集義[2]一事。義者宜也，心得其宜之謂義。能致良知則心得其宜矣，故集義亦只是致良知。

君子之酬酢萬變，當行則行，當止則止，當生則生，當死則死，斟酌調停，無非是致其良知，以求自慊而已，故「君子素其位而行」[3]，「思不出其位」[4]。凡謀其力之所不及，而強其知之所不能者，皆不得為致良知；而凡「勞其筋骨，餓其體膚，空乏其身，行拂亂其所為，動心忍性，以增益其所不能」[5]者，皆所以致其良知也。

……

凡學問之功，一則誠，二則偽，凡此皆是致良知之意欠誠一真切之故。《大學》言「誠其意者，如惡惡臭，如好好色，此之謂自慊」，曾見有惡惡臭、好好色而須鼓舞支持者乎？曾有畢事則困憊已甚者乎？曾有迫於事勢、困於精力者乎？此可以知其受病之所從來矣。

注釋

[1]見第61條注1。[2]見第59條注2。[3]見第9條注1。[4]語見「君子以思不出其位」（《周易．艮》），意似「不在其位，不謀其政」（《論語．泰伯》）。[5]語見《孟子．公

孫丑上》。

譯文

孟子說「必有事」，是指君子之學終身只有集義這件事。義就是宜，內心得其宜這就是義。能致良知那麼心就能得其宜，所以說集義也就是致良知。君子應酬萬變，當行則行，當止則止，當生則生，當死則死，斟酌調停，無非是致良知以求無愧於心而已。所以說「君子素其位而行」、「思不出其位」。凡是企圖做自己力量不及的事，勉強做智力不達的事，都不是致其良知；而大凡能做到「勞其筋骨，餓其體膚，空乏其身，動心忍性以增益其所不能」的，都是能夠致其良知的。

……

凡是做學問的工夫，一件事便是誠，二件事便是偽，都是致良知工夫還欠缺一層真切的意思。《大學》說：「誠其意者，如惡惡臭，如好好色，此是自慊。」你甚麼時候見過惡惡臭、好好色的須要鼓舞支持的？甚麼時候見過疲憊困頓的？甚麼時候見過有迫於事勢、困於精力的？明白了這一點，便可了解得病的由來。

答羅整庵少宰書[1]

來教云：「見道固難，而體道尤難。道誠未易明，而學誠不可不講，恐未可安於所見而遂以為極則也。」[2]

……夫「德之不修，學之不講」[3]，孔子以為憂，而世之學者稍能傳習訓詁，即皆自以為知學，不復有所謂講學之求，可悲矣！夫道必體而後見，非已見道而後加體道之功也；道必學而後明，非外講學而復有所謂明道之事也。然世之講學者有二，有講之以身心者，有講之以口耳者。講之以口耳，揣摸測度，求之影響者也；講之以身心，行著習察[4]，實有諸己者也。如此，則知孔門之學矣。

注釋

1 羅整庵：羅欽順（一四六五—一五四七），字允升，江西太和人。此信寫於正德十五年（一五二〇），在陽明平定宸濠反叛之後。羅當時任吏部右侍郎，其信見《羅整庵集》。羅獲信後再答一信，陽明時已逝世。2 整庵來信，見《困知記》（附錄）卷五。3 語見《論語．述而》。4 參考「行不著」、「習不察」，見第 73 條注 5。

譯文

來信說：「見道固然難，但體道更難。道的確是不易明白的，而學的確不可不講，恐怕不能安於自己的見解，便以為它就是最高準則了。」

……說到「德之不修，學之不講」，這是孔子所憂慮的。但如今的學者稍能夠背一些經典，通一些訓詁，就都自認為是知學，不再有所謂講學的追求，不是很可悲嗎？道是必須體悟才能見到，並不是已經見道以後再加體道的工夫；道是必須學以後才能明，然而不是在講學之外再尋求所謂明道的工夫。然而如今的講學者分為兩類，一是講身心的學者，一是講口耳的學者。講口耳的學者，就是揣摩測度，追求學問的皮毛而已；而講身心的學者，所言所行，都是從自己的心中真實流露出來的。知道這個，就會懂孔門的學問了。

賞析與點評

這段話是陽明在「講學」問題上的一個典型觀點。陽明首先明確地肯定「講學」是孔子倡導的儒家傳統，同時指出世儒以為「傳習訓詁」就是「知學」，而且以此為滿足而不復「講學」，這是很可悲的事情。這個說法顯然是針對宋儒格物之學的批評，而陽明所主張的則是後一種「講之以身心」的講學。

學豈有內外乎？《大學》古本乃孔門相傳舊本耳。朱子疑其有所脫誤而改正補緝之。1在某則謂其本無脫誤，悉從其舊而已矣。失在於過信孔子則有之，非故去朱子之分章而削其傳也。

夫學貴得之心。求之於心而非也，雖其言之出於孔子，不敢以為是也，而況其未及孔子者乎？求之於心而是也，雖其言之出於庸常，不敢以為非也，而況其出於孔子者乎？且舊本之傳數千載矣，今讀其文詞，既明白而可通；論其工夫，又易簡而可入。亦何所按據而斷其此段之必在於彼，彼段之必在於此，與此之如何而缺，彼之如何而誤，而遂改正補緝之？無乃重於背朱而輕於叛孔已乎？

注釋

1 《大學》古本句：朱熹《大學章句》，朱子將《禮記》中的大學篇獨立成書，認為有缺文，重新補缺、前後次序有所變化和進行理學式闡釋，編入「四書」，成為南宋後私塾必讀書。而王陽明認為漢代《禮記．大學》原本（古本）是正確的，就此為底本對《大學》進行重新心學式闡釋和重讀。

譯文

學問豈可分內外？古本《大學》乃是孔門相傳的舊本。朱子懷疑它有脫字誤字，須要改正補錄，但在我看來舊本並沒有脫字誤字，應該依從舊本即可。如果說過失，過失在過於相信孔子，卻不是故意刪去朱子的分章和他所作的補傳。做學問貴在得之於心，反求於心覺得不對的，則雖出於孔子，不敢以為正確，更何況那不及孔子的？反求於心而覺得正確的，則雖出於庸常之人，也不敢以為非，何況還是出於孔子？並且舊本流傳已經數千年了，如今讀其文詞，也覺得明白可通；論其工夫，也是簡易可行的。又據甚麼而斷定此段應在彼段之後，彼段應在此段之前呢，又據甚麼說此處缺失，彼處須要補出，而加以改正補輯？這豈不是把違背朱子的學說看得比背叛孔子的還嚴重嗎？

賞析與點評

「學貴得之心」是陽明學的一個重要觀點，是由「心即理」之命題必然推導出來的結論。根據這一觀點，唯有在「心」的審視和判斷之下，才能評估孔子之言以及常人之言的是非對錯。陽明之意當然不是反孔子、反儒學，旨在強調「心」之主體的獨立和尊嚴。然而不容否認的是，若以「學貴得之心」為據，進而藐視外在的一切綱常規範，卻有可能使人心得以無限地膨脹。

夫理無內外，性無內外，故學無內外。講習討論，未嘗非內也；反觀內省，未嘗遺外也。夫謂學必資於外求，是以己性為有外也，是義外[1]也，用智者也；謂反觀內省為求之於內，是以己性為有內也，是「有我」也，「自私」者也。是皆不知性之無內外也。故曰「精義入神，以致用也；利用安身，以崇德也」[2]，「性之德也，合內外之道也」[3]，此可以知格物之學矣。

格物者，《大學》之實下手處，徹頭徹尾，自始學至聖人，只此工夫而已，非但入門之際有此一段也。夫正心、誠意、致知、格物，皆所以修身，而格物者，其所用力，日可見之地。故格物者，格其心之物也，格其意之物也，格其知之物也；正心者，正其物之心也；誠意者，誠其物之意也；致知者，致其物之知也。此豈有內外彼此之分哉？

理一而已。以其理之凝聚而言則謂之性，以其凝聚之主宰而言則謂之心，以其主宰之發動而言則謂之意，以其發動之明覺而言則謂之知，以其明覺之感應而言則謂之物。故就物而言謂之格，就知而言謂之致，就意而言謂之誠，就心而言謂之正。正者，正此也；誠者，誠此也；致者，致此也；格者，格此也，皆所謂「窮理以盡性」[4]也。

天下無性外之理，無性外之物。學之不明，皆由世之儒者認理為外，認物為外，而不知義外之說，孟子蓋嘗闢之，乃至襲陷其內而不覺，豈非亦有似是而難明者歟？不可以不察也。

注釋　1義外：見第2條2。2語見《周易．繫辭下》。3語見《中庸》第二十五章。4見第81條注2。

譯文　理是不分內外的，性也是不分內外的，所以說學也是不分內外的。講習討論，未嘗不屬於內；反觀內省，何嘗遺棄了外。如果認為學問必須尋求於外，這是以自己的性還有在外的，這就是義外，就是用智；認為反觀內省就是指專門在內尋求，這就是以自己的性有在內的，這是「有我」，就是「自私」，這都是不知道性是不分內外的。所以說「精義入神，用來致用；利用安身，用來崇德」，「性之德，是合內外之道」，由此可知格物之學。

格物者，是《大學》指出一個做工夫的實實在在的入手處，徹頭徹尾，自始學至於聖人，只是此工夫而已，並非是入門時候的一段工夫。正心、誠意、致知、格物，都是為了修身，而格物，是做工夫明顯入手之處。所以說「格物」就是格其心之物，格其意之物，格其知之物；正心者，正其物之心；誠意者，誠其物之意；致知者，致其物之知，哪有內外彼此的分別？

理就只是一個而已。從理的凝聚而言謂之性，從其凝聚的主宰而言謂之心，從其主宰的發動而言謂之意，從其發動的明覺而言謂之知，從其明覺的感應而言謂之物。所以說，就物而言謂之格，就知而言謂之致，就意而言謂之誠，就心而言謂之正。正者，就是正此；誠者，就是誠此；致者，就是致此；格者，就是格此，就是所謂「窮理以盡性」。

天下沒有性外的理，沒有性外的物。聖學之所以不彰明，都是由於後世的儒者認為理在性外，認為物在性外，而不知義外之說，孟子早已批評過，以至於深陷其中而不自覺，這豈不是似是而難明者嗎？不能不加以考察。

孟子闢楊墨，至於「無父無君」[1]。二子亦當時之賢者，使與孟子並世而生，未必不以之為賢。墨子兼愛，行仁而過耳；楊子為我，行義而過耳。此其為說，亦豈滅理亂常之甚而足以眩天下哉？而其流之弊，孟子至比於禽獸夷狄，所謂「以學術殺天下後世也」[2]。

今世學術之弊，其謂之學仁而過者乎？謂之學義而過者乎？抑謂之學不仁不義而過者乎？吾不知其於洪水猛獸何如也！

孟子云：「予豈好辯哉？予不得已也。」[3]楊墨之道塞天下，孟子之時，天下之尊信楊墨，當不下於今日之崇尚朱說，而孟子獨以一人呶呶於其間，噫，可哀矣！韓氏云：「佛老之害甚於楊墨。韓愈之賢不及孟子，孟子不能救之於未壞之先，而韓愈乃欲全之於已壞之後，其亦不量其力，且見其身之危，莫之救以死也！」[4]嗚呼！若某者其尤不量其力，果見其身之危，莫之救以死也矣！夫衆方嘻嘻之中，而獨出涕嗟，若舉世恬然以趨，而獨疾首蹙額以為憂。此其非病狂喪心，殆必誠有大苦者隱於其中，而非天下之至仁，其孰能察之？

其為《朱子晚年定論》，蓋亦不得已而然。中間年歲早晚，誠有所未考，雖不必盡出於晚年，固多出於晚年者矣。然大意在委曲調停，以明此學為重。平生於朱子之說，如神明蓍龜，一旦與之背馳，心誠有所未忍，故不得已而為此。「知我者謂我心憂，不知我者謂我何求」[5]，蓋不忍牴牾朱子者，其本心也；不得已而與之牴牾者，道固如是，「不直則道不見」[6]也。執事所謂決與朱子異者，僕敢自欺其心哉？

夫道，天下之公道也；學，天下之公學也。非朱子可得而私也，非孔子可得而私也。天下之公也，公言之而已矣。故言之而是，雖異於己，乃益於己也；言之而非，雖同於己，適損於己也。益於己者己必喜之，損於己者己必惡之。然則某今日之論，雖或於朱子異，未必非其所喜也。「君子之過，如日月之食，其更也，人皆仰之」[7]，而「小人之過也必文」[8]。某雖不肖，固不敢以小人之心事朱子也。

注釋

[1]無父無君：「楊氏為我，是無君也；墨氏兼愛，是無父也。無父無君，是禽獸也。」（《孟子．滕文公下》）[2]語見陸九淵〈與曾宅之書〉（《陸九淵集》卷一）。[3]語見《孟子．滕文公下》。[4]語見韓愈〈與孟尚書書〉（《韓昌黎集》卷十八），字句略有出入。[5]語見《詩經．王風．黍離》。[6]語見《孟子．滕文公上》。[7]語見《論語．子張》引子貢語。[8]《論語．子張》引子夏語。文（去聲），掩飾。

譯文

孟子批評楊朱、墨翟為無父無君的人，其實楊墨二人也是當時的賢者，假如與孟子同處一個時代，也未必不以他們為賢人。墨子提倡兼愛，是行仁而有過之而已，楊子提倡為我，是行義而有過之而已，他們的學說哪有滅理亂常而足以混亂天下的？但其流弊，孟子比之於禽獸夷狄，這就是所謂的「以學術殺天下後世也」。

而今，學術的弊病可說是學仁而過之呢？還是可說是學義而過之呢？抑或是學不仁不義而過之呢？我真不知道與洪水猛獸比起來，究竟要厲害多少。

孟子說：「我豈是好辯？我不得已也。」楊墨之道，充塞天下，孟子那時，天下尊信楊墨，應當不比今天學者尊崇朱子差？但孟子獨身一人闡明其間，也是可悲哀的！韓愈說：「佛老的害處比楊墨還厲害。韓愈之賢不及孟子，孟子不能救之於未壞之先，而韓愈欲全之於已壞之後，也是自不量力，但見身處危險之境，而不能救助！」嗚呼！若我則更是自不量力，果見身處險境！衆人正在熙熙攘攘之中，而我獨自流淚歎息；舉世都恬然地亦步亦趨，而我獨疾首蹙額而憂慮，這如果不是喪心病狂，就一定內心真有極大的痛苦，如果不是天下最仁愛的人，有誰能體察到呢？

我作《朱子晚年定論》也是不得已而為之。其間年歲的早晚，的確沒有加以考證，但雖然不是完全出自晚年，但也大多是出於朱子晚年。我之所以這樣做的原因是在於委屈調停，以闡明聖學為重。我平生對朱子的學問一直是奉若神明耆龜，一旦和它發生矛盾，的確是於心不忍，所以說這是不得已而為之。「知我者謂我心憂，不知我者謂我何求。」我不忍與朱子相衝突，這是我的本心；但又不得已與之發生牴牾，因為道理本來如是，正所謂「不正直的話，則道理就無法顯現」。你認為「我是決意與朱子相異」，我哪敢自己欺騙自己的內心呢？道是天下的公道，學是天下的公學，不是朱子可以私有的，也不是孔子能夠私有的，這是天下公共的東西，所以須要秉公而言而已。所以如果說得是，雖然和自己相反，也是有益於己；說得錯，雖與自己相同，卻正足以損己。有益於己的，自己必喜歡；有損於己的，自己必厭惡。既然如此，那麼今天我所說的，雖或與朱子有不同，但未必不是他所喜歡的。「君子犯錯，就好比日月之食，他能改正，人人都會敬仰」；而「小人犯錯，卻要文過飾非」。我雖然不是賢人，實在不敢以小人之心來看待朱子。

賞析與點評

在龍場悟道之後的若干年，陽明在南京講學時期，又一次翻閱了朱子之書，意外發現朱子晚年已經「大悟舊說之非」，於是便從《朱子文集》當中選取三十四封書信，以圖證明自己的心學觀點與朱子晚年思想是可以相通的，此即《朱子晚年定論》，於一五一八年刊刻出版。羅欽順讀到此書後，給陽明寫信指出該書缺乏年代的嚴密考證，不免貽笑大方。對此，陽明承認沒有注意查實這些書信的「年歲早晚」之分，但他強調提出「道，天下之公道；學，天下之公學」的觀點，認為只要站在「公道公學」的立場上，就可對任何學術權威進行挑戰。因此，《朱子晚年定論》實質上是一部對朱熹理學的批判書，而不能把它當作一部單純的文獻整理著作來看待。

答聶文蔚[1]

夫人者，天地之心，天地萬物，本吾一體者也。生民之困苦荼毒，孰非疾痛之切於吾身者乎？不知吾身之疾痛，無是非之心者也。是非之心，不慮而知，不學而能，所謂良知也。

良知之在人心，無間於聖愚，天下古今之所同也。世之君子惟務致其良知，則自能公是非，同好惡，視人猶己，視國猶家，而以天地萬物為一體，求天下無治，不可得矣。

古之人所以能見善不啻[2]若己出，見惡不啻若己入，視民之飢溺[3]猶己之飢溺，而「一夫不獲，若己推而納諸溝中」[4]者，非故為是而以蘄[5]天下之信己也，務致其良知，求自慊而已矣。

堯、舜、三王之聖，「言而民莫不信」者，致其良知而言之也；「行而民莫不說」[6]者，致其良知而行之也。是以其民熙熙皞皞[7]，「殺之不怨，利之不庸」[8]，施及蠻貊，而凡有血氣者莫不尊親，為其良知之同也。嗚呼！聖人之治天下，何其簡且易哉！

注釋

1 聶文蔚：名豹（一四八七——一五六三），號雙江，江西永豐人。據《陽明年譜》，此信寫於丙戌（一五二六）。2 不啻（粵：次；普：chì）：不只。3 飢溺：「禹思天下有溺者，由己溺之也；稷思天下有飢者，由己飢之也，是以如是其急也。」（《孟子・離婁下》）4 語見《尚書・說命》，又見《孟子・萬章上》。5 蘄：古同「祈」，求。6 語見「見而民莫不敬；言而民莫不信；行而民莫不說。是以聲名洋溢乎中國，施及蠻貊（粵：麥；普：mò，古代指中國以外四方部落）。」（《中庸》第三十一章）7 熙熙皞皞：皞同「皞」（音皓），見第 102 條注 4。8 語見「霸者之民驩虞（同「歡娛」）如也，王者之民皞皞如也。殺之而不怨，利之而不庸（酬謝），民日遷善而不知為之者。」（《孟子・盡心上》）

譯文

人乃是天地的心，天地萬物，本與我是一體的。百姓的困苦塗炭，誰不疾痛不已？如果不知道這種切膚之痛，就是沒有是非之心者。是非之心，是不必思不必慮就能知道，不必學習就能獲得的，也就是所謂的「良知」。良知在人的心中，不論聖人還是愚笨者都沒有分別，這是天下古今共同的。世間的君子只要努力去致其良知，就自然能夠公正地明辨是非，能夠與百姓同好惡，視人猶己，視國猶家，而以天地萬物為一體，這樣天下就會無不治。古時候的人所以能把別人的善看成自己做的一樣，把別人的壞事看成是自己做的一樣，把百姓的飢渴看做自己的飢渴，而「一人不獲，就像是自己把他推入溝渠之中」一樣，這並不是故意以此來期望天下人能信任自己，而是因為他們能夠專心去致其良知，以追求無愧於心而已。堯、舜、三代聖王，說話而百姓沒有不信服的，也是因為他們致其良知而說的；行事而百姓沒有不喜歡的，也是因為他們致其良知而行的。所以百姓們樂陶陶，「殺之不怨，利之不庸」，施及於夷狄蠻荒的地區，凡有血氣的，沒有不尊親的，因為人們的良知是一樣的。嗚呼！聖人治理天下是何其簡易啊！

賞析與點評

此信集中闡述了萬物一體的問題，可以與上述「拔本塞源」論合觀。陽明再次強調良知學與聖人之治得以實現的根本依據。如果說致良知屬於「內聖」之學，而平治天下的「聖人之治」屬於「外王之學」，那麼陽明所表達的觀點正可說明「內聖外王」是一連續體的實踐活動。陽明希望年輕後俊以及門下弟子都能以良知學為行動指南，去推動以實現萬物一體為目標的社會實踐。因此終極而言，無論是良知理論還是萬物一體說，都是行動理論而非概念設定而已。

後世良知之學不明，天下之人用其私智以相比軋，是以人各有心，而偏瑣僻陋之見，狡偽陰邪之術，至於不可勝說。外假仁義之名，而內以行其自私自利之實，詭辭以阿俗，矯行以干譽，揜人之善而襲以為己長，訐人之私而竊以為己直[1]，忿以相勝而猶謂之徇義，險以相傾而猶謂之疾惡，妒賢忌能而猶自以為公是非，恣情縱欲而猶自以為同好惡，相陵相賊，自其一家骨肉之親，已不能無爾我勝負之意、彼此藩籬之形，而況於天下之大，民物之衆，又何能一體而視之？

則無怪於紛紛籍籍，而禍亂相尋於無窮矣[2]。

注釋

1 干譽：撈取名譽。揜（粵：掩；普：yǎn）：掩。訐：攻擊，揭發。2 尋：續。

譯文

後來，良知之學不再彰明，天下的人運用自己的私智，相互傾軋，於是人各有心，這就產生了偏頗僻陋的見識，狡猾陰邪的權術，以至於不可勝說。表面上假借仁義的名號，而實際上是為了自私自利的目的，巧舌如簧，沽名釣譽，掩蓋別人的善行據為己有，攻擊人的私心以顯示自己的正直，出於私憤的勾心鬥角而以為是正義的事，出於陰險的目的相互傾軋而猶認為是嫉惡如仇，嫉賢妒能還自認為是公正地分辨是非，縱情恣欲還自認為是與百姓同好惡，相互欺凌又相互欺瞞，本來是一家子骨肉至親，都不能不區分人我去爭強好勝，從而形成彼此隔閡，何況天下廣土眾民，又怎能視作一體呢？也難怪天下紛紛紜紜，禍亂延綿以至於無窮。

僕誠賴天之靈，偶有見於良知之學，以為必由此而後天下可得而治。是以每念斯民之陷溺，則為之戚然痛心，忘其身之不肖，而思以此救之，亦不自知其量者。天下之人見其若是，遂相與非笑而詆斥之，以為是病狂喪心之人耳。嗚呼！是奚足恤哉？吾方疾痛之切體，而暇計人之非笑乎？

……嗚呼！今之人雖謂僕為病狂喪心之人，亦無不可矣。天下之人心，皆吾之心也。天下之人猶有病狂者矣，吾安得而非病狂乎？猶有喪心者矣，吾安得而非喪心乎？

譯文

我實在是托上天的福，偶然發現了良知之學，以為一定要遵循此學而後天下可得而治。所以每當我念及百姓的苦難，就為之傷痛不已，忘記了自己的不肖，想用良知之學來拯救，也是自不量力。天下的人見我這樣，就爭相嗤笑並排斥，以為我是喪心病狂的人。嗚呼！這哪裏值得去顧及呢？我就像因疾病而深陷切身之疾痛的人，哪有時間去計較別人的嗤笑！

……嗚呼！今天的人雖說我是喪心病狂之人，也沒甚麼不可。天下人的心，就是我的心。天下人中還有病狂者，我怎能不病狂？還有喪心者，我哪能不喪心？

賞析與點評

陽明對於他人斥其為「喪心病狂」並不推辭，相反，他表達了這樣一個信念：只要當今之世尚有「喪心病狂」者在，那麼他自甘充當「狂病」的角色，以拯救天下「喪心之患」者為己任。由此可以看出，陽明的萬物一體論並不是單純的概念討論，主要反映了陽明良知學所指向的終極理想乃是建立「天地萬物為一體」的理想世界。故此，陽明的萬物一體論也就具有了政治文化的意義。

昔者孔子之在當時，有議其為諂者[1]，有譏其為佞者[2]，有毀其未賢[3]，詆其為不知禮[4]，而侮之以為東家丘者[5]，有嫉而沮之者[6]，有惡而欲殺之者[7]。晨門荷蕢之徒，皆當時之賢士，且曰：「是知其不可而為之者歟！」[8]「鄙哉！硜硜乎！莫己知也，斯已而已矣。」[9]雖子路在升堂之列，尚不能無疑於其所見[10]，不悅於其所欲往[11]，而且以之為迂[12]，則當時之不信夫子者，豈特十之二三而已乎？然而夫子汲汲遑遑，若求亡子於道路，而不暇於暖席者，寧以蕲人之知我信我而已哉？蓋其天地萬物一體之仁，疾痛迫切，雖欲已之，而自有所不容已。故其言曰：「吾非斯人之徒與而誰與？」[13]「欲潔其身，而亂大倫」[14]，「果哉！末之難矣。」[15]嗚呼！此非誠以天地萬物為一體者，孰能以知夫子之心乎？若其「遁世無悶」[16]、「樂天知命」[17]者，則固「無入而不自得」[18]，「道並行而不相悖」[19]也。

注釋

1事本《論語·八佾》。2事本《論語·憲問》。3事本《論語·子張》。4事本《論語·八佾》。5語見「當仲尼在世之時，世人不言為聖人也。伐樹削跡，於七十君而不一值。或以為東家丘，或以為喪家犬。」（沈約《沈隱侯集》卷一〈辯聖論〉）6事本《論語·微子》。7事本《論語·述而》。8事本《論語·憲問》。9事本《論語·憲問》。10事本《論語·雍也》。11事本《論語·陽貨》。12事本《論語·子路》。13事本《論語·微子》。14事本《論語·微子》。15事本《論語·憲問》。16語見《周易·乾卦·文言》。17語見《周易·繫辭上》。18語見《中庸》第十四章。19語見《中庸》第三十章。

譯文

從前孔子在世時，有人批評他是諂媚者，有人譏笑他是佞者，有人詆毀他是不賢者，有人譏諷他不知禮，有人侮辱他是東家丘者，有人嫉妒他並阻止他，有人厭惡他並想殺他，晨門荷蓧等人，也算是當時的賢者，還說「是知其不可而為之者也」、「鄙陋，硜硜然，不能自知」。雖子路已是升堂的弟子，還懷疑孔子去見南子，對孔子前往還感到不快，而且認為孔子的「正名」是迂腐之見。那麼當時不信任孔子的，豈只這十之二三個人？然而孔子仍汲汲遑遑若在道路上尋找丟失的孩子一樣，甚至沒有足夠的時間來休息，他難道是為了讓人知道我、信任我嗎？應是他有天地萬物一體的仁愛，就像自己有真切疾痛一樣，即使想停下來但又不容自已。所以他說：「我不和這些人在一起，那和誰呢？」「欲清潔其身，反而擾亂人的大倫」、「果斷也，但不是難事！」嗚呼！如果不是的確以天地萬物為一體的人，誰能知道孔子的心？至於那些「遁世無悶」、「樂天知命」等說法，自然是「無入而自得」和「道並行而不悖」。

賞析與點評

陽明在論述萬物一體的過程中，以「昔者孔子之在當時」遭人冷遇為例，與自己發明良知學後亦遭世人誹謗的情形相比附，值得關注。陽明強調「天地萬物一體之仁」正是孔子以來儒學傳統的根本精神，這一精神表現為「吾非斯人之徒而誰與」的人文關懷，而陽明自身將講學視為一生重要的事業，也與這一認識有着莫大的關聯。在他看來，結交朋友、推廣講學、宣揚心學，便是具體落實萬物一體論的一種實踐方式，也是最終實現萬物一體之理想社會的一個重要途徑。

僕之不肖，何敢以夫子之道為己任？顧其心亦已稍知疾痛之在身，是以傍徨四顧，將求其有助於我者，相與講去其病耳。今誠得豪傑同志之士扶持匡翼[1]，共明良知之學於天下，使天下之人皆知自致其良知，以相安相養，去其自私自利之蔽，一洗讒妒勝忿之習，以濟於大同，則僕之狂病，固將脫然以愈，而終免於喪心之患矣，豈不快哉！

注釋

1 匡翼：匡正輔佐。

譯文

像我這樣不肖的人，哪敢以夫子之道為己任？只是因為我心中也稍知疾痛在身，所以彷徨四顧，尋求能幫助我的人，共同講論，來除去這疾痛。如今果能尋到豪傑之士，相互扶持匡正，共明良知之學於天下，使天下的人都能自致其良知，相互保護，共同生養，除去他們自私自利的遮蔽，蕩滌他們嫉賢妒能的惡習，一同進入大同世界，那麼我的狂病將脫然痊癒，最終也免於喪心，豈不痛快？

答聶文蔚二[1]

夫「必有事焉」，只是「集義」[2]，「集義」只是「致良知」。說「集義」則一時未見頭腦，說「致良知」即當下便有實地步可用功，故區區專說致良知，隨時就事上致其良知，便是格物。着實去致良知，便是誠意。着實致其良知，而無一毫意必固我，便是正心。着實致良知，則自無忘之病；無一毫意必固我，則自無助之病。故說格致誠正，則不必更說個「忘助」。

孟子說「忘助」[3]，亦就告子得病處立方。告子強制其心，是助的病痛，故孟子專說助長之害，告子助長，亦是他以義為外，不知就自心上「集義」，在「必有事焉」上用功，是以如此。若時時刻刻就自心上集義，則良知之體洞然明白，自然是是非非纖毫莫遁，又焉有「不得於言，勿求於心；不得於心，勿求於氣」[4]

之弊乎？

孟子「集義」、「養氣」之說，固大有功於後學，然亦是因病立方，說得大段。不若《大學》格致誠正之功，尤極精一簡易，為徹上徹下，萬世無弊者也。

注釋

1陽明此信寫於戊子（一五二八），聶豹來信見《聶雙江集》卷八。2見第59條注2。3必有事焉，忘助：見第61條注1。4語見《孟子·告子上》。

譯文

「必有事焉」只是要求時刻去「集義」，而「集義」也就是「致良知」。但說「集義」就容易見不到工夫的頭腦處，說「致良知」當下有實地可用工夫之地，所以我專說致良知，隨時就事上致其良知，就是格物；着實去致其良知，便是誠意；着實去致其良知，而沒有一毫意必固我，便是正心。着實去致其良知，則自然沒有「忘」的毛病；沒有一毫意必固我，則自然沒有「助長」的毛病。因此說各「格致誠正」，那麼就無須再說個「忘助」。

孟子說「勿忘勿助」也是就告子得病處開的藥方。告子強制他的心，就是「助」的病痛，所以孟子專說助長的危害。告子助長，也是因為他以義為外，不知在自己的心上「集義」，在「必有事焉」上用功，所以如此。如果時時刻刻在自己心上「集義」，則良知的本體自然洞徹明白，自然是是非非都清清楚楚，又哪有「不得於言，勿求於心，不得於心，勿求於氣」的毛病？孟子「集義」、「養氣」的說法，固然對後代求學的人有很大的幫助，但也是因病而開的藥方，終究不如《大學》格致誠正工夫，更精一簡易，徹上徹下，萬世都沒有弊病。

聖賢論學，多是隨時就事，雖言若人殊，而要其工夫頭腦若合符節[1]。緣天地之間，原只有此性，只有此理，只有此良知，只有此一件事耳。

故凡就古人論學處說工夫，更不必攙和兼搭而說，自然無不吻合貫通者。才須攙和兼搭而說，即是自己工夫未明徹也。近時有謂集義之功，必須兼搭個致良知而後備者，則是集義之功尚未了徹也。集義之功尚未了徹，適足以為致良知之累而已矣。謂致良知之功，必須兼搭一個「勿忘勿助」而後明者，則是致良知之功尚未了徹也。致良知之功尚未了徹，適足以為「勿忘勿助」[2]之累而已矣。若此者皆是就文義上解釋，牽附以求混融湊泊[3]，而不曾就自己實工夫上體驗，是以論之愈精，而去之愈遠。

注釋

1 若合符節：符節，分開兩半的兵符。若合符節，比喻兩者吻合、一致。2 勿忘勿助：見第61條注2。3 湊泊：拼湊，生硬結合。

譯文

聖賢議論學問，大多是隨時論事，雖是人言人殊，但在工夫頭腦處卻是吻合的。因為天地之間，原本只有這個性，只有這個理，只有這個良知，只有這一件事而已。所以凡是就古人論學中說工夫的地方，不必攙和掛搭去說，自然無不吻合貫通。如果須要牽合掛搭去說，就是自己的工夫還未透徹。近來有人說集義工夫，必須掛搭個致良知工夫才完備，那就是他的集義工夫還未透徹。集義工夫不透徹，正足以成為致良知工夫的貽累。說致良知工夫必須掛搭個「勿忘勿助」而後完備，就是他的致良知工夫還未透徹。致良知工夫不透徹，正足以成為「勿忘勿助」工夫的貽累。像這些，都是從文義上解釋，牽強附會，以求融會貫通，而沒有從自己實際工夫上去體驗，所以議論愈精，而去聖道愈遠。

蓋良知只是一個天理自然明覺發見處，只是一個真誠惻怛[1]，便是他本體。故致此良知之真誠惻怛以事親便是孝，致此良知之真誠惻怛以從兄便是弟，致此

良知之真誠惻怛以事君便是忠。只是一個良知，一個真誠惻怛。若是從兄的良知不能致其真誠惻怛，即是事親的良知不能致其真誠惻怛矣；事君的良知不能致其真誠惻怛，即是從兄的良知不能致其真誠惻怛矣。故致得事君的良知，便是致卻從兄的良知；致得從兄的良知，便是致卻事親的良知。不是事君的良知不能致，卻須又從事親的良知上去擴充將來。如此又是脫卻本原，着在支節上求了。

良知只是一個，隨他發見流行處，當下具足，更無去來，不須假借。然其發見流行處，卻自有輕重厚薄，毫髮不容增減者，所謂「天然自有之中」[2]也。雖則輕重厚薄毫髮不容增減，而原又只是一個。雖則只是一個，而其間輕重厚薄，又毫髮不容增減。若得可增減，若須假借，即已非其真誠惻怛之本體矣。此良知之妙用，所以無方體，無窮盡，「語大天下莫能載，語小天下莫能破」[3]者也。

注釋

1 惻怛（粵：靼；普：dá）：惻隱之心。2 語見朱熹《大學或問》所引程頤語。3 語見《中庸》第十二章。

譯文

良知只是一個天理的自然明覺發見處，只是一個真誠惻怛，就是他的本體。所以致此良知的真誠惻怛去侍奉父母就是孝，致此良知的真誠惻怛去尊敬兄長就是弟，致此良知的真誠惻怛去侍奉君主便是忠。只是一個良知，只是一個真誠惻怛。若是尊敬兄長的良知不能致其真誠惻怛，便是侍奉父母的良知不能致其真誠惻怛；侍奉君主的良知不能致其真誠惻怛，便是尊敬兄長的良知不能致其真誠惻怛。所以致得侍奉君主的良知，便是致尊敬兄長的良知；致得尊敬兄長的良知，便是致侍奉父母的良知。不是侍奉君主的良知不能致，卻要在侍奉父母的良知上擴充出去。這樣就是脫卻本原，執着在枝節上尋求了。

良知只是一個，隨他發見流行處，當下具足，沒有過去與將來，不須假借。然其發見流行處，卻自然有輕重厚薄的分別，毫釐不容增減，所謂「天然自有之中」。雖然有輕重厚薄的分別毫髮不容增減，但原本又只是一個。雖然只是一個，而其間輕重厚薄的分別，又毫髮不容增減。如果是可增減，可假借，就不是真誠惻怛的本體了。這就是良知的妙用，所以沒有方體，沒有窮盡，所以「說大天下莫能載，說小天下莫能破」。

賞析與點評

陽明此處強調「發用流行」或「發見流行」等良知存在的基本特徵，告訴人們良知不是抽象的存在物，而是即刻當下、見在具足的存在，因此致良知工夫就應落實在「發用」上去做，當然這並不是說，工夫可以脫離本體，而是說本體必落實為工夫。

孟氏「堯舜之道，孝弟而已」[1]者，是就人之良知發見得最真切篤厚、不容蔽昧處提省人，使人於事君處友、仁民愛物，與凡動靜語默間，皆只是致他那一念事親從兄真誠惻怛的良知，即自然無不是道。蓋天下之事雖千變萬化，至於不可窮詰[2]，而但惟致此事親從兄一念真誠惻怛之良知以應之，則更無有遺缺滲漏者，正謂其只有此一個良知故也。事親從兄一念良知之外，更無有良知可致得者，故曰「堯舜之道，孝弟而已矣」，此所以為「惟精惟一」[3]之學，放之四海而皆準，施諸後世而無朝夕者也。

注釋　1語見《孟子・告子下》。2窮詰：深入追問，追根尋源。3見第2條注3。

譯文　孟子說的「堯舜之道，孝弟而已」，其意是就人的良知發見最真切篤實、不容遮蔽的地方提醒人，讓人們在侍奉君主、結交朋友、仁民愛物，和動靜語默之間，都只是要去致他那一念侍奉父母、尊敬兄長的真誠惻怛的良知，那麼自然無不是道。大概天下的事雖千變萬化，至於不可窮詰，而惟致此侍奉父母、尊敬兄長的一念真誠惻怛的良知去應對，就不會有遺漏殘缺的，正是因為只有這一個良知。侍奉父母、尊敬兄長的一念良知之外，再沒有良知可致，所以說「堯舜之道，孝弟而已」，這就是所謂的「惟精惟一」之學，放之四海而皆準，施諸後世而無朝夕之別。

《傳習錄》下

本篇導讀——

該卷的最終編成刊刻已在陽明逝世二十八年之後，所錄均為陽明晚年語。陽明晚年在江右及歸越期間，致力於講學，門人日進，以致於有「左右環坐而聽者，常不下數百人」的獨特景象，故心學在中晚明的發展過程中形成一股講學風氣，其開端者實為王陽明。卷下的記錄者甚多，其中所涉及的心學議題也非常廣泛，而陽明在與其弟子的對話過程中，從不同角度對心學思想的重要概念或命題進行了更具理論深度的闡發，顯示出陽明思想已臻圓融透徹之境地。例如在與弟子對話中又不斷引發如何詮釋「格物」的問題，陽明明確提出「身心意知物是一件」，故「格致誠正修是一事」的重要觀點，將《大學》的工夫論詮釋成一套以良知為主導的系統；更重要的是發生在嘉靖六年九月的「天泉證道」這一思想史事件，陽明提出了著名的以「無善無惡心之體」為標誌的「四句教」，以及稍後發生的「嚴灘問答」中有關「有無」、「虛實」之辯，涉及本體工夫如何得以辯證合一的重要問題，都是我們了解陽明最晚年思想之精義的關鍵所在。

先生曰：「惜哉！此可一言而悟，惟濬[1]所舉顏子事便是了。只要知身、心、意、知、物是一件。」

九川疑曰：「物在外，如何與身、心、意、知是一件？」

先生曰：「耳、目、口、鼻、四肢，身也，非心安能視、聽、言、動？心欲視、聽、言、動，無耳、目、口、鼻、四肢，亦不能，故無心則無身，無身則無心。但指其充塞處言之謂之身，指其主宰處言之謂之心，指心之發動處謂之意，指意之靈明處謂之知，指意之涉着處謂之物，只是一件。意未有懸空的，必着事物，故欲誠意則隨意所在某事而格之，去其人欲而歸於天理，則良知之在此事者無蔽而得致矣。此便是誠意的功夫。」

注釋

1 惟濬：陳九川（一四九五——一五六二），字惟濬，號明水，臨川（江西）人，陽明弟子。

譯文

陽明說：「可惜！這可用一句話就能說明白，即你所舉顏回的事便可自悟。只要知道身、心、意、知、物都是一回事就好了。」

九川疑惑地問：「物在身外，怎麼能與身、心、意、知是一回事呢？」

陽明說：「耳、目、口、鼻、四肢，都是身體的一部分，如果沒有心怎能看、聽、說、動？心想看、聽、說、動，如果沒有耳、目、口、鼻、四肢，也是辦不到的。所以說沒有心就沒有身體，沒有身體就沒有心。只是就其充塞全身的角度來說稱為身體，就全身的主宰角度來說稱作心，就其心的發動的角度來說稱作意，就其意的靈明的角度來說稱作知，就其意的涉着的角度來說稱為物，但都只是一回事。意不會懸空的，一定是着在事物上，所以說誠意就是隨意之所在事物上去格，就是去人欲而歸於天理，於是在這件事上的良知是不受蒙蔽而獲得致了。這就是誠意的功夫。」

賞析與點評

陽明把「心、意、知、物」貫穿起來，指出心意知物是環環相扣、密不可分的整體關係，由於物為意之所用、意之所着，所以工夫的關鍵已不在於「物」而在於「意」。陽明之所以在末尾強調「此便是誠意的工夫」，目的就在於突出「誠意」工夫在《大學》工夫論體系中具有重要地位。

又問：「靜坐用功，頗覺此心收斂，遇事又斷了。旋起個念頭，去事上省察。事過又尋舊功，還覺有內外，打不作一片。」

先生曰：「此格物之說未透。心何嘗有內外？即如惟濬今在此講論，又豈有一心在內照管？這聽講說時專敬，即是那靜坐時心，功夫一貫，何須更起念頭？人須在事上磨煉做功夫乃有益；若只好靜，遇事便亂，終無長進。那靜時功夫亦差，似收斂而實放溺[1]也。」

後在洪都，復與于中、國裳[2]論內外之說。渠[3]皆云：「物自有內外，但要內外並着功夫，不可有間耳。」以質先生。曰：「功夫不離本體，本體原無內外。只為後來做功夫的分了內外，失其本體了。如今正要講明功夫不要有內外，乃是本體功夫。」

注釋

[1]放溺：放縱沉迷。[2]于中：姓王，名良勝，或云于中為子中之誤，陽明弟子。國裳：舒芬（一四八四——一五二七），字國裳，號梓溪，江西進賢人，陽明弟子。[3]渠：第三人稱。

譯文

又問：「靜坐用功時，也覺得能夠收斂自己的心，但一遇到事卻又中斷了。不得不又起個念頭，去具體事上省察。事情過去，又做舊時工夫，還是覺得心有內外的分別，不能打作一片。」

陽明說：「這是還不能深入理解格物學說造成的。心何嘗有甚麼內外之別？就如你今天在這裏講論，哪裏還有一個心在裏面照管着？這聽講說時候的專心，便是那靜坐時的心，功夫只是一貫，何須再起個念頭？人必須要在具體事上磨練做功夫才有益處。如果只是喜靜厭動，遇事時就會忙亂，終究不會有長進。那靜時功夫也只是勉強，似收斂，其實卻是放溺。」

後來在洪都時，又與于中、國裳討論內外之說，他們都說：「物本有內外的，須要內外並用功夫，不能有間斷。」以此請教老師。

陽明說：「功夫離不開本體，本體原本沒有內外。只是因為後來做功夫的人分了內外，失去了其本體。如今正是要說明功夫不要有內外的分別，這才是本體功夫。」

賞析與點評

靜坐與省察的問題，是陽明早在滁陽及南京的講學時期就經常遇到的問題。「後在洪都」則指江西時期，陽明對「內外之說」又有了新的說法，指出「功夫不離本體，本體原無內外」，這是陽明的本體工夫論的一個典型觀點。陽明指出，消除內外是本體的要求，因本體原無內外之可言，因此若能使工夫不離本體，即本體去做工夫，則自然本體工夫合一，即內外合一。事實上，如何克服由意識活動引發的內外、人己、物我等一切差別現象，即如何破除意識上的「有執」，這是陽明晚年提出致良知教以後不斷思考的大問題。

庚辰往虔州[1]再見先生。

問：「近來功夫雖若稍知頭腦，然難尋個穩當快樂處。」

先生曰：「爾卻去心上尋個天理，此正所謂「理障[2]」。此間有個訣竅。」

曰：「請問如何？」

曰：「只是致知。」

曰：「如何致？」

曰：「爾那一點良知，是爾自家底準則。爾意念着處，他是便知是，非便知非，更瞞他一些不得。爾只不要欺他，實實落落依着他做去，善便存，惡便去。他這裏何等穩當快樂！此便是格物的真訣，致知的實功。若不靠着這些真機，如何去格物？我亦近年體貼出來如此分明，初猶疑只依他恐有不足，精細看無些小欠闕。」

注釋

1庚辰：正德十五年（一五二〇）。虔州：即今江西贛州市。2理障：指會障礙修行的錯誤思想。

譯文

庚辰年間，九川又往虔州拜見陽明。

九川問：「我近來覺得功夫稍有頭腦處，但卻難找到穩當快樂的所在。」

陽明說：「你是到心上尋個天理，這便是所謂的『理障』，此間有個訣竅。」

請問：「這訣竅是甚麼？」

陽明說：「只是致知。」

九川問：「如何致？」

陽明說：「你那一點良知，就是你自己的準則。當你意念發動時，對的它便知是對，錯的它便知是錯，一點都瞞它不過，你只要不欺瞞它，實實在在依着它去做，善便存，惡便去，這是何等的穩當快樂啊！這就是格物的真訣，致知的實際工夫。若不靠着這些真機，怎麼去做工夫？我也是近些年來體貼得如此明白，起初還懷疑它恐怕有不足，細細看來，沒有任何欠缺。」

賞析與點評

孟子「良知」、「良心」概念為陽明所繼承。但陽明更強調作為是非之心的良知內在性，故說良知即是「自家的準則」，世間一切是非善惡都「瞞它不過」，由此出發，其結論便是良知自知，意謂良知只有自己知道而他人莫知，好比「如人飲水冷暖自知」。同時，良知就是心之本體，從而將孟子的良知觀念提升到本體論高度，與「心即理」這一陽明學命題構成緊密的理論聯繫。

在虔，與于中、謙之[1]同侍。

先生曰：「人胸中各有個聖人，只自信不及，都自埋倒了。」

因顧于中曰：「爾胸中原是聖人。」于中起，不敢當。

先生曰：「此是爾自家有的，如何要推？」

于中又曰：「不敢。」

先生曰：「眾人皆有之，況在于中？卻何故謙起來？謙亦不得。」于中乃笑受。

又論：「良知在人，隨你如何，不能泯滅。雖盜賊亦自知不當為盜，喚他作賊，他還忸怩[2]。」

于中曰：「只是物欲遮蔽。良心在內，自不會失。如雲自蔽日，日何嘗失了？」

先生曰：「于中如此聰明，他人見不及此。」

注釋

1 謙之：鄒守益（一四九一——一五六二），字謙之，號東郭，江西安福人。2 忸怩（粵：紐尼；普：niǔ ní）：羞愧的模樣。

譯文

在虔州時，九川和于中、謙之一同陪伴在陽明身邊。

陽明說：「人人心中都有個聖人。只因不能自信，都淹沒了。」

因看于中說：「你心中原是個聖人。」于中起身，說不敢當。

陽明說：「此是你自己本有的，為甚麼要推脫？」

于中又說：「不敢當。」

陽明說：「衆人都有的，何況在你？為甚麼卻謙虛起來，謙虛是不應該的。」

于中才笑着接受。

又說：「良知就在每個人身上，隨你怎樣，都不會泯滅，哪怕是盜賊也自知不應當做盜賊，喊他是賊，他也會感到不自在。」

于中說：「只是被物欲遮蔽了。良心內在於心，自然不會丟失，譬如烏雲遮擋了太陽，但太陽何曾喪失！」

陽明說：「于中真是聰明，他人不能比啊。」

賞析與點評

陽明在此提出了「人胸中各有個聖人」的觀點，在門下弟子當中引起相當大的思想衝擊。這是將儒家傳統的「聖人」觀念世俗化、內在化的結論，依此而推，必得出「滿街聖人」說。陽明又以盜賊為例，進而說明良知是普遍存在的。然而良知在人雖不能泯滅，又是否意味着每個人都是現成的聖人呢？對此，陽明的解答是：就本體言，人人皆可成聖，而就現實言，人人並不等於就是現成的聖人，因為雖說「良知在內，自不會失」，但常人易受「物欲遮蔽」，故關鍵在於祛除遮蔽以恢復人心的本來狀態，也就意味着成聖的實現。

先生曰：「人若知這良知訣竅，隨他多少邪思枉念，這裏一覺，都自消融。真個是靈丹一粒，點鐵成金。」

譯文　陽明說：「人如果知道良知這個訣竅，任憑他有多少邪思妄念，這良知一旦覺醒，就都自然消融。真是個靈丹妙藥，點鐵成金。」

九川問曰：「伊川說到『體用一原，顯微無間』[1]處，門人已說『是泄天機』。先生『致知』之說，莫亦泄天機太甚否？」

先生曰：「聖人已指以示人，只為後人掩匿，我發明耳，何故說泄？此是人人自有的，覺來甚不打緊一般。然與不用實功人說，亦甚輕忽可惜，彼此無益；與實用功而不得其要者提撕[2]之，甚沛然得力。」

注釋　1程門弟子尹焞語，見《河南程氏文集》卷十二。2提撕：提引，提醒。

譯文　九川問：「伊川說個『體用一原，顯微無間』，他的學生已說『這是泄露天機』。

老師您說的『致良知』，恐怕也太過於泄露天機了吧？」

陽明說：「聖人早已將致知指示給人看了，只因後人掩藏了它，我只不過重新把它發明出來而已，為甚麼說泄露？這本來是人人都有的，覺得不重要一般。然而和不用實功的人說，他們卻非常輕視，可惜雙方都沒有益處；如果給真實用功卻不得要領的人提醒說明，他們卻覺得獲得了充沛的力量。」

九川臥病虔州。先生云：「病物亦難格，覺得如何？」

對曰：「功夫甚難。」

先生曰：「常快活便是功夫。」

譯文

九川臥病虔州時。陽明說：「生病這件事很難格，你覺得怎樣？」

九川答：「功夫是很難。」

陽明說：「經常保持快樂便是做功夫。」

有一屬官[1]，因久聽講先生之學，曰：「此學甚好，只是簿書訟獄繁難，不得為學。」

先生聞之，曰：「我何嘗教爾離了簿書訟獄，懸空去講學？爾既有官司之事，便從官司的事上為學，才是真格物。如問一詞訟，不可因其應對無狀，起個怒心；不可因他言語圓轉，生個喜心；不可惡其囑託，加意治之；不可因其請求，屈意從之；不可因自己事務煩冗，隨意苟且斷之；不可因旁之譖毀羅織，隨人意思處之。這許多意思皆私，只爾自知，須精細省察克治，惟恐此心有一毫偏倚，枉人是非，這便是格物致知。簿書訟獄之間，無非實學。若離了事物為學，卻是着空。」

注釋

1 屬官：下屬官吏，助手。

譯文

有一位下屬官員，因為長時間聽陽明講學，說：「此學問很好，只是有文書獄訟的事須要處理，不能專心去做這個學問。」

陽明聽此言，便說：「我甚麼時候叫你離了文書獄訟，懸空去做學問？你既有官司上的事，便在這件事上學，這才是真正的格物工夫。比如在審案時，不可因為應對的不好就生了個憤怒的心；不可因他說話說得好，就生個喜歡的心；不可因厭惡請託，就加倍治他的罪；也不可因請託，就屈從；也不可因自己事務繁忙，就稀里糊塗地辦理；不可因旁人的詆毀，就隨人家意思去辦理。這些都是私意，只有你自己知道，應該要精細地省察克治，唯恐自己的心中有一毫偏頗，錯判了是非對錯，這便是格物致知工夫。文書獄訟之間，無非都是實學。如果離開了事物去做學問，反倒是落空。」

賞析與點評

此條表明陽明學非常重視「事上做工夫」，「致良知之學」不是懸空去思量、去把捉良知，而是在日常生活以及實際事務中去正人心、存天理，這就是「實學」。因此哪怕是文書官員每天記錄賬本，或者司法人員每天打官司，只要在致良知工夫的指引下，就都是「實學」。

先生曰：「聖人亦是『學知』，衆人亦是『生知』。」1

問曰：「何如？」

曰：「這良知人人皆有，聖人只是保全無些障蔽，兢兢業業，亹亹翼翼[2]，自然不息，便也是學，只是生的分數多，所以謂之『生知安行』。衆人自孩提之童，莫不完具此知，只是障蔽多，然本體之知自難泯息，雖問學克治，也只憑他[3]，只是學的分數多，所以謂之『學知利行』。」

注釋

1 學知、生知：詳見第6條注3。2 亹（粵：尾；普：wěi）亹翼翼：亹亹，亹亹不倦，勤勉不倦貌。翼翼，小心翼翼，恭慎貌。3 他：此處指良知。

譯文

陽明說：「在聖人也可說『學知』，在衆人也可說『生知』。」

九川問：「這是為甚麼呢？」

陽明說：「這良知是人人都有的，聖人只是全無遮蔽，兢兢業業，自然生生不息，但也是學知，只是他生知的成分多些，所以稱為『生知安行』。衆人自孩童之時，莫不有此良知，只是遮蔽得多，然而本體的知，卻沒有泯滅，雖有學問克治的工夫，但也得憑藉它才行，只是學知的成分多，所以稱為『學知利行』。」

黃以方[1]問：「先生格致之說，隨時格物以致其知，則知是一節之知，非全體之知也，何以到得『溥博如天，淵泉如淵』[2]地位？」

先生曰：「人心是天淵。心之本體無所不該，原是一個天，只為私欲障礙，則天之本體失了。心之理無窮盡，原是一個淵，只為私欲窒塞，則淵之本體失了。如今念念致良知，將此障礙窒塞一齊去盡，則本體已復，便是天淵了。」

乃指天以示之曰：「比如面前見天，是昭昭之天，四外見天，也只是昭昭之天。只為許多房子墻壁遮蔽，便不見天之全體。若撤去房子墻壁，總是一個天矣。不可道眼前天是昭昭之天，外面又不是昭昭之天也。於此便見一節之知即全體之知，全體之知即一節之知。總是一個本體。」

注釋

1 黃以方：黃直，字以方，金溪（在今江西）人。2 語見《中庸》第三十二章。

譯文

黃以方問：「先生所說的格致工夫，是隨時格物以致其知，那麼，所致的知只是一節的知，而不是全體的知。這樣怎麼能達到《中庸》所說『溥博如天，淵泉如淵』的境界呢？」

陽明說：「人心就是天淵。心的本體是無所不包的，原本只是一個天，只是因為私欲遮蔽，所以天的本體喪失了。心之理是無窮盡的，原本是一個淵泉，只是因為私欲遮蔽，所以淵泉的本體喪失了。如今能夠念念不忘去致其良知，將此障礙遮蔽，一齊去掉，便是天淵了。」

說到這裏，陽明用手指天，說：「比如眼前這天，是昭昭明明的天，四處能見到的天，也是這昭昭明明的天。只是因為有許多房子墻壁遮蔽了它，便見不到天的全體。如果拆掉這房子墻壁，總是一個天。不可說眼前的天是昭昭明明的天，而外面的就不是昭昭明明的天了。由此，可見一節的知便是全體的知，全體的知便是一節的知。總是一個本體。」

問「知行合一」。

先生曰：「此須識我立言宗旨。今人學問，只因知行分作兩件，故有一念發動，雖是不善，然卻未曾行，便不去禁止。我今說個『知行合一』，正要人曉得一念發動處，便即是行了。發動處有不善，就將這不善的念克倒了，須要徹根徹底，不使那一念不善潛伏在胸中。此是我立言宗旨。」

譯文

問「知行合一」。

陽明說：「此須認識我立言的宗旨。今人學問，只因為知行分為兩個，所以才有一念發動，雖是不善，然而因為未曾行，便不去禁止。我如今說個知行合一，正是要人在一念發動處，便知道即是行了。發動處有不善，就將這不善的念頭克去，必須要徹徹底底不使那一念不善潛伏在心中。這就是我立言的宗旨。」

賞析與點評

在此陽明把知行合一說成是自己的立言宗旨。「一念發動」意指道德意識的開始，根據「知是行之始」的說法，意識活動是整個知行過程的初始階段，正是在此意義上，所以說一念發動便是行了。因為在一念發動處，良知也同時啟動，開始發揮監督的作用，故人們須「依着良知」去做一番「徹根徹底」的「克念」工夫。

聖人無所不知，只是知個天理；無所不能，只是能個天理。聖人本體明白，

故事事知個天理所在，便去盡個天理。不是本體明後，卻於天下事物都便知得，便做得來也。天下事物，如名物度數[1]、草木鳥獸之類，不勝其煩，聖人須是本體明了，亦何緣能盡知得？但不必知的，聖人自不消求知。其所當知的，聖人自能問人，如「子入太廟每事問」[2]之類。先儒謂「雖知亦問，敬謹之至」[3]，此說不可通。聖人於禮樂名物，不必盡知。然他知得一個天理，便自有許多節文[4]度數出來。不知能問，亦即是天理節文所在。

注釋

1名物度數：名稱、實物、儀則、數目。2語見「子入大廟，每事問。或曰：『孰謂鄹（粵：州；普：zōu　孔子家鄉）人之子知禮乎？入大廟，每事問。』子聞之曰：『是禮也。』」（《論語・八佾》），3語見「禮者，敬而已矣。雖知亦問，謹之至也，其為敬莫大於此。謂之不知禮者，豈足以知孔子哉？」（朱熹《論語集注・八佾》）4節文：禮節，儀式。

譯文

聖人無所不知，只是知個天理；無所不能，只是能存個天理。聖人本體明白，所以事事能夠知個天理所在，便去存個天理；不是本體明後，卻須知道天下事物然後才能做得來。天下事物，如名物度數、草木鳥獸之類，不勝其數，聖人是本體明了，哪裏能全部知道？但有不必知的，聖人也不去知。其所當知的，聖人自能問人，如『孔子入太廟，每事都要問』之類。先儒說『雖知也問，以表敬謹』，此說不可通。聖人於名物度數，不必盡知。然他知得一個天理，便自有許多節文度數出來。不知而能問，也是天理的節文之一。」

問：「先生嘗謂『善惡只是一物』[1]。善惡兩端，如冰炭相反，如何謂只一物？」

先生曰：「至善者，心之本體。本體上才過當些子，便是惡了。不是有一個善，卻又有一個惡來相對也。故善惡只是一物。」

直因聞先生之說，則知程子所謂「善固性也，惡亦不可不謂之性」[2]，又曰「善惡皆天理，謂之惡者本非惡，但於本性上過與不及之間耳」[3]，其說皆無可疑。

注釋　[1]參見第73條。[2]語見《二程遺書》卷一。[3]語見《二程遺書》卷二。

譯文　問：「老師常說善惡只是一物。善惡就像冰與炭一樣相互對立，如何說是一物？」

陽明說：「至善是心之本體。本體上才過一下，便是惡了。不是有一個善，再有一個惡來與之相對。所以說善惡只是一物。」

黃直聽了陽明這番話，才明白程子所說的「善固然是性，惡亦不可不稱為性」，及「善惡皆天理，稱為惡者本非惡，只是在本性上過與不及而已」，這些說法看來都沒有異議。

先生嘗謂：「人但得好善如好好色[1]，惡惡如惡惡臭，便是聖人。」

直初時聞之，覺甚易，後體驗得來此個功夫着實是難。如一念雖知好善惡惡，然不知不覺又夾雜去了，才有夾雜，便不是好善如好好色、惡惡如惡惡臭的心。善能實實的好，是無念不善矣；惡能實實的惡，是無念及惡矣。如何不是聖人？故聖人之學，只是一誠而已。

注釋

1 好好色：參見第5條注3。

譯文

陽明常說：「人只要好善如好好色，惡惡如惡惡臭，便是聖人。」

黃直我起初聽時覺得很容易，後來體驗此功夫實在是難。比如一念之間雖知應是喜歡善的，厭惡惡的，然而不知不覺又夾雜了私欲，才有夾雜，便不是喜歡善如喜歡美色、厭惡惡如厭惡惡臭的心。如果善能實實在在的去喜歡，便是無念不善；惡能實實在在的去厭惡，便是無念有惡。如何不是聖人？聖人之學就是一個誠字。

問：「儒者到三更時分，掃蕩胸中思慮，空空靜靜，與釋氏之靜只一般，兩下皆不用，此時何所分別？」

先生曰：「動靜只是一個。那三更時分空空靜靜的，只是存天理，即是如今應事接物的心。如今應事接物的心，亦是循此天理，便是那三更時分空空靜靜的心。故動靜只是一個，分別不得。知得動靜合一，釋氏毫釐差處亦自莫掩矣。」

譯文

問：「儒者到三更時分，掃蕩胸中的思慮，空空靜靜，與釋教所說的靜完全一樣，此時儒、釋都沒有應事接物，這時兩者有甚麼區別呢？」

陽明說：「動靜只是一個。那三更時分空空靜靜的，只是存天理，也就是現在應事接物的心。現在應事接物的心，只要遵循此天理，也就是那三更時分空空靜靜的心。所以動靜只是一個，分別不得。懂得了動靜合一，與佛教的毫釐差別也就有千里之別了。」

文公「格物」之說，只是少頭腦，如所謂「察之於念慮之微」，此一句不該與「求之文字之中」、「驗之於事為之著」、「索之講論之際」[1]混作一例看，是無輕重也。

注釋

1 語見朱熹《大學或問》。

譯文

朱子「格物」之說，只是少了頭腦，比如他說「察之於念慮之微」，這一句不該與「求之文字之中」、「驗之於事為之著」、「索之於議論之際」等混作一談，這就是不分輕重。

「先生嘗言：『佛氏不着相，其實着了相。吾儒着相，其實不着相。』請問。」

曰：「佛怕父子累，卻逃了父子；怕君臣累，卻逃了君臣；怕夫婦累，卻逃了夫婦，都是為個君臣、父子、夫婦着了相，便須逃避。如吾儒有個父子，還他以仁；有個君臣，還他以義[1]；有個夫婦，還他以別；何曾着父子、君臣、夫婦的相？」

注釋

1 語見「楊氏為我，疑於仁。墨氏兼愛，疑於義。」（《二程遺書》卷十三）

譯文

「老師您常說：『佛教提倡不着相，其實是着了相；吾儒着相，其實是不着相』，請問是甚麼意思？」

陽明說：「佛教怕父子關係的拖累，就逃離了父子；怕君臣關係的拖累，就逃離了君臣；怕夫婦關係的拖累，就逃離了夫婦，這都是着了父子、君臣、夫婦的相，才須要逃避。而吾儒有個父子關係，便用仁來對待；有君臣關係，便用義來對待；有夫婦關係，便有別來對待，何曾着在父子、君臣、夫婦的相上？」

黃勉叔[1]問：「心無惡念時，此心空空蕩蕩的，不知亦須存個善念否？」

先生曰：「既去惡念，便是善念，便復心之本體矣。譬如日光被雲來遮蔽，雲去光已復矣。若惡念既去，又要存個善念，即是日光之中添燃一燈。」

注釋

1 黃勉叔：黃修易，其他不詳。

譯文

黃勉叔問：「心沒有惡念時，這個心是空空蕩蕩的，不知亦須要存個善念嗎？」

陽明說：「既已去惡念，便是善念，便是恢復心的本體。比如太陽光被烏雲遮蔽，雲散開後便已恢復。如果惡念已經除去，還要去存個善念，就是在太陽光中再去添一盞燈。」

先生曰：「吾教人致良知在格物上用功，卻是有根本的學問，日長進一日，愈久愈覺精明。世儒教人在事事物物上去尋討，卻是無根本的學問。方其壯時，雖暫能外面修飾，不見有過；老則精神衰邁，終須放倒。譬如無根之樹，移栽水邊，雖暫時鮮好，終久要憔悴。」

譯文

陽明說：「我教人致良知只是在格物上用工夫，這便是根本的學問，一日漸長一日，久而自然精明。世儒教人事事物物上尋討，卻是無根本的學問。當其少壯之時，雖外面暫時能夠修飾停當，不見有過錯；老來精神衰落，終究會倒下。譬如無根之樹，移栽至水邊，雖一時顯得鮮亮，但終究是會憔悴的。」

問「志於道」一章[1]。

先生曰：「只『志道』一句，便含下面數句功夫，自住不得。譬如做此屋，『志於道』是念念要去擇地鳩[2]材，經營成個區宅；『據德』卻是經畫已成，有可據矣；『依仁』卻是常常住在區宅內，更不離去；『遊藝』卻是加些畫采，美此區宅。藝者義也，理之所宜者也，如誦詩、讀書、彈琴、習射之類，皆所以調習此心，使之熟於道也。苟不『志道而遊藝』，卻如無狀小子，不先去置造區宅，只管要去買畫掛做門面，不知將掛在何處？」

注釋

1 語見「志於道，據於德，依於仁，遊於藝。」（《論語．述而》）2 鳩：聚集。

譯文

問「至於道」這一章。

陽明說：「僅僅『志道』這一句，就概括下面數句的功夫，不能在「志於道」上停留。比如建造這間房屋，『志於道』是念念不忘地去尋塊地、收集材料來設計住宅；『據德』是經營規劃已成的房屋，已經有可依靠的；『依仁』是說常常住在這房間內，不再離去；『遊藝』是說添加些裝飾色彩來美化此房子。藝就是義，是理的適宜處，如頌詩、讀書、彈琴、習射之類，都是用來調習自己這個心的，讓他精熟道理。如果不先『志於道』，就去『遊藝』，就像不成器的小子一樣，不先去建造房屋，只管要去用畫來裝點門面，不知會將畫掛在甚麼地方？」

問：「『生之謂性』[1]，告子亦說得是。孟子如何非之？」

先生曰：「固是性。但告子認得一邊去了，不曉得頭腦。若曉得頭腦，如此說亦是。孟子亦曰『形色，天性也』[2]，這也是指氣說。」

又曰：「凡人信口說，任意行，皆說此是依我心性出來，此是所謂『生之謂性』，然卻要有過差。若曉得頭腦，依吾良知上說出來，行將去，便自是停當。然良知亦只是這口說，這身行，豈能外得氣，別有個去行去說？故曰：『論性不論氣不備，論氣不論性不明。』[3]氣亦性也，性亦氣也，但須認得頭腦是當。」

注釋

[1]見第106條注3。[2]語見「形色，天性也；惟聖人，然後可以踐形。」（《孟子．盡心上》）[3]程伊川語，見《二程遺書》卷六。

譯文

問：「『生之謂性』，這話告子說的也不算錯，孟子為何要批評他呢？」

陽明說：「天生的固然也是性，但告子認識得偏了，不曉得頭腦。如果懂得頭腦，這樣說也是對的。孟子也說『形色，天性也』，這也是從氣的角度來說的。」又說：「凡人只是信口說，任意行，都說此是從我心上流出來的，此是『生之謂性』，但這樣理解就會出差錯。如果懂得頭腦，遵循着良知去說出來，做出來，就自然是正確的。然而良知也只是能靠這嘴巴說，這身體去行，哪能離開氣，在別處尋個去說去行？所以說，『論性不論氣不備，論氣不論性不明』，氣也是性，性也是氣，但是須要認識一個頭腦才對。」

賞析與點評

此條表明陽明對告子「生之謂性」說有基本的認同，他指出「生之謂性」如同孟子的「形色天性」說都是指「氣」而言，這是用宋儒的氣質之性概念來詮釋告子「生之謂性」，與程朱對「生之謂性」的解釋是一致的。就氣質言，可說「氣亦性，性亦氣」，其實這是程顥的固有說法。但是陽明強調一點：如果把依氣而動的「信口說」、「任意行」，都說成是「依我心性出來」的，並以「生之謂性」作為理由，則有可能導致大誤，因為依氣而動也必須有「頭腦」——即良知來加以主宰。

先生一日出遊禹穴[1]，顧田間禾曰：「能幾何時，又如此長了。」

范兆期[2]在傍曰：「此只是有根。學問能植根，亦不患無長。」

先生曰：「人孰無根？良知即是天植靈根，自生生不息。但着了私累，把此根戕賊蔽塞，不得發生耳。」

注釋

1 禹穴：會稽山小峰之一，在今浙江紹興。2 范兆期：范引年，號半野，陽明弟子。

譯文

陽明有一天遊歷禹穴，看着田間禾苗說：「才幾時，竟長了這許多。」

范兆期在旁說：「此正是因為禾苗有根。做學問如能有根，也不患不長進。」陽明說：「誰人沒有根？良知就是上天給人種植的靈根，自然生生不息。只是被私欲所累，便將這靈根戕害了，不能生長。」

問：「《易》，朱子主卜筮，程《傳》主理[1]，何如？」

先生曰：「卜筮是理，理亦是卜筮。天下之理，孰有大於卜筮者乎？只為後世將卜筮專主在占卦上看了，所以看得卜筮似小藝。不知今之師友問答，博學、審問、慎思、明辨、篤行之類[2]，皆是卜筮。卜筮者，不過求決狐疑，神明吾心而已。《易》是問諸天。人有疑自信不及，故以《易》問天。謂人心尚有所涉，惟天不容偽耳。」

注釋

1 朱熹說法見《朱子語類》卷六十六。程頤說法見〈易傳序〉（《二程文集》卷八）。

2 見第 4 條注 2。

譯文

問：「《易》，朱子說是卜筮的書，程頤說是主理的書，究竟怎麼看？」

陽明說：「卜筮就是理，理也是卜筮。天下的理哪能有大於卜筮者？只是因為後世將卜筮專做占卦看待了，所以將卜筮看成小技了。不知現在的師友問答，博學、審問、慎思、明辨、篤行等類，都屬於卜筮。卜筮不過是為了解決疑難，使自己的心明白而已。《易》是向天請示。人有了疑惑，自己不能相信自己，所以用《易》向天請示。認為人心還有偏頗，但天是不容作假的。」

黃勉之[1]問：「『無適也，無莫也，義之與比』[2]，事事要如此否？」

先生曰：「固是事事要如此，須是識得個頭腦乃可。義即是良知，曉得良知是個頭腦，方無執着。且如受人饋送，也有今日當受的，他日不當受的；也有今日不當受的，他日當受的。你若執着了今日當受的，便一切受去；執着了今日不當受的，便一切不受去。便是適莫，便不是良知的本體，如何喚得做義？」

注釋

1 黃勉之：名省曾，號五嶽，蘇州人，陽明弟子。2 語見「君子之於天下也，無適（厚）也，無莫（薄）也，義之與比（親）。」（《論語．里仁》）

譯文　黃勉之問：「『沒有肯定，沒有反對，只以義為準則』，是要所有的事都要這樣嗎？」

陽明說：「當然是事事都要這樣，但須認識一個頭腦。義便是良知，懂得良知就是頭腦，方才沒有執着。比如接受人的饋贈，也有今天可以受的，他日不可接受的；也有今天不可接受的，他日卻可接受的。你如果執着了今天可接受，便甚麼時候都接受；執着了今天不可接受，便任何時候不可接受，這就是『適』，就是『莫』，便不是良知的本體，如何能稱作義？」

問：「『逝者如斯』[1]，是說自家心性活潑潑地否？」

先生曰：「然。須要時時用致良知的功夫，方才活潑潑地，方才與他川水一般。若須臾間斷，便與天地不相似。此是學問極至處，聖人也只如此。」

注釋　1 語見《論語．子罕》。

譯文　問：「『逝者如斯』，是說自己的心性是活潑潑的嗎？」

陽明說：「是。須要時時刻刻用致良知的功夫，方才是活潑潑地，方才與那川水一般。如果片刻間斷了，就與天地不相符合了。這才是做學問的極致處，聖人也只是如此。」

問：「叔孫武叔毀仲尼[1]，大聖人如何猶不免於毀謗？」

先生曰：「毀謗自外來的，雖聖人如何免得？人只貴於自修，若自己實實落落是個聖賢，縱然人都毀他，也說他不着。卻若浮雲揜日，如何損得日的光明？若自己是個象恭色莊、不堅不介的，縱然沒一個人說他，他的惡慝[2]終須一日發露。所以孟子說『有求全之毀，有不虞之譽』[3]。毀譽在外的，安能避得？只要自修何如爾。」

注釋　1事本《論語．子張》。2惡慝（粵：剔；普：tè）：邪惡。3語見《孟子．離婁上》。

譯文　問：「叔孫武叔詆毀孔子，為甚麼像孔子這樣的大聖人卻避免不了受誹謗？」

陽明說：「毀謗是從外面來的，哪怕是聖人也避免不了。人只須貴在修己，如果自己實實在在是個聖賢，哪怕別人都毀謗他，也說不着他。就像浮雲蔽日，怎麼可能損害得太陽的光明？如果自己只是個表面恭順、色厲內荏的，哪怕沒一個人說他，他潛在的惡終究有一天會敗露，所以孟子才說『有求全之毀，有不實之譽』。毀譽都來自外面，怎能避免？只是看修己工夫做得如何。」

劉君亮[1]要在山中靜坐。

先生曰：「汝若以厭外物之心去求之靜，是反養成一個驕惰之氣了。汝若不厭外物，復於靜處涵養，卻好。」

注釋

1 劉君亮：字元道，其他不詳。

譯文

劉君亮想到山中去靜坐。

陽明說：「你如果是因為厭棄馳騁外在的心而去尋求寧靜，這反倒會養成一個驕傲怠惰的脾氣。如果不是因為厭棄外物，而到靜處做涵養工夫，那倒不錯。」

王汝中[1]、省曾侍坐。先生握扇命曰：「你們用扇。」

省曾起對曰：「不敢。」

先生曰：「聖人之學不是這等綑縛苦楚的，不是裝做道學的模樣。」

汝中曰：「觀『仲尼與曾點言志』[2]一章略見。」

先生曰：「然。以此章觀之，聖人何等寬洪包含氣象！且為師者問志於群弟子，三子皆整頓以對。至於曾點，飄飄然不看那三子在眼，自去鼓起瑟來，何等狂態！及至言志，又不對師之問目，都是狂言。設在伊川，或斥罵起來了。聖人乃復稱許他，何等氣象！聖人教人，不是個束縛他通做一般，只如狂者便從狂處成就他，狷者便從狷處成就他。人之才氣如何同得！」

注釋

1 王汝中：王畿（一四九八—一五八三），號龍溪，浙江山陰人，陽明弟子。2 見第21條注3。

譯文

王汝中、省曾陪伴陽明坐着。陽明拿着扇子說：「你們用扇子吧。」

省曾起身說：「不敢。」

陽明說：「聖人的學問不是這樣捆縛苦楚的，不必做出一副道學的模樣。」

汝中說：「觀『仲尼與曾點言志』一章，大致可以看出這種氣象來。」陽明說：「對。就這章看來，聖人有多麼寬洪包含的氣象。做老師的問學生志向如何，其餘三個人都很恭敬地回答，而曾點卻飄飄然不把這三個人放在眼裏，自去彈起瑟來，這是何等狂態！等到他談自己的志向時，又不正面回答老師的提問，說的都是狂放的言論。假如在伊川，或許要叱罵起來，聖人卻讚許他，這是何等氣象！聖人教人，不是去束縛他，只是按照狂者的氣質便從狂這一點來成就他，狷者便從狷這一點來成就他，人的才氣怎麼可能是相同的！」

先生語陸元靜曰：「元靜少年亦要解『五經』，志亦好博。但聖人教人，只怕人不簡易，他說的皆是簡易之規。以今人好博之心觀之，卻似聖人教人差了。」

譯文

陽明對陸元靜說：「元靜年少時，也要去注解『五經』，志向也是喜好博雅。但聖人教人，只是怕人不簡易，他說的都是簡易的規矩。以今天好博的心來看，卻好像聖人教人是錯誤的。」

163/259

先生曰：「孔子無不知而作[1]，顏子有不善未嘗不知[2]，此是聖學真血脈路。」

注釋

1 語見「蓋有不知而作之者，我無是也。多聞，擇其善者而從之，多見而識之，知之次也。」（《論語．述而》）2 語見「顏氏之子，其殆庶幾乎。有不善未嘗不知，知之未嘗復行也。」（《周易．繫辭下》）

譯文

陽明說：「孔子不是『無知而作』的人，顏子是『有不善未嘗不知』，這就是聖學的真正的血脈經絡。」

164/260

何廷仁[1]、黃正之、李侯璧[2]、汝中、德洪[3]侍坐。先生顧而言曰：「汝輩學問不得長進，只是未立志。」

侯璧起而對曰：「珙亦願立志。」

先生曰：「難說不立，未是必為聖人之志耳。」

對曰：「願立必為聖人之志。」

先生曰：「你真有聖人之志，良知上更無不盡。良知上留得些子別念掛帶，便

非必為聖人之志矣。」

注釋 1何廷仁：字性之（一四八六—一五五一），號善山，初名秦，江西雩都縣人（今于都縣）。2李侯璧：名珙，浙江永康人，其他不詳。3德洪：錢寬，字德洪（一四九六—一五七四），以字行，號緒山。

譯文 何廷仁、黃正之、李侯璧、王汝中、錢德洪陪坐在陽明身邊。陽明看看他們，說：「你們學問不長進，只是因為還沒有立志。」

侯璧站起來說：「珙也想立志。」

陽明說：「很難說不是立志，但恐怕立的未必是成聖的志向。」

對曰：「願立為聖之志。」

陽明說：「你如果真有做聖人的志向，就不能不竭盡全力在良知上做工夫。良知上如果留下些私心欲念，就一定不是做聖人的志向。」

先生曰：「良知是造化的精靈。這些精靈，生天生地，成鬼成帝[1]，皆從此出，真是與物無對[2]。人若復得他完完全全，無少虧欠，自不覺手舞足蹈，不知天地間更有何樂可代？」

注釋

1成鬼成帝：「夫道……神鬼神帝，生天生地。」（《莊子．大宗師》）神，產生。2與物無對：「此道與物無對。」（程顥〈識仁篇〉）

譯文

陽明說：「良知是造化的精靈。這些精靈，生天生地，成鬼成帝，皆從此出，真是與物無對。人如果能完完全全恢復它，沒有欠缺，自然不覺手舞足蹈，不知天地間更有甚麼快樂可以替代？」

賞析與點評

陽明指出在天地造化當中有「精靈」的存在，若沒有「精靈」，則天地就無法造化生成，甚至鬼神上帝也不知從哪裏出來。而這個「精靈」就是良知，這樣的良知才真正是「與物無對」的，意思是說，沒有對象物可以相對，也就是超越相對的絕對。因此，良知不僅僅是道德本體，而且是宇宙本體，是遍在於宇宙萬物中的絕對存在。人生最大的快樂，莫過於實現這種「與物無對」的良知。

一友靜坐有見，馳問先生。

答曰：「吾昔居滁時[1]，見諸生多務知解口耳異同，無益於得，姑教之靜坐。一時窺見光景，頗收近效。久之，漸有喜靜厭動，流入枯槁之病，或務為玄解妙覺，動人聽聞。故邇來[2]只說致良知。良知明白，隨你去靜處體悟也好，隨你去事上磨鍊也好。良知本體原是無動無靜的，此便是學問頭腦。我這個話頭，自滁州到今，亦較過幾番，只是『致良知』三字無病。」

注釋　1 陽明在正德八年到滁州督馬政，從遊學者甚多。2 邇來：近來。

譯文　一個朋友靜坐時有所發現，便急忙跑去請教陽明。

陽明說：「我之前在滁州時，看見許多學生大多在知解口耳方面的異同上下工夫，這對內心而言是沒有幫助，所以我暫且教他們靜坐。一時間，靜坐便看見了良知的光景，頗能收近期之效驗。時間長了，漸漸地有喜靜厭動而流入枯槁的弊病，或有人用力於玄妙解釋和覺悟，只是聳人聽聞而已。所以我近來只說致良知。良知如果明白，任憑你去靜處體悟也好，任憑你去事上磨練也罷，良知本體原是無動無靜的。這就是學問的頭腦。我這番話自滁州到現在，也改正過好幾次，只是

『致良知』這三個字沒有弊病。」

一友問：「功夫欲得此知時時接續，一切應感處反覺照管不及。若去事上周旋，又覺不見了。如何則可？」

先生曰：「此只認良知未真，尚有內外之間。我這裏功夫不由人急心，認得良知頭腦是當，去樸實用功，自會透徹。到此便是內外兩忘[1]，又何心事不合一？」

注釋

1 語見程顥〈答橫渠張子厚先生書〉（《河南程氏文集》卷二）。

譯文

一個朋友問：「做功夫時，如果想讓這個良知時時接續不間斷，但一旦應對具體事物，反而覺得照應不到，如果在事物上去周旋，又覺得良知不見了。這要怎麼辦才好？」

陽明說：「這只是因為還未真切地體認到良知，還有個內外的分別。我這裏良知的功夫不要人急功近利，認得良知這個頭腦，就應該去着實用功，自然會透徹地理解。到此就會內外兩忘，又哪裏會有心事不一致的情況？」

先生曰：「『天命之謂性』，命即是性；『率性之謂道』，性即是道；『修道之謂教』，道即是教。」[1]

問：「如何道即是教？」

曰：「道即是良知。良知原是完完全全，是的還他是，非的還他非，是非只依着他，更無有不是處。這良知還是你的明師。」

注釋

1 詳見第 88 條注 2。

譯文

陽明說：「『天命之謂性』，是說命就是性；『率性之謂道』，是說性即是道；『修道之謂教』，是說道即是教。」

問：「為甚麼說『道即是教』？」

陽明說：「道就是良知。良知原是完完全全的，對的便還它對，錯的便還它錯，是非只是依着它，就沒有不恰當的。這良知還是你的明師。」

問「通乎晝夜之道而知」[1]。

先生曰：「良知原是知晝知夜的。」

又問：「人睡熟時，良知亦不知了。」

曰：「不知，何以一叫便應？」

曰：「良知常知，如何有睡熟時？」

曰：「『向晦宴息』[2]，此亦造化常理。夜來天地混沌，形色俱泯，人亦耳目無所睹聞，衆竅俱翕，此即良知收斂凝一時。天地既開，庶物露生，人亦耳目有所睹聞，衆竅俱闢，此即良知妙用發生時。可見人心與天地一體，故『上下與天地同流』[3]。今人不會宴息，夜來不是昏睡，即是妄思魘寐[4]。」

曰：「睡時功夫如何用？」

先生曰：「知晝即知夜矣。日間良知是順應無滯的，夜間良知即是收斂凝一的。有夢即先兆。」

注釋

1 語見《周易・繫辭上》。2 語見「君子以向晦入宴息。」（《周易・隨卦》）宴息：宴樂停止，去休息。3 語見「夫君子所過者化（教化），所存者神（思想），上下與天地同流（似天地德行）。」（《孟子・盡心上》）4 魘（粵：掩；普：yǎn）：噩夢，夢中驚醒。

譯文

問：「『通乎晝夜之道而知』是甚麼意思？」

陽明說：「良知原本是知晝知夜的。」

又問：「人睡熟時，良知不也不知了。」

陽明說：「不知為甚麼一叫就會醒？」

問：「良知常知，為甚麼會有熟睡的時候呢？」

陽明說：「『天黑便休息』，這也是造化的常理。夜晚天地混沌，形色都消滅，人的耳目也沒有聞見，衆竅也都收合了，這就是良知收斂凝一的時候。一旦天地既開，萬物漸露，人的耳目也開始有所聞見，衆竅都打開了，這就是良知妙用發生的時候。可見人心與天地本來是一體，所以說『上下可以與天地同流』。今天的人不會休息，晚上不是昏睡，就是妄思夢寐。」

問：「睡覺時怎麼用功？」

陽明說：「知道白天就知道黑夜。白天的良知是順應沒有滯留的，夜晚的良知就是收斂凝一的。有夢就是先兆。」

先生曰：「仙家說到虛，聖人豈能虛上加得一毫實？佛氏說到無，聖人豈能

無上加得一毫有？但仙家說虛從養生上來，佛氏說無從出離生死苦海上來，卻於本體上加卻這些子意思在，便不是他虛無的本色了，便於本體有障礙。聖人只是還他良知的本色，更不着些子意在。良知之虛便是天之太虛[1]，良知之無便是太虛之無形。日月風雷、山川民物，凡有貌象形色，皆在太虛無形中發用流行，未嘗作得天的障礙。聖人只是順其良知之發用，天地萬物，具在我良知的發用流行中，何嘗又有一物超於良知之外，能作得障礙？」

注釋

1 太虛：「太虛無形，氣之本體，其聚其散，變化之客形爾。」（張載《正蒙・太和篇第一》）

譯文

陽明說：「仙家說個虛，聖人豈能在虛上再添加一絲一毫實？佛教說個無，聖人豈能在無上再添加一絲一毫有？但仙家說虛是從養生的角度說的，佛家說無是從出離生死苦海的角度說的，這是在良知本體上添加了養生和脱離的意思，便不是他虛無的本色了，便在本體上有了障礙。聖人只是還他良知的本色，再不增加些意思。良知的虛便是天的太虛，良知的無便是太虛的無形。日月風雷、山川民物，凡是有形貌聲色的，都在太虛無形中發用流行，從來沒有成為天的障礙。聖人只要順着良知的發用，天地萬物都在我的良知發用流行中，哪有一物超然於良知之外，能夠作得障礙？」

賞析與點評

陽明以「太虛」（天空）來指良知之虛，良知之無就好比「太虛之無形」，這是良知本來應有之狀態。現象世界的一切存在無不在太虛當中「發用流行」，卻又不能成為太虛無形的障礙，說到底，天地萬物也在良知的發用流行中。陽明強調良知是既無又有、既有又無、有無合一的渾然一體之存在。這裏的「無」絕不是單純的甚麼也沒有的意思，正是在這個「無」中，包含着一切的「有」。陽明的這個觀點旨在打破世人對「有」的執着狀態。

先生曰：「孟子『不動心』與告子『不動心』[1]，所異只在毫釐間。告子只在不動心上着功，孟子便直從此心原不動處分曉。心之本體原是不動的，只為所行有不合義，便動了。孟子不論心之動與不動，只是集義，所行無不是義，此心自然無可動處。若告子只要此心不動，便是把捉此心，將他生生不息之根反阻撓

了。此非徒無益，而又害之。孟子集義工夫，自是養得充滿，並無餒歉，自是縱橫自在，活潑潑地，此便是浩然之氣[2]。」

注釋

1 不動心、集義：見第59條注2。2 浩然之氣：「我善養吾浩然之氣……其為氣也，至大至剛，以直養而無害，則塞於天地之間。」（《孟子．告子上》）

譯文

陽明說：「孟子的『不動心』與告子的『不動心』，區別只在毫釐之間。告子只在不動心上用工夫，孟子卻是直接從自己心中原本不動之處去體會。心的本體原來就是不動的，只因為所作所為有不合道義的才動。孟子不管心動或不動，只是去集義，所作所為沒有不合乎道義的，自己的心自然不會亂動。而告子只是要求自己的心不動，就是人為地抓住了心，反而將他生生不息的根阻撓了，這不但沒有好處，反而有害。孟子集義的工夫，自然是涵養使心飽滿，沒有欠缺，自然會縱橫自在，活潑潑地，這就是所謂的浩然之氣。」

又曰：「告子病源從『性無善無不善』[1]上見來。性無善無不善，雖如此說，亦無大差，但告子執定看了，便有個無善無不善的性在內。有善有惡又在物感上看，便有個物在外，卻做兩邊看了，便會差。無善無不善，性原是如此。悟得及時，只此一句便盡了，更無有內外之間。告子見一個性在內，見一個物在外，便見他於性有未透徹處。」

注釋

1 性無善無不善：「人性之無分於善不善也，猶水之無分於東西也。」（《孟子・告子上》）

譯文

陽明又說：「告子的病源是從性無善無不善上來的。性無善無不善，雖然這樣講也沒有甚麼大毛病，也沒有大錯誤，但告子卻執定看了，就是有個無善無不善的性在心內。有善有惡是由物感引起的，此便是有個物在外，這就是分作兩邊看了，就會出差錯。無善無不善，性原本是如此。領悟得及時，只要這一句話就說盡了，再沒有內外之分。告子卻看見一個性在內，一個物在外，就可見他對性的認識還有未透徹的地方。」

朱本思[1]問：「人有虛靈，方有良知。若草木瓦石之類，亦有良知否？」

先生曰：「人的良知，就是草木瓦石的良知。若草木瓦石無人的良知，不可以為草木瓦石矣。豈惟草木瓦石為然？天地無人的良知，亦不可為天地矣。蓋天地萬物與人原是一體[2]，其發竅之最精處，是人心一點靈明。風雨露雷、日月星辰、禽獸草木、山川土石，與人原只一體。故五穀禽獸之類，皆可以養人；藥石之類，皆可以療疾。只為同此一氣，故能相通耳。」

注釋

1朱本思：名得之，號近齋，南直隸靖江（今江蘇）人。2一體：見第63條注1。

譯文

朱本思問：「人有虛靈的心，所以才有良知，草木瓦石之類，也有良知嗎？」

陽明說：「人的良知就是草木瓦石的良知。如果草木瓦石沒有人的良知，就不成為草木瓦石了。豈只是草木瓦石如此？天地沒有人的良知，也不能成其為天地。蓋天地萬物原本是與人一體的，它的開竅最精處，就是人心的那一點靈明，風雨露雷、日月星辰、禽獸草木、山川土石，與人原本是一體的。所以五穀、禽獸之類都可以養人，藥石之類都可以治病。只是因為同此一氣流行，所以能夠相通。」

賞析與點評

草木瓦石如果沒有人的意向所指，也就意味着草木瓦石不為我們人類的良知所意識，於是，草木瓦石對人而言就沒有價值和意義。陽明認為人與物、心與物原是一體之存在，構成一整體的世界。這個問題類似於「心外無物」的心物關係問題，只是自陽明提出致良知以後，心物問題被轉化為良知與萬物的問題。良知不僅是人的存在依據，而且是萬物之所以存在的依據，因為物乃是良知意向之物，與心體良知原是一體存在。下面一條「南鎮觀花」也揭示了這層道理。

先生遊南鎮[1]。一友指岩中花樹問曰：「『天下無心外之物』[2]，如此花樹，在深山中自開自落，於我心亦何相關？」先生曰：「你未看此花時，此花與汝心同歸於寂；你來看此花時，則此花顏色一時明白起來。便知此花不在你的心外。」

注釋　1南鎮：今浙江會稽山。2無心外之物：詳論見第6條末段。

譯文　陽明遊歷南鎮。一個朋友指着岩石中開花的樹問：「天下沒有心外的物，那麼，像這棵開花的樹在深山中自開自落，和我的心有甚麼關係？」陽明說：「你沒有看這些花的時候，這花與你的心同歸於寂寞；你來看這花時，這花的顏色與你的心便同時明白起來。便知這花不是在你的心外。」

賞析與點評

這是說，作為客觀存在的現象（花的顏色）與作為主體存在的行為（看花），一旦互相發生作用，花的存在便在心中得以顯現，在相反的情況下，則花與心同時歸於隱而不顯的狀態。也就是說，心與物是彼此相即的關係。離開了主體存在（心），客觀存在（理）對人來說，是沒有意義的。陽明強調的是，花的「顏色」存在與否，必須在「看」的行為中——亦即在花與我的關係中才能得以確立和呈現。

問：「『大人與物同體』[1]，為甚麼《大學》又說個厚薄？[2]」

先生曰：「惟是道理自有厚薄。比如身是一體，把手足捍頭目，豈是偏要薄

手足，其道理合如此。禽獸與草木同是愛的，把草木去養禽獸，又忍得；人與禽獸同是愛的，宰禽獸以養親，與供祭祀、燕賓客，心又忍得；至親與路人同是愛的，如簞食豆羹，得則生，不得則死，不能兩全，寧救至親，不救路人，心又忍得。這是道理合該如此。及至吾身與至親，更不得分別彼此厚薄。蓋以仁民愛物，皆從此出，此處可忍，更無所不忍矣。《大學》所謂厚薄，是良知上自然的條理，不可逾越，此便謂之義；順這個條理，便謂之禮；知此條理，便謂之智；終始是這條理，便謂之信。」

注釋

1參見第6條、第173條相關條目。2語見「其所厚者薄，而其所薄者厚，未之有也。」（《大學》第一章）

譯文

問：「大人是與物同體的，為甚麼《大學》卻要說有個厚薄呢？」

陽明說：「這是因為道理本來就有個厚薄，比如人的身體是一個整體，用手腳保護頭和眼睛，難道是有意地輕視手腳？其道理本應如此。禽獸與草木同是要愛的，拿草木去養禽獸，心又忍得；人與禽獸是同愛的，宰殺禽獸去養雙親、供奉祭祀、宴請賓客，心又忍得；至親與路人是同愛的，如一簞食、一豆羹，得之則生，不得則死，不能兩全，寧肯救至親，不救路人，心又忍得；這都是道理合該如此。至於我的身體與最親近的人，更不能分別彼此厚薄。大概是因為仁民愛物的心都是從這裏生發出去，這裏能忍得，就沒有甚麼不能忍的了。《大學》所說的厚薄，是良知上自然的條理，不可逾越，就稱為義；順着這條理而行，便是禮；知道此條理，便稱為智；始終保持這個條理，便稱為信。」

‖176/277

又曰：「目無體，以萬物之色為體；耳無體，以萬物之聲為體；鼻無體，以萬物之臭為體；口無體，以萬物之味為體；心無體，以天地萬物感應之是非為體。」

譯文　陽明又說：「眼沒有本體，以萬物的顏色為本體；耳沒有本體，以萬物的聲音為本體；鼻沒有本體，以萬物的氣味為本體；嘴沒有本體，以萬物的味道為本體；心沒有本體，以天地萬物應感的是非為本體。」

‖177/278

問「夭壽不貳」[1]。

先生曰：「學問功夫，於一切聲利嗜好俱能脫落殆盡，尚有一種生死念頭毫髮掛帶，便於全體有未融釋處。人於生死念頭，本從生身命根上帶來，故不易去。若於此處見得破，透得過，此心全體方是流行無礙，方是盡性至命[2]之學。」

注釋

1見第6條注2。2盡性至命：「和順於道德而理於義，窮理盡性（萬物之理，生靈所稟之性），以至於命。命者，生之極，窮理則盡其極也。」（《周易．說卦》）

譯文

問「夭壽不貳」怎麼理解。

陽明說：「學問功夫，能夠完全擺脫一切聲色、利益、嗜好，但只要還有一種生死念頭牽絆着，就與本體不能融合在一起。人貪生怕死的念頭，本來就是從生身命根上帶來的，所以不容易除去。如果對這些能夠見破，看透，則自己的整個心體方能流暢貫通，這才是盡性至命之學。」

一友問：「欲於靜坐時，將好名、好色、好貨等根，逐一搜尋掃除廓清，恐是剜肉做瘡否？」

先生正色曰：「這是我醫人的方子，真是去得人病根。更有大本事人，過了十數年亦還用得着。你如不用，且放起，不要作壞我的方子。」是友愧謝。

譯文　有位朋友問：「在靜坐時，把好名、好色、好貨等病根，逐一掃除乾淨，這恐怕是剜肉療瘡吧？」陽明神情嚴肅地說：「這是我治人的藥方，只是要除去人的病根。更有大本事人，就是過了十數年還用得着。你如果不用，就放在一邊，不要壞了我的藥方。」這位朋友深感慚愧並表示謝意。

或問「至誠」、「前知」[1]。

先生曰：「誠是實理，只是一個良知。實理之妙用流行就是神，其萌動處就是幾。誠、神、幾曰聖人[2]。聖人不貴前知。禍福之來，雖聖人有所不免，聖人只是知幾，遇變而通耳。良知無前後，只知得見在的幾，便是一了百了。若有個『前知』的心，就是私心，就有趨避利害的意。邵子[3]必於前知，終是利害心未盡處。」

注釋

1至誠、前知：「至誠之道，可以前知。國家將興，必有禎祥；國家將亡，必有妖孽。見乎蓍龜，動乎四體。禍福將至，善必先知之；不善，必先知之。故至誠如神。」（《中庸》第二十四章）2誠、幾、神：「寂然不動者，誠也。感而遂通者，神也。動而未形，有無之間者，幾也。誠精故明，神應故妙，幾微故幽。誠、神、幾，曰聖人。」（周敦頤《通書‧聖第四》）3邵子：邵雍（一〇一一——一〇七七），字堯夫，謚康節，自號安樂先生，北宋五子之一。

譯文

有人問如何理解「至誠」、「前知」。

陽明說：「誠就是實理，也就是一個良知。實理的妙用流行就是神，其萌動處便是幾。誠、神、幾都具備了，便是聖人。聖人不看重『前知』（預知未來），當禍福到來時，即使是聖人也有所不免，聖人只是能夠把握住『幾』，遇到變化自然能夠變通。良知不分前後，只是知道了現在的幾，就是一了百了。如果說有個前知的心，便是私心，便有個趨利避害的意思。邵雍的學問必要追求前知，終究是利害心還未消盡。」

先生曰：「無知無不知，本體原是如此。譬如日未嘗有心照物，而自無物不照。無照無不照，原是日的本體。良知本無知，今卻要有知；本無不知，今卻疑有不知。只是信不及耳。」

譯文　陽明說：「無知無不知，本體原本就是如此。就像太陽沒有着意去照耀萬物，但任何事物又不能脱離太陽的光照。無照無不照，原本就是太陽的本體。同樣的道理，良知本無知，現在卻要有知；良知本無不知，現在卻懷疑它有所不知。這都是因為不能相信良知所致。」

賞析與點評

前面我們在有關良知自知、良知自覺、良知獨知等問題的介紹中，已經了解到良知無所不知，但又絕不是聽得見、摸得着的見聞之知，它是無形無象、不學不慮的，因此它又是「無知」的。一方面，「無知」是對經驗知識或偏執意識的否定狀態，是良知心體「不滯於見聞」的存在向度，另一方面，良知又是無所不知的。重要的是，我們必須樹立起對良知的絕對信念。

先生曰：「『惟天下至聖，為能聰明睿知』[1]，舊看何等玄妙，今看來原是人人自有的。耳原是聰，目原是明，心思原是睿知，聖人只是一能之爾。能處正是良知，衆人不能，只是個不致知，何等明白簡易！」

注釋

1 語見「惟天下至聖（於事無不通），為能聰（耳察）、明（目明）、睿（體微）、知（心知），足以有臨（君臨萬物）也。」（《中庸》第三十一章）

譯文

陽明說：「『唯有天下至聖，才是聰明睿智的』，以前看這句話，覺得是何等玄妙！如今看來，這原本是人人都有的。耳朵原本就是聰敏的，眼睛原本就是明徹的，心思原本就是睿智的，聖人只是一一都能而已。能使耳目心思做到聰明睿智的其實就是良知，衆人不能做到，只是由於不能致良知。這層道理是何等明白簡易！」

問：「孔子所謂『遠慮』[1]，周公『夜以繼日』[2]，與『將迎』[3]不同，何如？」

先生曰：「遠慮不是茫茫蕩蕩去思慮，只是要存這天理。天理在人心，亙古亙今，無有終始。天理即是良知，千思萬慮，只是要致良知。良知愈思愈精明，若不精思，漫然隨事應去，良知便粗了。若只着在事上茫茫蕩蕩去思教做『遠慮』，便不免有毀譽、得喪、人欲攙入其中，就是『將迎』了。周公終夜以思，只是『戒慎不睹，恐懼不聞』的功夫，見得時，其氣象與『將迎』自別。」

注釋

1遠慮：「人無遠慮，必有近憂。」（《論語．衛靈公》）2夜以繼日：「仰而思之，夜以繼日。」（《孟子．離婁下》）3將迎：「無有所將，無有所迎。」（《莊子．知北遊》）

譯文

問：「孔子所說的『遠慮』，周公『夜以繼日』，與所謂『將迎』是不一樣的，這是為甚麼呢？」

陽明說：「『遠慮』不是指茫茫蕩蕩去思慮，只是要存這個天理。天理在人心，是亘古亘今的，沒有終始。天理就是良知，千思萬慮，只是要致良知。良知越是思慮越是精明，若不去精思，漫不經心隨物而應，良知便會粗。若只是在事物上茫茫蕩蕩地去思慮便教作『遠慮』，便不免有毀譽、得喪、人欲攙入其中，就是『將迎』了。周公終夜思慮，只是『戒慎不睹，恐懼不聞』的功夫。看清這一點，其氣象自然與『將迎』是不同的。」

問：「『一日克己復禮，天下歸仁』，朱子作效驗說[1]，如何？」

先生曰：「聖賢只是為己之學，重功夫不重效驗。仁者以萬物為體，不能一體，只是己私未忘。全得仁體，則天下皆歸於吾仁，就是『八荒皆在我闥』[2]意。天下皆與，其仁亦在其中。如『在邦無怨，在家無怨』[3]，亦只是自家不怨，如『不怨天，不尤人』[4]之意。然家邦無怨，於我，亦在其中，但所重不在此。」

注釋

1 引語見《論語．顏淵》，朱熹《論語集注》注此句：「極言其效之甚遠而至大也。」2 語見呂與叔（大臨，一〇四〇——一〇九二）〈克己銘〉（《宋元學案》卷三十一）。八荒，八方。闥，小門。3 語見「出門如見大賓，使（治）民如承大祭。己所不欲，勿施於人。在邦（諸侯國）無怨，在家（卿大夫家）無怨。」（《論語．顏淵》）4 語見《論語．憲問》。

譯文

問：「『一日克己復禮，天下歸仁』，朱子認為是從效驗上說的，這個解釋怎麼樣？」

陽明說：「聖賢只是做切己的學問，重視功夫而不看重效驗。仁者以萬物為一體，如果不能做到一體，只是因為自己的私欲還沒有完全忘記。若能完全地實現仁的本體，那麼天下就都可以歸於我的仁，這就是『八荒皆在我闥』的意思。天下都歸於我的仁，仁自然也就在天下萬物之中。就是『在邦無怨，在家無怨』，也只是說自己不要有怨，如同『不怨天，不尤人』的意思。然在家、在邦都不怨，我，也在其中了。只是所看重的不在這裏。」

賞析與點評

朱子將「克己復禮，天下歸仁」解釋成「仁」的效驗，這在理論上是可以成立的。但是陽明卻擔心「效驗」兩字容易引起人們的功利計較心，有悖於孔子所表達的「萬物一體」之宗旨。所以陽明要改變一下論述策略，他強調儒學作為一種「為己之學」，更應以工夫為重，努力做到克去己私、恢復仁體，吾之仁便自然在「萬物一體」之中，也就自然實現了克己工夫的最大效果。因此能否保持不被私欲蒙蔽之本心才是頭等大事，效驗只不過是工夫的自然結果而不用刻意追求。

問：「孟子『巧力聖智』之說，朱子云『三子力有餘而巧不足』，何如」[1]？

先生曰：「三子固有力，亦有巧，巧力實非兩事，巧亦只在用力處，力而不巧，亦是徒力。三子譬如射：一能步箭，一能馬箭，一能遠箭，他射得到俱謂之力，中處俱可謂之巧。但步不能馬，馬不能遠，各有所長，便是才力分限有不同處。孔子則三者皆長。然孔子之和，只到得柳下惠而極，清只到得伯夷而極，任只到得伊尹而極，何曾加得些子？若謂『三子力有餘而巧不足』，則其力反過孔子了。『巧力』只是發明『聖知』之義。若識得『聖知』本體是何物，便自然了。」

注釋

1 語見「孔子之謂集大成……智，譬則巧也；聖，譬（譬如）則力也。由射百步之外，其至，爾力也；其中，非爾力也」（《孟子．萬章下》）。朱熹《孟子集注．萬章下》條：「見孔子巧力俱全而聖智兼備。三子（伯夷、伊尹、柳下惠）則力有餘而巧不足，是以一節雖至於聖，而智不足以及乎時中也。」

譯文

問：「孟子『巧、力、聖、智』的說法，朱子解釋為『三子力有餘而巧不足』，這話怎麼講？」

陽明說：「伯夷、伊尹、柳下惠三人固然是有力，但也有巧，巧、力實際上並不是兩回事，巧也只是在用力之處，力而不巧，也是白費力。這三人就好比射箭，一個能步行射箭，一個能騎馬射箭，一個能遠距離射箭，只要他們能射到靶子就可稱為有力，只要射中了都可稱為巧。但是能步行的不能騎馬，能騎馬的不能遠距離，各有所長，這說明他們的才能天分是有不同的；孔子則是三者都擅長。然而孔子的和也只是做到柳下惠的極處，其清也只是做到伯夷的極致，其擔當也只是做到伊尹的極處，何嘗有所增減？若說『三子力有餘而巧不足』，則其力反而是過於孔子。『巧力』只是發揮『聖智』的意思，如果能認識『聖智』本體是甚麼，就自然明白。」

良知只是個是非之心[1]，是非只是個好惡。只好惡，就盡了是非，只是非就盡了萬事萬變。

又曰：「是非兩字是個大規矩，巧處則存乎其人。」

注釋

1 是非之心：見第30條注1。

譯文

良知只是個是非之心，而是非之心只是個好善惡惡。只是個好善惡惡，就盡了是非。只是個是非就包含了所有的萬事萬變。

又說：「是非兩個字便是最大的規矩，巧妙處就存在於每個人自身（如何掌握和運用）。」

賞析與點評

以「是非之心」來解說良知，這是承孟子而來，但陽明對良知的闡發更細緻深入，良知不僅是判斷是非的標準（規矩），同時更是「好善惡惡」的實踐力量，也就是說，是非標準必展現為一種道德力量。因此良知就是道德力量的源泉，在它的面前，一切是非善惡都無所遁形。

問：「知譬日，欲譬雲，雲雖能蔽日，亦是天之一氣合有的，欲亦莫非人心合有否？」

先生曰：「喜怒哀懼愛惡欲，謂之七情。七者俱是人心合有的，但要認得良知明白。比如日光，亦不可指着方所，一隙通明，皆是日光所在。雖雲霧四塞，太虛中色象可辨，亦是日光不滅處，不可以雲能蔽日，教天不要生雲。七情順其自然之流行，皆是良知之用，不可分別善惡，但不可有所着。七情有着，俱謂之欲，俱為良知之蔽。然才有着時，良知亦自會覺，覺即蔽去，復其體矣。此處能勘得破，方是簡易透徹功夫。」

譯文

問：「良知如同太陽，人欲如同浮雲，雲雖能遮蔽太陽，也是天的一氣該有的，人欲難道也是人心該有的嗎？」

陽明說：「喜怒哀樂愛惡欲，是所謂七情。七情都是人心該有的，但是要清楚地認得良知。就比如日光，也不可執定方所，只要一小空隙通明，就都是太陽的光。哪怕是雲霧四處蔽塞，太虛中形色也都可以辨別，這就是日光不泯滅的表現，不可說浮雲能遮蔽太陽，就叫天不生雲。七情順着自然流行，都是良知的發用，不可分別善惡，但不可有所執着。七情有所執着，便是人欲，就會成為良知的障礙。然而才有所執着，良知也自然會發覺，覺後便會除去這個障礙，恢復它的本體。如果這一點能看得破，方才是簡易透徹的功夫。」

賞析與點評

情感欲望的發動有兩種情況：一是「自然流行」之發動；一是「有所執着」的發動。自然流行的主體是良知，因此是「良知之用」的表現；而有所執着的主體則是人心私欲，因此是人欲的表現。可見，良知並不排斥情感，但關鍵在於人心意識是否有「着」——即某種偏執。舉例來說，「飲食男女，人之大欲」，其本身是正當的，但是如果一心想要美味食色、山珍海味，這就有所「着」了，就有可能淪入「惡」的深淵。

問：「『樂是心之本體』[1]，不知遇大故，於哀哭時，此樂還在否？」

先生曰：「須是大哭一番了方樂，不哭便不樂矣。雖哭，此心安處即是樂也。本體未嘗有動。」

注釋

1 見第 116 條及其注 1。

譯文

問：「快樂是心之本體，不知遭遇大變故，在悲哀痛苦的時候，此快樂的本體還在嗎？」

陽明說：「這必須大哭一場方才快樂，不哭便不會快樂。雖大哭，然而只要自己內心獲得安慰便是快樂。快樂的本體並沒有變動。」

鄉人有父子訟獄[1]，請訴於先生，侍者欲阻之，先生聽之。言不終辭，其父子相抱慟哭而去。

柴鳴治[2]入問曰：「先生何言，致伊感悔之速？」

先生曰：「我言舜是世間大不孝的子，瞽瞍是世間大慈的父。」[3]鳴治愕然，請問。

先生曰：「舜常自以為大不孝，所以能孝。瞽瞍常自以為大慈，所以不能慈。瞽瞍只記得舜是我提孩長的，今何不曾豫悅我？不知自心已為後妻所移了，尚謂自家能慈，所以愈不能慈。舜只思父提孩我時如何愛我，今日不愛，只是我不能盡孝。日思所以不能盡孝處，所以愈能孝。及至瞽瞍底豫時[4]，又不過復得此心原慈的本體。所以後世稱舜是個古今大孝的子，瞽瞍亦做成個慈父。」

注釋

1《年譜》正德五年（一五一〇），陽明三十九歲，陞江西廬陵縣知縣，「為政不事威刑……使之委曲勸諭。民胥悔盛氣囂訟，只有啼泣而歸者」，就是指此事。2 柴鳴治：情況不詳。3 瞽瞍：也作瞽叟，傳說為舜的父親，同後妻和次子象屢次殺舜，舜仍盡孝弟之義，三人感動，後再不陷害舜。4 底豫：「舜盡事親之道，而瞽瞍底豫。」（《孟子·離婁上》）底豫，得到歡樂。

譯文

在鄉下，有父子兩人打官司，請陽明來判案，侍者準備阻止，陽明聽到了就讓他們過來陳說。不一會，父子倆就相互抱頭痛哭，離去了。

柴鳴治進去問：「老師您說了甚麼，致使他們這樣悔悟？」

陽明說：「我只是說舜是天底下最不孝的兒子，瞽叟是天底下最慈愛的父親。」鳴治非常驚訝，請教陽明。

陽明說：「舜常常認為自己是不孝，所以才能孝。瞽叟常常認為自己是慈愛，所以才不能慈。瞽叟只記得舜是我從小撫養大的，現在為甚麼不能讓自己更愉快？卻不知自己的心已經為後妻改變了，仍然認為自己能慈愛，所以就越不能慈愛。舜只是思量孩提時候父親是如何愛我，現在不愛只是我沒能盡孝，天天思量自己不能盡孝，所以越能盡孝。等到瞽叟高興時，不過是恢復他心中原本慈愛的本體。所以後人稱讚舜是個古今以來的大孝子，瞽叟也做成了慈父。」

先生曰：「孔子有鄙夫來問[1]，未嘗先有知識以應之，其心只空空而已；但叩他自知的是非兩端，與之一剖決，鄙夫之心便已了然。鄙夫自知的是非，便是他本來天則。雖聖人聰明，如何可與增減得一毫？他只不能自信。夫子與之一剖決，便已竭盡無餘了。若夫子與鄙夫言時，留得些子知識在，便是不能竭他的良知，道體即有二了。」

注釋

1 鄙夫來問：「子曰：『吾有知乎哉？無知也。有鄙夫問於我，空空如也。我叩其兩端而竭焉。』」（《論語．子罕》）

譯文

陽明說：「即使有見識淺薄的人來請教，孔子也並非先準備好知識來回答他，孔子的心只是空空如也；但是他能分析指點別人心中知道的是與非這兩個方面，與他一一講說，而見識淺薄的人也就清楚明白了。這些人自己知道的是非，也就是他本來的天則，雖聖人聰明，怎麼能增減得絲毫？他只是不能自信，孔子便與他一一講說明白，便已經是竭盡無餘了。如果孔子與這些見識淺薄的人說話時，存留些知識在，便不能揭示他的良知，道體也就分別有二了。」

賞析與點評

陽明借用孔子的「無知」一詞，意在揭示良知之「知」絕非「見聞之知」，並強調良知存在的一個重要向度在於「無知」，它不是指知識的缺乏而是指心體的一種淘空狀態，即「空空如也」或「不滯於見聞」的存在向度。這顯然是陽明對孔子「無知」所作的創造性詮釋，須注意的是，良知本體既是「無知」，但同時又是「無知無不知」（參見第180條）。

或問「未發已發」[1]。

先生曰：「只緣後儒將未發已發分說了，只得劈頭說個無未發已發，使人自思得之。若說有個已發未發，聽者依舊落在後儒見解。若真見得無未發已發，說個有未發已發，原不妨，原有個未發已發在。」

問曰：「未發未嘗不和，已發未嘗不中。譬如鐘聲，未扣不可謂無，既扣不可謂有，畢竟有個扣與不扣。何如？」

先生曰：「未扣時原是驚天動地，既扣時也只是寂天寞地。」

注釋

1 見第 22 條注 1。

譯文

有人問「未發已發」這個問題。

陽明說：「只是因為後代的儒者將未發已發分開說了，如今只得劈頭說個沒有未發已發，讓人自己去思量而有所得。如果說有個未發已發，聽者便仍舊落入後代儒者的見解中去。若果真知道沒有未發已發，而說個未發已發，原也是不妨礙，因為原本就有個未發已發。」

問：「未發未嘗不和，已發未嘗不和。就像鐘聲沒有扣擊之前不能說沒有，既扣以後不能說有，畢竟有個扣與不扣。這個比喻怎麼樣？」

陽明說：「未扣時原是驚天動地，既扣了也只是一片寧靜。」

191/308

問：「古人論性，各有異同，何者乃為定論？」

先生曰：「性無定體，論亦無定體。有自本體上說者，有自發用上說者，有自源頭上說者，有自流弊處說者。總而言之，只是這個性，但所見有淺深爾。若執定一邊，便不是了。性之本體，原是無善無惡的；發用上也原是可以為善，可以為不善的；其流弊也原是一定善、一定惡的。譬如眼，有喜時的眼，有怒時的眼，直視就是看的眼，微視就是覷的眼。總而言之，只是這個眼。若見得怒時眼，就說未嘗有喜的眼；見得看時眼，就說未嘗有覷的眼，皆是執定，就知是錯。孟子說性[1]，直從源頭上說來，亦是說個大概如此。荀子性惡之說[2]，是從流弊上說來，也未可盡說他不是，只是見得未精耳。衆人則失了心之本體。」

問：「孟子從源頭上說性，要人用功在源頭上明徹；荀子從流弊說性，功夫只在末流上救正，便費力了。」先生曰：「然。」

注釋

1 孟子持性善論，《孟子》多篇有言，如「口之於味也，目之於色也，耳之於聲也，鼻之於臭也，四肢之於安佚也，性也。有命焉，君子不謂性也。仁之於父子也，義之於君臣也，禮之於賓主也，智之於賢者也，聖人之於天道也，命也。有性焉，君子不謂命也。」（《孟子・盡心下》）孟子的善性，包括仁義禮智信，具有道德性和先天性。

2 荀子持性惡論，有《荀子・性惡篇》，認為人的自然性本惡，若放縱人性，則不可收拾，主張「化性起偽」，以禮、法改惡為善。

譯文

問：「古人討論性，各有不同，哪個是定論？」

陽明說：「性沒有定體，議論也沒有一定的。有從本體上說的，有從發用上說的，有從源頭處說的，有從流弊之處說的。總之，只是一個性，但所見有深淺不同罷了。若是執定一邊，便不對了。性的本體，原是無善無惡的；發用上也原是可以為善、可以為不善的；其流弊處也原是有一定善、一定惡的。比如這眼睛，有喜悦時的眼，有憤怒時的眼，當它直視時就是看的眼，微視時就是眯着的眼。總之，只是一個眼。如果只看見憤怒時的眼，就說沒有喜悦時的眼；只看見直視時的眼，便說沒有眯着時的眼，都是執定，就是錯。孟子說性，是從源頭處說，也是說個大概如此。荀子性惡之說，是從流弊上說，也未可盡說他不是，只是見識尚未精而已。衆人則是失掉了心的本體。」

問：「孟子從源頭處說性，要人在源頭處用功使之明澈；荀子從流弊上說性，功夫只能在末流上救正，便費很多力氣。」

陽明說：「是的。」

薛尚謙、鄒謙之、馬子莘[1]、王汝止[2]侍坐，因嘆先生自征寧藩已來[3]，天下謗議益衆，請各言其故。有言先生功業勢位日隆，天下忌之者日衆；有言先生

之學日明，故為宋儒爭是非者亦日博；有言先生自南都[4]以後，同志信從者日衆，而四方排阻者日益力。

先生曰：「諸君之言，信皆有之。但吾一段自知處，諸君俱未道及耳。」諸友請問。

先生曰：「我在南都已前，尚有些子鄉愿的意思在。我今信得這良知真是真非，信手行去，更不着些覆藏。我今才做得個狂者的胸次，使天下之人都說我行不揜言也罷。」[5]

尚謙出曰：「信得此過，方是聖人的真血脈。」

注釋

[1]馬子莘：即馬子莘，見127條注1。[2]王汝止：王艮（一四八三——一五四〇），號心齋，泰州安豐（江蘇東台）人，陽明弟子。[3]寧藩指朱宸濠，為武宗叔祖，一五一九年六月自南昌起兵謀反，後被陽明平叛生擒。此次談話在一五二三年。[4]南都：陽明自一五一四年至一五一六年在南京任職。[5]鄉愿：「鄉愿，德之賊也」（《論語·陽貨》），貌忠厚，實與小人合污的偽善者。狂者：「不得中行而與之，必也狂狷乎。狂者進取，狷者有所不為也」（《論語·子路》），狂者追求君子之道，偏離中庸之道。

譯文

薛尚謙、鄒謙之、馬子莘、王汝止與陽明同坐，感歎老師自平定寧藩之亂以來，天下誹謗譏議的人更多，陽明請大家各自談談其中的原因。有說老師功業勢位越來越隆重，天下妒忌的就越多；有說老師的學問越倡明，為宋儒爭地位的就越多；有說老師自任職南京以後，從遊者越多，而四方排擠者就越多。

陽明說：「你們所說的確實都有，但我有一段自知的地方，你們卻都沒有說及。」

朋友們請教。

陽明說：「我在南京以前，還有些鄉愿的意思在，如今我自信這良知是真是真非，信手拈來，更不用去掩蓋。我如今才做個狂者的氣象，即使天下的人都說我行動趕不上言語，這也沒甚麼關係。」

薛尚謙出門，向人感歎：「必須相信此，這才是聖人的真血脈。」

先生鍛煉人處，一言之下感人最深。

一日，王汝止出遊歸。

先生問曰：「遊何見？」

對曰：「見滿街人都是聖人。」

先生曰：「你看滿街人是聖人，滿街人倒看你是聖人在。」

又一日，董蘿石[1]出遊而歸。

見先生曰：「今日見一異事。」

先生曰：「何異？」

對曰：「見滿街人都是聖人。」

先生曰：「此亦常事耳，何足為異？」

蓋汝止圭角[2]未融，蘿石恍見有悟，故問同答異，皆反其言而進之。

洪與黃正之、張叔謙、汝中，丙戌[3]會試歸，為先生道途中講學，有信有不信。先生曰：「你們拿一個聖人去與人講學，人見聖人來，都怕走了，如何講得行？須做得個愚夫愚婦，方可與人講學。」

洪又言：「今日要見人品高下最易。」

先生曰：「何以見之？」

對曰：「先生譬如泰山在前，有不知仰者，須是無目人。」

先生曰：「泰山不如平地大，平地有何可見？」

先生一言翦裁，剖破終年為外好高之病，在座者莫不悚懼。

注釋

1董蘿石：董澐（一四五七—一五三三），字復宗，號蘿石，晚號從吾道人，海鹽人。2圭角：跡象，鋒芒。3張叔謙：名元冲，號浮峰，越之山陰（浙江紹興）人。丙戌：嘉靖五年（一五二六）。

譯文

陽明點撥人的地方，往往一句話就能感人至深。

有一天，王艮出遊歸來。

陽明問：「在外遊歷見到了甚麼？」

王艮答：「見滿街都是聖人。」

陽明說：「你看滿街都是聖人，滿街人倒看你是聖人。」

又有一天，董澐出遊歸來。

見到陽明說：「今天見到了一件怪事。」

陽明問：「甚麼怪事？」

答：「見滿街都是聖人。」

陽明說：「此也是常事，何足怪之？」

大概是因為王艮圭角還在，董澐恍有所悟，所以儘管他們的問題一樣，陽明的回答卻不一樣，都是反其言而去引導啟發。

錢德洪與黃正之、張叔謙、王汝中，丙戌那年參加會試完歸來，在歸途中講論陽明的學問，有信有不信的。

陽明說：「你們拿一個聖人去給別人講學，人見到聖人都怕了，怎麼能講下去？必須做個愚夫愚婦，方可與人講學。」

德洪又說：「現在要判斷人品的高下也最容易。」

陽明問：「怎麼評判？」

答：「老師您就像泰山在前，有不知敬仰的，就一定是沒有眼睛的人。」

陽明說：「泰山不如平地廣大，平地有甚麼可見的？」

先生一句話就點破了我們多年好高騖遠的毛病，當時在座者無不警醒。

賞析與點評

「滿街聖人」雖不是出自陽明之口，但可以視作陽明學的一個重要觀點，無非是陽明的「聖愚無間」的另一種表述而已。陽明對王艮及董澐的不同回應，表明他有一個重要觀點不可忽視：一方面須樹立起良知具足、現成圓滿的信心，但也要切忌自以為是的狂妄自大癖；一方面，滿街聖人「此亦常事」，這是就「良知見在」這一本體論角度而言的，但從現實的角度看，「良知見在」並不等於說每個人都是現成的聖人，更不意味着人在現實狀態中就可置工夫於不顧。這層道理對陽明學而言也是至關重要的。

汝中舉先生教言曰：「無善無惡是心之體，有善有惡是意之動，知善知惡是良知，為善去惡是格物。」

德洪曰：「此意如何？」

汝中曰：「此恐未是究竟話頭。若說心體是無善無惡，意亦是無善無惡的意，知亦是無善無惡的知，物亦是無善無惡的物矣。若說意有善惡，畢竟心體還有善惡在。」

德洪曰：「心體是天命之性，原是無善無惡的。但人有習心，意念上見有善惡在，格、致、誠、正、修[1]，此正是復那性體功夫。若原無善惡，功夫亦不消說矣。」

是夕侍坐天泉橋，各舉請正。

先生曰：「我今將行，正要你們來講破此意。二君之見，正好相資為用，不可各執一邊。我這裏接人，原有此二種。利根之人，直從本源上悟入，人心本體原是明瑩無滯的，原是個未發之中。利根之人，一悟本體即是功夫，人己內外一齊俱透了。其次不免有習心在，本體受蔽，故且教在意念上實落為善去惡，功夫熟後，渣滓去得盡時，本體亦明盡了。汝中之見，是我這裏接利根人的；德洪之見，是我這裏為其次立法的。二君相取為用，則中人上下，皆可引入於道，若各執一邊，眼前便有失人，便於道體各有未盡。」

既而曰：「以後與朋友講學，切不可失了我的宗旨。無善無惡是心之體，有善有惡是意之動，知善知惡的是良知，為善去惡是格物。只依我這話頭，隨人指點，自沒病痛，此原是徹上徹下功夫。利根之人，世亦難遇，本體功夫，一悟盡透，此顏子、明道所不敢承當，豈可輕易望人？人有習心，不教他在良知上實用為善去惡功夫，只去懸空想個本體，一切事為俱不着實，不過養成一個虛寂。此個病痛不是小小，不可不早說破。」

注釋

1：即格物、致知、誠意、正心、修身，見第46條注1。

譯文

汝中引陽明所說的教法：「無善無惡是心之體，有善有惡是意之動，知善知惡是良知，為善去惡是格物。」

德洪說：「你認為這話怎麼講？」

汝中說：「這話恐怕不是究竟話頭。如果說心體是無善無惡，意也應是無善無惡的，知也是無善無惡的，物也是無善無惡的。如果說意有善惡，畢竟心體還是有善惡存在。」

德洪說：「心體乃是天命之性，原本是無善無惡。但人是有習心的，因此意念上才有善惡，正須要做格、致、誠、正、修的一套工夫，以便恢復那本體。如果說，一切都無善無惡的，那麼就連工夫都不要了。」

這天傍晚，錢與王在天泉橋上陪伴陽明，於是將各自所見向陽明請教。

陽明說：「我今天即將遠行，正要你們來講破這層意思。你們倆的見解正好相互補充，不可偏執一端。我這裏教人原來有此兩種教法。天分高的人，直接從本源上悟入，人心本體原是明澈無滯的，原是未發之中；一悟本體便是工夫，人己內外一齊透徹。其次不免有習心在，本體受到蒙蔽，所以教他在意念上實實在在為善去惡，等到工夫熟後，渣滓盡去之際，本體也就明澈了。汝中所說的，是我引導天資高的人的方法；德洪所說的，是我引導次一等的人的方法。你們倆的見解正好相資為用，則上中下的人都可以引導入道。如果各執一邊，眼下便會失掉人，便在道體上有未盡處。」

繼而說：「以後與朋友們討論講學，千萬不可失了我的立言宗旨。無善無惡是心之本體，有善有惡是意之動，知善知惡是良知，為善去惡是格物。只要依着我這口訣去指點，自然沒有病痛，這原是徹上徹下的工夫。天資高的人，世間難遇，本體工夫一悟盡透，就連顏淵、程明道都是不敢當的，豈可以輕易示人？一般人都是有習心的，如果不教他在良知上實實在在為善去惡的工夫，只是懸空去揣摩個本體，一切事情俱不落實，不過是養成一個虛寂而已。這可不是小毛病，不可不早說破。」

賞析與點評

這是著名的「王門四句教」：「無善無惡是心之體，有善有惡是意之動，知善知惡的是良知，為善去惡是格物。」陽明堅信「四句教」是適用於所有人群的普遍教法，因而具有普遍意義，首句是論本體，後三句是論工夫，其在理論上是一整體而不可分拆。按照陽明「即本體即工夫」之思路，四句教乃是即無即有、即上即下、即頓即漸的「徹上徹下」之本體工夫論系統，不能放棄其中的任何一個環節，所以陽明一再強調這是他的「四句宗旨」，並告誡王畿就本體上「一悟盡透」的方法是連顏淵和程顥這樣聰明絕頂之人也不敢自許的，故絕不可輕易示人，否則有可能導致懸空揣摩本體的嚴重弊端。

先生曰：「先儒解格物為格天下之物[1]。天下之物，如何格得？且謂『一草一木亦皆有理』[2]，今如何去格？縱格得草木來，如何反來誠得自家意？我解『格』作『正』字義，『物』作『事』字義。

《大學》之所謂身，即耳、目、口、鼻、四肢是也。欲修身，便是要目非禮勿視，耳非禮勿聽，口非禮勿言，四肢非禮勿動。要修這個身，身上如何用得功夫？心者身之主宰。目雖視而所以視者心也，耳雖聽而所以聽者心也，口與四肢雖言動而所以言動者心也。故欲修身，在於體當自家心體，常令廓然大公，無有些子不正處。主宰一正，則發竅於目，自無非禮之視；發竅於耳，自無非禮之聽；發竅於口與四肢，自無非禮之言動。此便是『修身在正其心』。

然至善者，心之本體也。心之本體，那有不善？如今要正心，本體上何處用得工？必就心之發動處才可着力也。心之發動不能無善，故須就此處着力，便是在誠意。如一念發在好善上，便實實落落去好善；一念發在惡惡上，便實實落落去惡惡。意之所發既無不誠，則其本體如何有不正的？故欲『正其心在誠意』，工夫到誠意，始有着落處。

然誠意之本，又在於致知也。所謂『人雖不知而己所獨知』[3]者，此正是吾心良知處。然知得善，卻不依這個良知便做去；知得不善，卻不依這個良知便不去做，則這個良知便遮蔽了，是不能致知也。吾心良知既不能擴充到底，則善雖知好，不能着實好了；惡雖知惡，不能着實惡了，如何得意誠？故致知者，意誠之本也。

然亦不是懸空的致知，致知在實事上格。如意在於為善，便就這件事上去為；意在於去惡，便就這件事上去不為。去惡固是『格不正以歸於正』[4]，為善則不善正了，亦是格不正以歸於正也。如此則吾心良知無私欲蔽了，得以致其極，而意之所發，好善去惡，無有不誠矣。誠意工夫實下手處在格物也。若如此格物，人人便做得，『人皆可以為堯舜』，正在此也。」

注釋

1 語見「閒嘗竊取程子之意以補之曰：是以《大學》始教，必使學者即凡天下之物，莫不因其已知之理而益窮之，以求至乎其極。至於用力之久，而一旦豁然貫通焉，則眾物之表裏精粗無不到，而吾心之全體大用無不明矣。此謂物格，此謂知之至也。」（朱熹《大學章句》） 2 語見《二程遺書》卷十八，程伊川語。3 語見朱熹《大學章句》。

4 語見「惟有大人之德，則能格其君心之不正以歸於正，而國無不治矣。大人者，大德之人，正己而物正者也。」（朱熹《孟子集注・離婁上》）

譯文

陽明說：「朱子把格物解釋為格天下的事物，這天下的事物怎麼可能格得盡？又程頤說『一草一木都有理』，現在要怎麼去格？縱然能格得草木之理，又怎樣才能返回來誠自家的意呢？我把『格』字解為『正』字，『物』字解為『事』字。《大學》所謂身，就是耳、眼、嘴、鼻、四肢。所謂欲修身，就是眼非禮勿視，耳非禮勿聽，嘴非禮勿言，四肢非禮勿動。要去修身，在身體上怎麼做工夫？心是身體的主宰，眼是用來看東西，但怎麼看卻是心。耳朵是用來聽東西，但怎麼聽卻是心，嘴與四肢可以言說與走動，但怎麼去說去聽卻是心。所以說要修身，工夫在於體當自家心體，經常使他廓然大公，沒有一點不正的地方。主宰一正，則發用於眼，自然是非禮勿視；發用於耳，自然是非禮勿聽；發用於嘴與四肢，自然是非禮勿言、非禮勿動，這就是『修身在正其心』。

然而至善是心之體，心的本體上有甚麼不善？如今要正心，本體上如何用工夫？必定要就心的發動處才可着力。心的發動不能沒有不善，所以就必須在此處用功，這就是所謂的誠意。如果一個念頭發在喜好善上，便實實在在去好善；一個念頭發在惡惡上，便實實在在去惡惡。意念發動既然沒有不誠，那麼心的本體怎麼會有不正呢？所以說『欲正其心者在誠意』。工夫到誠意，才有着落處。然而誠意之本又在於致知。所謂『人雖不知而自己獨知處』，正是我心的良知。然而雖然知道善，卻不依着良知去做；知道不善，卻不依着良知不去做，則這良知就被遮蔽了，就是不能致知。吾心之良知不能擴充到底，則善雖然知道喜好，卻不能切實去好，惡雖然知道厭惡，卻不能切實去惡，怎麼能說是誠意？所以說致知工夫才是誠意的根本。

然而不是懸空去致知，致知必須在實事上去格。如義在於為善，便在這件事情上去做；意在於去惡，便在這件事情上不做。去惡固然是『格不正以歸於正』，為善則不善正了，也是格不正而歸於正。這樣一來，自己心中的良知就沒有私欲遮蔽了，就能夠擴充至極，而意念所發，好善惡惡，就無不誠了。誠意工夫的下手處就是格物。如此，則格物就是人人都能做到的，所以說『人人皆可以為堯舜』，其緣由就在於此。」

賞析與點評

此條顯示陽明仍然依照《大學》「身、心、意、知、物」的概念順序來解釋「格物」，從修身、正心、誠意、致知、格物一順而下。然而，既然格物就是致良知，致知即是致良知，那麼格物致知也就完全被致良知所取代。這顯然是陽明對《大學》格物問題所作的一種心學式獨特詮釋。

先生曰：「衆人只說格物要依晦翁[1]。何曾把他的說去用？我着實曾用來。初年與錢友[2]同論做聖賢要格天下之物，如今安得這等大的力量，因指亭前竹子，令去格看。錢子早夜去窮格竹子的道理，竭其心思，至於三日，便致勞神成疾。當初說他這是精力不足，某因自去窮格，早夜不得其理，到七日，亦以勞思致疾。遂相與嘆聖賢是做不得的，無他大力量去格物了。及在夷中三年[3]，頗見得此意思，乃知天下之物，本無可格者，其格物之功，只在身心上做。決然以聖人為人人可到，便自有擔當了。這裏意思，卻要說與諸公知道。」

注釋

1晦翁：朱熹晚年稱晦翁。2錢友：情況不詳。3在夷中三年：正德三年（一五〇八）至五年（一五一〇），即在貴州龍場三年。

譯文

陽明說：「大家都只說格物當要按朱子解釋去做，但是他們何曾去實踐自己所說的？我倒是切實實踐過。當年與姓錢的友人一起討論，做聖賢要格盡天下的事物，但到哪去尋找這麼大力量，於是就指着庭院中的竹子，讓他去格。錢友早晚去窮格竹子的道理，竭盡心力，過了三天，便勞神成疾。起先，我還說他是精力不足。於是我也去格，日夜思索，到了第七天，也病倒了。於是，我們都歎息聖賢難做，沒有這麼大力量去格物了。及至身處夷地貴州三年，頗能看出其中的道理，才知天下事物本來就沒有可格的，格物唯有在自己身心上做。建立起聖人是人人可做到的堅定信念，自此覺得可以有一番擔當了。這個意思卻要和你們說清楚。」

門人有言「邵端峰[1]論童子不能格物，只教以灑掃應對」之說。

先生曰：「灑掃應對，就是一件物。童子良知只到此，便教去灑掃應對，就是致他這一點良知了。又如童子知畏先生長者，此亦是他良知處，故雖嬉戲中見了先生長者，便去作揖恭敬，是他能格物以致敬師長之良知了。童子自有童子的格物致知。」

注釋

1 邵端峰：情況不詳。

譯文　有學生問：「邵端峰說『小孩不能格物，只須教以灑水、掃地應對等內容來教他們』。」

陽明說：「灑水、掃地、應對就是一件事情。小孩的良知只到此，便教他去灑掃應對，就是致他那一點良知了。又比如小孩知道敬畏長者，此便是他的良知，所以哪怕是在嬉戲遊玩當中，見了老師長者，便會去作揖行禮，這就是他能格物以致其敬長的良知了。小孩有小孩的格物致知。」

或疑知行不合一，以「知之匪艱」[1]二句為問。

先生曰：「良知自知，原是容易的。只是不能致那良知，便是『知之匪艱，行之惟艱』。」

注釋　[1]語見「非知之艱，行之惟艱。」（《尚書·說命》）

譯文　有人懷疑知行合一的說法，並以「知之匪艱」這句話來向陽明請教。

陽明說：「良知自然能知，原本是很容易的。只是因為不能致良知，所以才有『知之匪艱，行之惟艱』的說法。」

門人問曰：「知行如何得合一？且如《中庸》言『博學之』，又說個『篤行之』，分明知行是兩件。」[1]先生曰：「『博學』只是事事學存此天理，『篤行』只是學之不已之意。」

又問：「《易》『學以聚之』，又言『仁以行之』[2]，此是如何？」先生曰：「也是如此。事事去學存此天理，則此心更無放失時，故曰『學以聚之』。然常常學存此天理，更無私欲間斷，此即是此心不息處，故曰『仁以行之』。」

又問：「孔子言『知及之，仁不能守之』[3]，知行卻是兩個了。」先生曰：「說『及之』，已是行了，但不能常常行，已為私欲間斷，便是『仁不能守』。」

又問：「『心即理』[4]之說，程子云『在物為理』[5]，如何謂『心即理』？」先生曰：「『在物為理』，『在』字上當添一『心』字，此心在物則為理。如此心在事父則為孝，在事君則為忠之類。」

先生因謂之曰：「諸君要識得我立言宗旨。我如今說個心即理是如何？只為世人分心與理為二，故便有許多病痛。如五伯攘夷狄，尊周室，都是一個私心，便不當理，人卻說他做得當理，只心有未純，往往悅慕其所為，要來外面做得好看，卻與心全不相干。分心與理為二，其流至於伯道之偽而不自知。故我說個心即理，要使知心理是一個，便來心上做工夫，不去襲義於外[6]，便是王道之真。此我立言宗旨。」

注釋

1見第4條注2。2語見「君子學以聚之，問以辯之，寬以居之，仁以行之。」（《周易·乾文言》）3語見「知及之（智得之），仁不能守之，雖得之，必失之。」（《論語·衛靈公》）4心即理：「四端者，即此心也；天之所以與我者，即此心也。人皆有是心，心皆具是理，心即理也。」（《陸九淵集·與李宰二》）5在物為理：「理義何以異？……在物為理，處物為義。」（《二程遺書》卷十八）6即「義襲」，見第59條注2。

譯文

有學生問：「知行怎麼合一？比如《中庸》說『博學之』，又說『篤行之』，知與行分明是兩件事情。」陽明說：「『博學』只是事事學着存這個天理，『篤行』只是學而不已的意思。」

又問：「《周易》說『學以聚之』，又說『仁以行之』，這要怎麼理解？」陽明說：「也是一樣。事事去學着存這個天理，那麼自己的心就沒有放失的時候，所以說『學以聚之』。然要常常學着存這個天理，就更沒有私欲隔斷其間，這就是自己的心生生不息的地方，所以說『仁以行之』。」

又問：「孔子說『知及之，仁不能守之』，知行仍是兩個了。」陽明說：「說個『及之』，就已經是行了，但不能常常去行，已經被私欲隔斷了，所以說是『仁不能守』。」

又問：「『心即理』的說法，而程子說『在物為理』，那甚麼叫『心即理』？」陽明說：「『在物為理』，『在』字前應當添一個『心』字。自己的心在物就是理，這樣，心在侍奉父母這件事上便是孝，在侍奉君主這件事上便是忠，諸如此類。」

陽明因而說：「你們要懂得我立言的宗旨。我如今說心即理，只是因為世人強分心與理為兩個東西了，所以就產生了許多病痛。比如說春秋五霸，尊王攘夷，都只為一個私心，這就是不合理。但是人們卻說他做得合理，只是因為他們心裏未純淨，往往羨慕他們的所作所為，只要求外面做得好看，卻與內心完全不相干。將心與理分為兩件事，其結果就是做個霸者卻不自知。所以我說個心即理，要讓人知道心與理就是一回事，於是在心上做工夫，不去外面尋求、假借所謂的義，這就是王道的真諦，這就是我立言的宗旨。」

心不是一塊血肉，凡知覺處便是心。如耳目之知視聽，手足之知痛癢，此知覺便是心也。

譯文　心不是指肉體上的這塊血肉，凡是有知覺的都是心。比如眼睛、耳朵知道去看去聽，手腳知道痛癢，這些知覺就是心。

以方問「尊德性」一條。

先生曰：「『道問學』即所以『尊德性』也。晦翁言『子靜[1]以尊德性誨人，某教人豈不是道問學處多了些子』[2]，是分尊德性、道問學作兩件。且如今講習討論，下許多工夫，無非只是存此心不失其德性而已。豈有尊德性只空空去尊，更不去問學？問學只是空空去問學，更與德性無關涉？如此，則不知今之所以講習討論者，更學何事！」

問「致廣大」二句[3]。

曰：「『盡精微』即所以『致廣大』也，『道中庸』即所以『極高明』也。蓋心之本體自是廣大底。人不能『盡精微』，則便為私欲所蔽，有不勝其小者矣。故能細微曲折，無所不盡，則私意不足以蔽之，自無許多障礙遮隔處，如何廣大不致？」

注釋

1 子静：陸九淵字子静。2 語見朱熹〈答項平父〉之二（《朱子文集》卷五十四）。3 語見「故君子尊德性而道問學，致廣大而盡精微，極高明而道中庸。溫故而知新，敦厚以崇禮。」（《中庸》第二十七章）

譯文

以方問《中庸》「尊德性」這一條。

陽明說：「『道問學』就是『尊德性』的功夫。朱子說『陸九淵以尊德性教人，我教人豈不是道問學多了些』朱子的這個說法是分『尊德性』與『道問學』為兩件事。比如現在講習討論，下了許多工夫，無非是存養自己的心，讓它不失其德性而已。哪有『尊德性』只是空空去尊，不須要『道問學』的工夫？哪有『道問學』只是空空去問學，更與『尊德性』無關？像這樣，就會不知現在所謂的講習討論，到底是學甚麼？」

問《中庸》「致廣大」這二句。

陽明說：「『盡精微』就是『致廣大』的功夫，『道中庸』就是『極高明』的功夫。

心的本體原本是廣大的。人不能『盡精微』，就會被私欲所蒙蔽，就連細微的地方也不能戰勝。所以能夠在細緻曲折的地方無所不盡，那麼私欲就不能夠蒙蔽，自然也就沒有許多障礙遮擋，如何不能致廣大？」

問：「先儒謂『鳶飛魚躍與必有事焉同一活潑潑地』[1]。」

先生曰：「亦是。天地間活潑潑地無非此理，便是吾良知的流行不息。致良知便是必有事的工夫。此理非惟不可離，實亦不得而離也。無往而非道，無往而非工夫。」

注釋

1 語見「『鳶飛戾天，魚躍于淵』，言其上下察也。」（《中庸》第十二章）「此一段子思吃緊為人處，與『必有事焉而勿正心』之意同，活潑潑地。」（《二程遺書》卷三，程明道語）

譯文

問：「先儒說『鳶飛魚躍』與『必有事』同樣是活潑潑的。」

陽明說：「也是。天地之間，都是活潑潑地，無非這個道理，也就是我的良知流行不息的意思，致良知就是必有事的工夫。這個道理不但不能離開，實際上也不能夠離開。處處都是道，處處都是工夫。」

夫子說「性相近」[1]，即孟子說「性善」，不可專在氣質上說。若說氣質，如剛與柔對，如何相近得？惟性善則同耳。人生初時，善原是同的。但剛的習於善則為剛善，習於惡則為剛惡；柔的習於善則為柔善，習於惡則為柔惡，便日相遠了。

注釋

1 語見「性相近也，習相遠也。」（《論語．陽貨》）

譯文

孔子所說「性相近」，孟子所說「性善」，都不是就氣質上說的。如果說氣質，像剛與柔怎麼能說是相近？唯有性善是相同的。人初生時候，善原本是同的。但剛的氣質習於善就成為剛善，習於惡就成為剛惡；柔的氣質習於善就成為柔善，習於惡就成為柔惡，便會逐日變遠了。

問：「人心與物同體[1]。如吾身原是血氣流通的，所以謂之同體；若於人便異體了，禽獸草木益遠矣，而何謂之同體？」

先生曰：「你只在感應之幾上看，豈但禽獸草木，雖天地也與我同體的，鬼神也與我同體的。」

請問。先生曰：「爾看這個天地中間，甚麼是天地的心？」對曰：「嘗聞人是天地的心[2]。」

曰：「人又甚麼教做心？」對曰：「只是一個靈明。」

曰：「可知充天塞地中間，只有這個靈明，人只為形體自間隔了。我的靈明，便是天地鬼神的主宰。天沒有我的靈明，誰去仰他高？地沒有我的靈明，誰去俯他深？鬼神沒有我的靈明，誰去辨他吉凶災祥？天地鬼神萬物離卻我的靈明，便沒有天地鬼神萬物了；我的靈明離卻天地鬼神萬物，亦沒有我的靈明。如此，便是一氣流通的，如何與他間隔得？」

又問：「天地鬼神萬物，千古見在，何沒了我的靈明，便俱無了？」曰：「今看死的人，他這些精靈遊散了，他的天地萬物尚在何處？」

注釋

1 人心與物同體：參見第6、173、175條。2 語見「故人者，天地之心也，五行之端也」。（《禮記・禮運》）

譯文

問：「人心與物同體，比如我的身體原本是血氣流通的，所以可稱為同體；如果與別人相比來說就是異體了，禽獸草木就更遠了，怎麼說是同體呢？」陽明說：「你只是在感應的機緣上看問題。豈只禽獸草木，即是天地也是與我同體的，鬼神也是與我同體的。」

請教如何理解這個說法。陽明說：「你看這天地之間，甚麼是天地的心？」答：「人是天地的心。」

問：「人又甚麼叫作心？」答：「只是一個靈明。」

「可知充塞天地之間的，就是這個靈明，人只是為形體而相互阻隔了。我的靈明，便是天地鬼神的主宰。天如果沒有我的靈明，誰去瞻仰它的高？地沒有我的靈明，誰去俯看它的深？鬼神沒有我的靈明，誰去分辨它的吉凶、災祥？天地鬼神萬物離開我的靈明，就沒有天地鬼神萬物了；我的靈明，離開天地鬼神萬物，也就沒有我的靈明了。這樣，就是一氣流通的，怎麼能與他隔斷得？」

又問：「天地鬼神萬物，自古至今都在，怎麼說沒有我的靈明，便都不存在了呢？」陽明說：「如今看那死了的人，他這些精靈都遊散了，他的天地鬼神萬物還

205/337

在甚麼地方呢？」

賞析與點評

「我的靈明」即指「我的良知」，陽明強調良知是宇宙萬物、天地鬼神之所以存在的最終依據，故良知也就是宇宙本體。天地萬物的價值和意義必定隨着人的存在而存在。由此，萬物的自在問題被萬物的價值問題所化解，既然世界是一個有價值的存在，那麼它必然是指向人的存在而言，而人是一種德性的存在，是有道德心、價值感的現實具體的存在，因此人的存在賦予現實世界以價值和意義。這便是儒家為何公認「人是天地心」這一觀念的緣由。總之，天地萬物之所以是一種對人敞開的意義世界，其依據就在於「我的靈明」而非其他。

先生起行征思田，德洪與汝中追送嚴灘[1]，汝中舉佛家「實相」、「幻相」[2]之說。

先生曰：「有心俱是實，無心俱是幻。無心俱是實，有心俱是幻。」

汝中曰：「有心俱是實，無心俱是幻，是本體上說功夫。無心俱是實，有心俱是幻，是功夫上說本體。」先生然其言。

洪於是時尚未了達，數年用功，始信本體功夫合一。但先生是時因問偶談，若吾儒指點人處，不必借此立言耳。

注釋

1 嚴灘：又稱七里灘，在今浙江桐廬縣南。2 實相：「尋即於是日，告於天人眾，諸法實相義，已為汝等說」（《法華經》序品第一），意為一切萬法真實不虛之體相。幻相：「一切諸法皆如幻相，如來在中，以方便力無所染着」（《涅槃經》卷二），凡所有相，皆是虛妄。

譯文

陽明受命去征討思田，錢德洪與王汝中送追至嚴灘。王汝中舉佛家「實相」、「幻相」等學說向陽明請教。

陽明說：「有心就是實，無心就是幻；無心就是實，有心就是幻。」

汝中說：「有心就是實，無心就是幻，是從本體上來說功夫；無心就是實，有心就是幻，是從功夫上來說本體。」陽明認為他的話有道理。

（錢德洪追記）德洪當時沒有領會陽明與王汝中的上述對話的旨意，後經過數年用功，才開始相信本體功夫是合一的。不過，這只是陽明因王汝中所問，偶然談及，如果吾儒教人，就沒有必要這樣說。

賞析與點評

嚴灘四句的前兩句是正說，有就是有（實），無就是無（幻）；後兩句是反說，無即是有（實），有即是無（幻）。陽明之意在於主張心體良知原是有無相即、虛實一體之存在。王畿稱前兩句是「本體上說功夫」，後兩句是「功夫上說本體」，可謂深得陽明之意。因為在陽明的本體工夫論的構想中，有兩種路徑：「即本體」與「即工夫」。兩種路徑雖異，然至當歸一，也就是本體工夫合一。

先生曰：「人生大病只是一傲字。為子而傲必不孝，為臣而傲必不忠，為父而傲必不慈，為友而傲必不信。故象與丹朱俱不肖[1]，亦只一傲字，便結果了此生。諸君常要體此。人心本是天然之理，精精明明，無纖介染着，只是一『無我』而已。胸中切不可有，有即傲也。古先聖人許多好處，也只是『無我』而已，『無

我』自能謙。謙者衆善之基，傲者衆惡之魁。」

注釋　1象不肖，見第188條注3。丹朱不肖，見第102條注3。

譯文　陽明說：「人生的大毛病，只是一個傲字。做兒子的如果驕傲，就一定不會是孝子；做臣子的如果驕傲，就一定不會是忠臣；做父親的如果驕傲就一定不會是慈父；做朋友的如果驕傲，就一定不會有信譽。所以，象和丹朱都不肖，也就是因為一個傲字毀了一生。你們要經常體悟。人心本來就是這個道理，它靈靈明明，沒有一絲一毫的雜染，這裏只是一個『無我』而已。胸中切不可存『有我』，有就是傲慢。古代的聖人有許多優點，但主要還是在『無我』而已。『無我』就自然能夠謙虛。謙虛是衆善的基礎，而驕傲卻是衆惡的魁首。」

又曰：「此道至簡至易的，亦至精至微的。孔子曰『其如示諸掌乎！』[1]且人於掌何日不見？及至問他掌中多少文理，卻便不知。即如我『良知』二字，一講便明，誰不知得？若欲的見良知，卻誰能見得？」

問曰：「此知恐是無方體的[2]，最難捉摸。」

先生曰：「良知即是《易》，『其為道也屢遷，變動不居，周流六虛，上下無常，剛柔相易，不可為典要，惟變所適』[3]。此知如何捉摸得？見得透時便是聖人。」

注釋

1 語見「或問禘（大祭）之說，子曰：『不知也。知其說者之於天下也，其如示諸斯乎！』指其掌。」（《論語・八佾》）2 見第47條注2。3 語見《周易・繫辭下》。

譯文

陽明又說：「這個道理是至簡至易的，也是至精至微的。孔子說『如看我的手掌』。這人對自己的手掌甚麼時候看不到呢？但問他手掌中有多少紋理，卻又不知道。這就像我所說的『良知』二字，一講便明白的，誰不知道。如果要真切見得這個良知，卻又有誰見得？」

問：「這良知恐怕是沒有方所和形狀的，最難捉摸。」

陽明說：「良知就是《周易》所說的『其為道也多次遷移，變動不居，周流卦之六位，上下無常，剛柔相濟，不能奉為典要，惟變是從』。這良知怎麼能夠捉摸到呢？把良知看得透徹的時候便是聖人了。」

《傳習錄拾遺》

本篇導讀——

《拾遺》共五十一條，是美國華裔著名中國哲學史學家陳榮捷先生廣搜博採，從各種版本的《傳習錄》及其他相關的陽明文獻當中收集到的散佚各處的陽明語錄。這是當代中文學術界首次對陽明佚文進行收集整理的開創性工作。《拾遺》所收的一些陽明語錄對於我們全面了解陽明思想很有參考價值，例如我們可以了解到陽明對於良知問題的根本領悟，發生在龍場悟道之際，儘管「點此二字不出」，陽明還自陳他對良知的重新發現乃是「從百死千難中得來」，不是「容易見得到此」的，因此他告誡弟子，良知兩字既是「究竟話頭」、「學問頭腦」，同時又須加以切身實踐才能獲得最終的體認，絕不能當作外在的「光景」——如樹在日光下的影子，喻指與為己之學無關的客觀知識對象——一般來「玩弄」，倘若如此，就是對自己良知的莫大辜負。陽明的這番告誡語重心長，對我們亦有十分重要的啟發意義。

薛尚謙、鄒謙之、馬子莘、王汝止侍坐。請問「鄉愿狂者之辨」[1]。

曰：「鄉愿以忠信廉潔見取於君子，以同流合污無忤於小人，故非之無舉，刺之無刺。然究其心，乃知忠信廉潔，所以媚君子；同流合污，所以媚小人也。其心已破壞矣，故不可與入堯舜之道。狂者志存古人，一切紛囂俗染，不足以累其心，真有鳳凰千千仞[2]之意。一克念即聖人矣，惟不克念，故洞略事情，而行常不掩。惟行不掩，故心尚未壞而庶可與裁。」

……

曰：「狂狷為孔子所思，然至乎傳道不及琴張[3]輩而傳習曾子，豈曾子乃狂狷乎？」

曰：「不然。琴張輩狂者之稟也，雖有所得，終止於狂。曾子中行之稟也，故能悟入聖人之道。」

注釋

*左為本書條目，右為全本《拾遺》條目，至216/48同。1 見第192條注4。2 鳳凰千千仞：鳳凰喻君子，千仞喻崇高理想。3 琴張：名牢，字子張，孔子弟子：「如琴張、曾晳、牧皮者，孔子之所謂狂矣。」（《孟子．盡心下》）

譯文

薛尚謙、鄒謙之、馬子莘、王汝止陪坐在陽明身邊。請教如何分辨鄉愿與狂者。陽明說：「鄉愿是以忠信廉潔的品行為君子所喜好，以同流合污的舉動與小人相一致，所以沒有甚麼地方可被批評的，也沒有甚麼地方可被諷刺的。然而深究他的內心，就可以知道他的忠信廉潔是用來諂媚君子的，同流合污是為了諂媚小人的。他的心已經壞透了，所以不可走上堯舜的道路。狂者是以古人為志向，一切的繁瑣塵染，都不能牽絆他的心，真有鳳凰止於千仞之高的山頂的意思。如果能夠克念，就是聖人。只是因為不能克念，所以做事有疏忽，而且行事往往出錯。正是因為他會做錯事，所以他的心還未壞透，還能夠裁斷糾正。」

……

問：「狂者、狷者是孔子所期望的，然而傳道的人，為甚麼沒有子張這些狂者，反而是曾子。難道曾子也是狂狷嗎？」

陽明說：「不是。子張是狂者的稟賦，雖然有所得，但終究止於這裏而已。而曾子卻是中行的秉性，所以能夠傳聖人之道。」

先生嘗曰：「吾良知二字，自龍場以後，便已不出此意，只是點此二字不出。於學者言，費卻多少辭說。今幸見出此意，一語之下，洞見全體，真是痛快，不覺手舞足蹈。學者聞之，亦省卻多少尋討功夫。學問頭腦，至此已是說得十分下落。但恐學者不肯直下承當耳。」

又曰：「某於良知之說，從百死千難中得來，非是容易見得到此。此本是學者究竟話頭，可惜此理淪埋已久。學者苦於聞見障蔽，無入頭處，不得已與人一口說盡。但恐學者得之容易，只把作一種光景玩弄，孤負此知耳。」

譯文

陽明說：「我這良知二字，自龍場以後，就已經不出離這個意思，只是未能明白說出這兩個字而已，所以對人說話，浪費了不少言辭。如今有幸看出這個意思，一語之下，洞見全體，不覺手舞足蹈。學者聽見這個道理，也省卻不少探尋的工夫。學問頭腦至此已經說得十分明白。唯恐學者不肯切實地下工夫而已。」

又說：「我關於良知的說法，是從百死千難之中得來的，不是容易就能見得到的。這本來就是學者的究竟話頭，可惜這個道理被埋沒很久了，學者被見聞所蒙蔽，做工夫沒有下手處，因此不得已與人一口道盡、全盤托出。但我擔心學者得到容易，卻把它當做一種外在的『光景』來玩弄，便辜負了這個良知。」

賞析與點評

這裏的兩段陽明語，當屬陽明晚年對自己龍場悟道之生命體驗的一番回憶，非常生動而且重要，卻未被採入《傳習錄》。其中第一段又見《遺言錄》卷下第24條。陽明在此表達了他當時發現良知宗旨的興奮心情，從中可以感受到良知發現對陽明而言的重要性，他強調人們應從自身出發去切實體認良知這一「學問頭腦」、「究竟話頭」，而不能把它當作一種與己無關的客觀對象或知識概念來把捉，因為良知絕不是「光景」，而是內在於每個人生命之中的「真己」。

先生曰：「人必要說心有內外，原不曾實見心體；我今說無內外，尚恐學者流在有內外上去。若說有內外，則內外益判矣。況心無內外，亦不自我說，明道〈定性書〉有云『且以性為隨物於外，則當其在外時，何者為在內』，此一條最痛快。」

譯文

陽明說：「人們必要說心有內外，這原本是因為沒有見到這個心體；如今我說心沒有內外之別，正怕學者會產生心有內外的看法。如果說心有內外，那麼內外更加分離了。何況心沒有內外的說法，也不是我自己說的，明道先生在其〈定性書〉中就說過『認為性是隨着事物在外的，那麼當它在外的時候，那在裏面的又是甚麼呢？』這句話最為痛快！」

直問：「『戒慎恐懼』[1]是致和，還是致中？[2]」先生曰：「是和上用功。」曰：「《中庸》言致中和。如何不致中，卻來和上用功？」先生曰：「中和一也，內無所偏倚，少間發出，便自無乖戾，本體上如何用功？必就他發處，才着得力。致和便是致中。萬物育，便是天地位。」直未能釋然。

先生曰：「不消去文義上泥，中和是離不得底。如面前火之本體是中，火之照物處便是和。舉着火，其光便自照物，火與照如何離得？故中和一也。近儒亦有以戒懼即是慎獨[3]，非兩事者，然不知此以致和即便以致中也。」

他日，崇一謂直曰：「未發是本體，本體自是不發底。如人可怒，我雖怒他，然怒不過當，卻也是此本體未發。」後以崇一之說問先生。

先生曰：「如此卻是說成功。子思說發與未發，正要在發時用功。」

注釋

1見第56條注2。2見第29條注2。詳見「中也者，天下之大本也；和也者，大下之達道（普遍規則）也。」（《中庸》第一章）3「近儒」句：近儒指胡季隨等，見《朱子語類》卷六十二。

譯文

黃直問：「『戒慎恐懼』是致和的工夫還是致中的工夫呢？」陽明說：「是在和上用功。」問：「《中庸》說致中和，為甚麼不是致中？卻在和上用功？」陽明說：「中和是一個，如果內心無所偏倚，一會發見出來，就自然是沒有錯謬的。本體上怎麼好用功？一定是就他發見的地方，才好着力用功。致和就是致中。萬物育就是天地位。」黃直未能明白。

陽明說：「不必拘泥在文義上尋求，中和原是不分離的。如眼前這火的本體是中，而火能照物就是和。舉着這火，其光自然能夠照物。火與照如何離得？所以說中和是一個。近來儒者也有以戒慎就是慎獨，這兩個不是兩件事，然而卻不知道致和就是致中也。」

他日，崇一對黃直說：「未發是本體，本體自然是不發的，就好比這個人是很令人氣憤的，我雖然因他而氣憤，然而能夠不過，卻也像這個本體未發時候一樣。」後來黃直以崇一的說法向陽明請教。

陽明回答道：「這是說效驗。子思所說的發與未發，正要是在發見處用工夫。」

212/27

賞析與點評

這裏涉及《中庸》「喜怒哀樂未發謂之中，發而中節謂之和」的中和問題。這是說，「中」是未發之體，「和」是已發之用，本體上無法用功，故唯有就發用處「致和」，通過「致和」便能實現「致中」。此即陽明的「即用求體」說。這一工夫論主張顯然是建立在良知見在、發用流行的觀念之上的。

直問：「『物有本末』[1]一條，舊說似與先生不合。[2]」

先生曰：「譬如二樹在此，一樹有一樹之本末，豈有以一樹為本，一樹為末之理？明德親民，總是一物，只是一個工夫。才二之，明德便是空虛，親民便是襲取矣。『物有本末』云者，乃指定一物而言。如實有孝親之心，而後有孝親之儀文節目。『事有終始』云者，亦以實心為始，實行為終。故必始焉有孝親之心，而終焉則有孝親之儀文節目。事長、事君，無不皆然。自意之所着謂之物，自物之所為謂之事。物者事之物，事者物之事也，一而已矣。」

213/31

注釋

[1] 語見「物有本末，事有終始。知所先後，則近道矣。」（《大學》第一章）[2] 舊說：指朱子《大學章句》對此句的解釋：「明德為本，新民為末。知止為始，能得為終。本始所先，末終所後。」

譯文

黃直問：「『物有本末』這一句，舊說似乎與老師的說法不同。」

陽明說：「就好比這裏的兩棵樹，是一樹有一樹的本末，難道有一棵樹為本而另一棵樹為末的道理嗎？明德親民，總是一物，只是一個工夫。才分為二，明德就是空虛，親民就是襲取。『物有本末』的說法，就是指一件事而言的。如實有孝順父母的心，而後才有孝順父母的儀文節目。『事有終始』的說法，也是以實心為始，以實行為終。所以一定是以孝順父母的心為先，而後以有孝順父母的儀文節目為終。尊敬兄長、侍奉君主，都是這樣。自意的所着的角度來說就是物，自物的所為的角度來說就是事。物是事的物，事是物的事，只是一個。」

先生曰：「氣質猶器也，性猶水也。均之水也，有得一缸者，得一桶者，有得一甕[1]者，局於器也。氣質有清濁、厚薄、強弱之不同，然其為性則一也，能擴

而充之，器不能拘矣。」

注釋　1甕（粵：ung[3]；普：wèng）：大容器，口小腹大的盛物陶器。

譯文　陽明說：「氣質就像是器，性就像是水。都是水，有人得到一缸，有人得到一桶，有人得到一甕，都是受制於器。氣質有清有濁、有厚有薄、有強有弱這些不同，然而同為性卻是一樣的，如果能夠擴充出去，器就限制不住它了。」

先生嘗語學者曰：「作文字亦無妨工夫，如『《詩》言志』[1]，只看爾意向如何。意得處自不能不發之於言，但不必在詞語上馳騁，言不可以偽為。且如不見道之人，一片粗鄙心，安能說出和平話？總然都做得後一兩句，露出病痛，便覺破此文原非充養得來。若養得此心中和，則其言自別。」

注釋　1「詩言志，歌詠言，聲依詠，律和聲。」（《尚書‧堯典》）

譯文　陽明經常對學者說：「做文章也並不妨礙做致良知的工夫，比如《詩》是用來表達人的意向的，只須看你的意向怎麼樣。意向若有自得，就不能不發出來見之於文字，只是不要在詞語上浪費過多的精力，言語是不可以作偽的。就像不認識道理的人，全是粗鄙的心，怎麼能說出平和的話？縱然說出後面一兩句，也會露出病痛，就會被人看破這篇文章絕不是涵養得來的。如果存養得自己的心氣平和，則其文字自然有別。」

先生與黃綰、應良[1]論聖學久不明。學者欲為聖人，必須廓清心體，使纖翳不留，真性始見，方有操持涵養之地。應良疑其難。

先生曰：「聖人之心如明鏡，纖翳自無所容，自不消磨刮。若常人之心，如斑垢駁蝕之鏡，須痛刮磨一番，盡去駁蝕，然後纖塵即見，才拂便去，亦不消費力，到此已是識得仁體矣。若駁蝕未去，其間固自有一點明處，塵埃之落，固亦見得，才拂便去。至於堆積於駁蝕之上，終弗之能見也。此學利困勉[2]之所由異。幸勿以為難而疑之也。凡人情好易而惡難，其間亦自有私意氣習纏蔽在，識破後，自然不見其難矣。古之人至有出萬死而樂為之者，亦見得耳。向時未見得

裏面意思，此功夫自無可講處。今已見此一層，卻恐好易惡難，便流入禪釋去也。」

注釋

1 應良：字元忠，仙居（今浙江）人，陽明弟子。2 見第6條注3。

譯文

陽明與黃綰、應良議論聖學為甚麼這麼長時間不能彰明。學者如果想成為聖人，必須廓清自己的心體，不能留下纖毫的雜染，只有這樣真性才能見到，方才有保持涵養的地方。應良懷疑這樣做太難。

陽明說：「聖人的心就像明鏡，自然沒有纖毫的塵染，自然不用打磨的工夫。但是常人的心，就像污垢斑斑的鏡子一樣，必須痛下打磨的工夫才可以。才去拂拭便會去掉，也不費甚麼力氣。到這裏才能見到仁體。如果不能去掉這些塵埃污垢，其間雖也有一點光明的地方，塵埃落在上面也能知道，才拂拭便能去掉。至於塵埃堆積在上面，終究不能拂拭掉。這就是學知利行和困知勉行的區別。千萬別認為是繁難就去懷疑。大概而言，人情總是喜易而惡難，其間也是有私意習氣遮蔽，但看破之後，自然就不覺得繁難了。古人有出生入死而以為樂的，也是因為見到這個道理。以前還未見到這個意思，這個工夫自然沒有可講的地方。如今既然已經見到這層意思，卻喜易而惡難，就會落入禪釋那裏去了。」

是月，舒柏[1]有「敬畏累灑落」之問，劉侯[2]有「入山養靜」之問。

先生曰：「君子之所謂敬畏者，非恐懼憂患之謂也，戒慎不睹，恐懼不聞之謂耳[3]。君子之所謂灑落者，非曠蕩放逸之謂也，乃其心體不累於欲，無入而不自得之謂耳。夫心之本體，即天理也。天理之昭明靈覺，所謂良知也。君子戒懼之功，無時或間，則天理常存，而其昭明靈覺之本體，自無所昏蔽，自無所牽擾，自無所歉餒愧怍。動容周旋而中禮[4]，從心所欲而不踰[5]，斯乃所謂真灑落矣。是灑落生於天理之常存，天理常存生於戒慎恐懼之無間。孰謂敬畏之心反為灑落累耶？」

謂劉侯曰：「君子養心之學，如良醫治病，隨其虛實寒熱而斟酌補泄之。要在去病而已。初無一定之方，必使人人服之也。若專欲入坐窮山絕世，故屏思慮，則恐既已養成空寂之性，雖欲勿流於空寂，不可得矣。」

注釋

1 舒柏：字國用，靖安（江西）人。2 劉侯：情況不詳。3 見第 29 條注 3。4 動容周旋：「動容周旋（舉止、儀容和進退揖讓）中禮者，盛德之至也。」（《孟子．盡心下》）5 從心所欲：「七十而從心所欲，不踰矩。」（《論語．為政》）

譯文

這個月舒柏有「敬畏會妨礙灑落」的疑問，劉侯有「入山養靜」的問題。陽明說：「君子所說的敬畏，不是恐懼憂患的意思，而是戒慎不睹，恐懼不聞的意思。君子所說的灑落，不是曠蕩放逸的意思，而是心體不受物欲拖累，無入而不自得的意思。人心的本體就是天理。天理的昭明靈覺，就是良知。君子戒慎的工夫，無時無刻，天理常存，而其昭明靈覺的本體，自然沒有昏蔽，自然沒有牽擾，自然沒有愧疚。動容周旋都能合乎禮，從心所欲而能不逾矩，這才是真正的灑落。是灑落生於天理的常存，而天理的常存生於戒慎恐懼工夫的不停息。誰說敬畏的心反而會成為灑落的拖累？」

對劉侯說：「君子養心的學問，就如好醫生看病，只須根據病人的虛實寒熱，斟酌是補還是泄，其目的在於去病而已。起初並沒有一定不變的藥方，一定要使人人都服用。如果遁入窮山，離世索居，摒棄思慮，這樣恐怕會養成空寂的毛病，雖然不想落入空寂中去，恐怕也不可得。」

《陽明先生遺言錄》

本篇導讀——

《遺言錄》上下兩卷，今僅見嘉靖二十九年（一五五〇）閭東刻本《陽明先生文錄》附錄（日本、台灣有藏）。兩卷分別為黃直、錢德洪纂輯，均由曾才漢校輯，共有一百一十條組成。經與陽明其他文獻校核，實際所存陽明佚文達三十八條。該本實為錢德洪刻《傳習續錄》的主要底本之一，但德洪根據自己的選擇標準，刪其三分之二。在被刪的這些陽明語錄中，有些文獻價值很高，可彌補或糾正某些史實的闕載或誤載，例如有關陽明早年「格竹」事件，《陽明年譜》繫於陽明二十一歲時，現據《遺言錄》所載，當知該事件發生在陽明十五六歲左右；又如關於龍場悟道也有生動記錄，這是陽明在「履險處危」之際，經歷了一番「困心衡慮」的生命體驗之後，才「豁然見出這頭腦來」，頓時覺得「真是痛快」，甚至不禁「手舞足蹈」起來，而且陽明還信誓旦旦地宣稱，他重新發現的良知學乃是儒學史上「數千百年」來隱祕不露的「天機」，至此「也該發明出來了」，足見其言之重、其信之深。

《陽明先生遺言錄》上卷

217/30*

人心一刻純乎天理，便是一刻的聖人；終身純乎天理，便是終身的聖人。此理自是實。人要有個不得已底心，如貨財不得已乃取，女色不得已才近，如此則取貨財、近女色乃得其正，必不至於太過矣。

注釋　*左為本書條目，右為全本《遺言錄》條目，至223/49同。

譯文　人心一刻純是天理，就是一刻的聖人；終身純是天理，就是終身的聖人。此理自然是實實在在的。人須要有個不得已的心，就如貨財不得已才去獲取，女色不得已才去接近，這樣去取貨財、近女色才能得其正，而不至於太過。

218/32

學莫先於立志。志之不立而曰學，皆苟焉以自欺者也。譬之種樹，志其根也，根之不植，未有能生者也。今之學者孰肯自謂無志？其能有如農夫之於田，商賈之於貨，心思之所計量，旦暮之所勤勞，念念在是者乎？不如是，謂之無志亦可矣。故志於貨者，雖有虧耗，乃終有息。志於田者，雖有旱荒，乃終有稔[1]。篤志若是而未之成者，吾或見之矣。志之不立而能有成者，吾未之見也。

注釋

1 稔（粵：nam5；普：rěn）：莊稼成熟。

譯文

學莫先於立志。志不立而謂之學，那是自欺欺人而已。就好比栽樹，立志是其根，不植樹根，怎麼能生長。今天的學者誰肯自己承認不立志？但誰又能如農夫對待田地，商人對待貨物那樣，心思所謀劃計量，早晚所勤勞的，念念都在這裏？如果不能這樣，就稱無志也是可以的。所以說有志於貨物，雖有虧損，但終能取得利息；志於田地，雖有旱澇之災，但終有收穫。這樣去立志但未能成德的，我也許是見過的。但如果不這樣立志而能夠有所成就的，我卻沒有見到過。

董蘿石以「反求諸己」[1]為問。

先生曰：「反求諸己者，先須掃去自己舊時許多繆妄、勞攘、圭角，守以謙

虛，復其天之所以與我者。持此正念，久之自然定靜。遇事物之來，件件與他理會，無非是養心之功。蓋事外無心也。所以古人有云：『若人識得心，大地無寸土。』[2]此正是合內外之學。」

注釋

1 反求諸己：「行有不得者，皆反求諸己，其身正而天下歸之。」（《孟子・離婁上》）

2 佛經用語，意為認識到真心自性，全宇宙都為自性所變觀，離開自性沒有一現象可得。

譯文

董蘿石就「反求諸己」這個問題向陽明請教。

陽明說：「反求諸己，是要先掃除自己平時的許多謬誤、紛擾和張揚等毛病，謙虛持守，以恢復上天所賦予我的良知心體。保持這個正念，久而久之，自然會寧靜下來。遇到事物，就一件一件去理會應對，這都是有助於養心的工夫。蓋心在事中，事外無心。所以古人有云：『若人識得心，大地無寸土。』這就是內外合一的學問。」

賞析與點評

「事外無心」是指反求諸己、存性養心之工夫必須在事事物物上去做，離開了事物便無所謂工夫可言。這個說法與陽明晚年強調隨時就事上致吾心之良知於事事物物的致良知教是一致的。陽明借用佛經所言萬法唯心造的說法，旨在揭示心學的一個固有觀點：即心外無事、心外無物、心外無理。

夫道固不外於人倫日用，然必先志於道而以道為主，則人倫日用自無非道。故「志於道」是尊德性主意也，「據於德」是道問學工夫也，「依於仁」者常在於天理之中，「遊於藝」者精察於事為之末。[1]遊藝與學文俱是力行中工夫，不是修德之外別有此間事也。蓋心氣稍麄[2]則非仁矣。故《詩》、《書》、六藝等事，皆輔養性情而成其道德也。以志道為主，以修德為工，全體使之純誠，纖悉不容放過，此明德[3]之事也。

注釋　1見第153條注1。2麄：同「粗」。3明德：詳見第1條。

譯文　道固然是不在人倫日用之外的，然而必須先志於道而以道為主，然後人倫日用才無非是道。所以說「志於道」是尊德性的主意，「據於德」是道問學的工夫，「依於仁」是指常在天理之中，「遊於藝」是指精察事情的細枝末節。「遊藝」與「學文」都是力行中的工夫，不是修德之外別有此間事。蓋心氣稍粗就不是仁，所以說《詩》、《書》、六藝等事，都是修養性情而成就其道德的。以志道為主，以修德為工夫，使全體純誠，絲毫不容放過，這就是明德的事。

‖221/9

《陽明先生遺言錄》下卷

先生曰：「感發興起是詩，有所執持是禮，和順於道德而理於義者，只是一統事。」

又曰：「良知之純一無間是仁，得宜曰義，條理曰禮，明辨曰智，篤實曰信，和順是樂，妙用是神。總只是一個良知而已。」

譯文　陽明說：「感發興起是詩，有所持守是禮，和順於道德而理於義的，都是一件事。」又說：「良知的純一無間就是仁，得其宜就是義，有條理就是禮，能明辨就是智，能篤實就是信，能和順就是樂，妙用就是神，總只是一個良知而已。」

問：「先生嘗云『心無善惡者也』[1]，如何解『止至善』又謂『是心之本體』[2]。」

先生曰：「心之本體未發時，何嘗見有善惡？但言心之本體原是善的。良知不外喜怒哀樂，猶天道不外元亨利貞[3]。至善是良知本體，猶貞是天之本體。除卻喜怒哀樂，何以見良知？除了元亨利貞，何以見天道？」

注釋　1此語可參見第33條、第191條和194條。2見第2條。3元亨利貞：語見《周易·乾卦》。

譯文　問：「老師常說『心是沒有善惡的』，如何又說『止至善』是『心的本體』呢？」

陽明說：「心的本體未發時，何曾看見善惡？這只能說心的本體原是善的。良知不在喜怒哀樂之外，就好像天道不在元亨利貞之外。至善是良知的本體，就好像貞是天的本體。除卻喜怒哀樂，如何見到良知？除卻元亨利貞，如何見到天道？」

賞析與點評

「心無善惡者」意即「無善無惡心之體」。重要的是，這裏涉及一個關鍵問題：「心無善惡」與「至善者心之本體」何以同時成立的義理問題。雖然陽明所答過於簡單，但可看出他並不認為「心無善惡者」與「心之本體原是善的」存在矛盾。陽明的這個説法對於我們理解其晚年提出的「四句教」無疑有重要參考價值。

223/49

先生曰：「某十五六歲時，便有志聖人之道，但於先儒格致之説若無所入，一向姑放下了。一日寓書齋，對數莖竹，要去格他理之所以然，茫然無可得。遂深思數日，卒遇危疾，幾至不起。乃疑聖人之道恐非吾分所及，且隨時去學科舉之業。既後心不自已，略要起思，舊病又發。於是又放情去學二氏，覺得二氏之學比之吾儒反覺徑捷，遂欣然去究竟其說。後至龍場，又覺二氏之學未盡。履險處危，困心衡慮，又豁然見出這頭腦來，真是痛快，不知手舞足蹈。此學數千百年，想是天機到此，也該發明出來了，此必非某之思慮所能及也。」

譯文

陽明說：「我十五六歲的時候，就有志於聖人之道，但對先儒所說的格致學說不知從何處入手，就放棄了。一天在書房，看着眼前數叢竹子，就要去格他理的所以然，茫茫然無所得，思索好幾天，最後得病，以至於不能起牀。於是懷疑聖人之道恐怕不是我所能達到的，姑且隨着去學習科舉。後來自己的心不能自己，才稍微去思索，舊病又會發作。只好又去鑽研佛老的學說，覺得二氏的學說反而比吾儒更加便捷，於是欣然去研究他們。後來在龍場，又覺得二氏的學說有未盡的地方。身處險危之地，又豁然看出這頭腦出來，真是痛快，不知不覺手舞足蹈。此學說沉沒數千年，想來也是天機到了，也該彰明出來了，這一定不是我的思慮所能達到的。」

賞析與點評

此條證明陽明「格竹」事件發生在其十五六歲之時，這是出自陽明自己的回憶，較為可信。

《陽明年譜》記此事在弘治壬子（一四九二）「侍龍山公於京師」條，陽明時年二十一歲，然《年譜》又記陽明本年「在越」，兩相牴牾。可由此條糾《年譜》之誤。

《稽山承語》

本篇導讀——

《稽山承語》一卷為陽明門人朱得之編，今見閭東刻本《陽明先生文錄》附錄。朱得之（生卒不詳）字本思，號近齋，南直隸靖江人，嘉靖乙酉（一五二五）入陽明門下，丁亥（一五二七）追記平時所聞陽明語，共四十五條。這裏選錄的三條都比較重要，第20條（《承語》本）講的是本體工夫論，第25條竟與《傳習錄》下所錄「四句教」如出一轍，第36條與《陽明年譜》嘉靖二年所載「廳堂三間」之喻來闡述三教關係的觀點非常接近，陽明指出「道大無外」，故三教之教法雖不同，但從「道」的普遍性角度看，三教原本是「一家」，後世學者卻「各道其道」，這就將「道」狹窄化了，導致「小其道矣」之結果，於是三教之間紛爭不斷，甚至彼此視若仇敵，然而在「心學純明」的時代，三教理應可以偃旗息鼓、互撤藩籬，恢復「仍舊是一家」之關係，這反映了陽明的三教同源、三教一致的思想觀點。這個觀點對於晚明出現的三教互相競逐而又漸趨融合會通的思想現象或有相當程度的影響，如其弟子王畿提出「以良知範圍三教」的主張亦淵源於此。

問：「正其不正，以致其良知於事物相接之時，其工夫則有着落矣。事物未相接時，如何用功？」

師曰：「只是謹獨[1]。」

注釋　*左為本書條目，右為全本《稽山承語》條目，至229/40同。1見第29條注2。

譯文　問：「正其不正，在接觸事物的時候去致其良知，這樣做工夫才有着落。如果事物沒有到來的時候要怎麼用工夫呢？」

陽明說：「只是謹獨而已。」

誠者天之道，言實理之本體；思誠者人之道，聖賢皆謂之思誠，惟有工夫，則人道也。

譯文　誠者是天的道理，是說實理的本體；思誠者是人的道理，聖賢都可稱為思誠，唯有做工夫，才是人道。

合着本體，方是工夫；做得工夫，方是本體。1
又曰：「做得工夫，方見本體。」
又曰：「做工夫的，便是本體。」

注釋　1參考「嚴灘四句」，見第205條。

譯文　與本體相合的工夫，才稱得上是工夫；在工夫上可行的，才稱得上是本體。
又說：「工夫切實，才能使本體呈現。」
又說：「做工夫本身，就是本體。」

賞析與點評

這裏前後共四句，在義理上各自成說而又彼此貫通，構成整體的義理結構，分而言之為四句，合而言之則是本體工夫合一論，可視作陽明對本體工夫問題的一個定論。稽山四句略早於天泉四句，而嚴灘四句最晚，大致都在嘉靖五年至六年左右。三者表述形式各異，然其義理正可彼此呼應。稽山四句所論本體工夫正與天泉四句所蘊涵的即本體便是工夫、即工夫以還本體的思想相通。嚴灘四句的有心無心之辯，也可從本體工夫相即不離之角度作合適的理解，因為有無統一既可指本體也可指工夫，既有本體上的有無合一，也有工夫上的有無合一。所謂「合一」，其理據在於：本體是良知之本體，工夫是良知之工夫。故只有在良知的前提下，本體工夫才能合一。其實無論是心與理一、知行合一還是本體工夫合一論，構成了陽明良知教的重要理論環節。

楊文澄[1]問：「意有善惡，誠之將何稽？」師曰：「無善無惡者心也，有善有惡者意也，知善知惡者良知也，為善去惡者格物也。」[2]曰：「意固有善惡乎？」曰：「意者心之發，本自有善而無惡，惟動於私欲而後有惡也。惟良知自知之，故學問之要曰致良知。」

注釋　1 楊文澄：情況不詳。2 參考天泉四句，見第 194 條首段。

譯文

楊文澄問：「意是有善有惡的，誠意工夫將以甚麼作為根據呢？」

陽明說：「無善無惡的是心，有善有惡的是意，知善知惡是良知，為善去惡的是格物。」

問：「意是一定有善有惡嗎？」

說：「意是心的發用，本來是有善而無惡的，只是因為被私欲所牽動而後有惡。唯有良知自能知道，所以說做學問的根本工夫就在於致良知而已。」

賞析與點評

這一記述與「四句教」可以互相印證，唯開首兩句略與「無善無惡是心之體」、「有善有惡是意之動」有異，但大意不差。若與《遺言錄》第16條合觀，則可說「四句教」絕非陽明於嘉靖六年九月「天泉證道」之際的偶發之語，而是陽明晚年屢有言及的重要教法，因此劉宗周「四句教法，考之陽明集中，並不經見，其說乃出於龍溪」（黃宗羲《明儒學案·師說》）的判斷是難以成立的。據此可見，宗周似乎亦未目睹《稽山承語》。

或問三教同異。

師曰：「道大無外，若曰各道其道，是小其道矣。心學純明之時，天下同風，各求自盡。就如此廳事，元是統成一間，其後子孫分居，便有中有傍。又傳漸設藩籬，猶能往來相助。再久來漸有相較相爭，甚而至於相敵。其初只是一家，去其藩籬仍舊是一家。三教之分，亦只似此。其初各以資質相近處學成片段，再傳至四五則失其本之同，而從之者亦各以資質之近者而往，是以遂不相通。名利所在，至於相爭相敵，亦其勢然也。故曰：『仁者見之謂之仁，知者見之謂之知。』[1]才有所見，便有所偏。」

注釋

1見《周易．繫辭上》。

譯文

或問儒佛道三教的異同關係。

陽明說：「道大是不分內外的，如果說各有其道，就是小看這個道了。心學純明的時代，天下同一風尚，惟各求盡心盡力而已。就好比這個廳堂，原是統成一間的，其後子孫分居，就有中間有旁邊；又漸漸設置藩籬，但仍能相互往來；時間再久，漸漸相互競爭，甚至相互敵視。起初只是一家，去掉藩籬仍是一家。三教的分別，也只是如此。起初各以資質的相近處來成學，再傳至於四五代，便失去其本來的相同，此後學者也都各自趨往和自己資質相近的道路，所以彼此不再相貫通了。名利的所在，以至於相互競爭敵視，這也是時勢所然。所以說：『仁者見之謂之仁，智者見之謂之知。』才有所見，就會有所偏頗。」

賞析與點評

以「廳事」之喻來闡述「三教」問題，這與《陽明年譜》嘉靖二年所載「廳堂三間」之喻很相近，但兩者文字卻頗有差異，可推測《年譜》作者是在「廳事」之喻的基礎上，對《承語》所錄作了符合文理表述的較大改動，而《承語》所錄顯然更為口語化，故有相當重要的文獻價值。

229/40

嘉靖丁亥[1]得之[2]將告歸，請益。

師曰：「四方學者來此相從，吾無所畀益也，特與指點良知而已。良知者是非

之心，吾之神明也。人皆有之，但終身由之而不知者衆耳。各人須是信得及，儘着自己力量，真切用功，日當有見。《六經》、《四子》亦惟指點此而已。近來學者與人論學，不肯虛心易氣，商量個是當否，只是求伸其說，不知此已失卻為學之本，雖論何益！又或在此聽些說話，不去實切體驗，以求自得，只管逢人便講，及講時又多參以己見，影響比擬，輕議先儒得失，若此者正是立志未真，工夫未精，不自覺其粗心浮氣之發，使聽者虛謙問學之意反為蔽塞，所謂輕自大而反失之者也。往時有幾個樸實頭的，到能反己自修，及人問時，不肯多說，只說『我聞得學問頭腦只是致良知』，不論食息語默、有事無事，此心常自炯然[3]不昧，不令一毫私欲干涉，便是必有事焉，便是慎獨[4]，便是集義[5]，便是致中和[6]。又有一等淵默躬行、不言而信，與人並立而人自化，此方是善學者，方是為己之學。」

注釋

1 嘉靖丁亥：一五二七年。2 得之：朱得之，字本思，號近齋，南直隸靖江人，陽明弟子。3 炯然：明亮貌。4 見第 29 條注 3。5 見第 59 條注 2。6 見第 29 條注 2。

譯文

嘉靖丁亥年，朱得之將要離開，就向陽明求教。

陽明說：「四方學者來我這裏求學的，我也沒有特別增益的，只是與他們點明良知而已。良知是是非之心，是我的神明，是人人都有的，只是大都終身雖由之卻不知道。每個人須是要相信這個，盡自己的心力，切切實實去做工夫，自然會有見到這一天。《六經》、《四書》也不過是指點這良知而已。近來學者與人討論學問，不肯謙虛，相互商量探討，只是自己說自己的，不知這已經失去了討論的本質，又有甚麼益處？又有人不按照在此聽到的話，去切實體驗，以尋求自得，卻逢人就說話，並且在和人講論的時候又摻雜自己的意見，模擬影響，輕議先儒的過失，這些都是不能真切立志，不能精細地做工夫，不覺心浮氣躁而產生的。這樣反而阻塞了來聽的人虛心向學的心願，這就是自高自大而造成的惡劣後果。以前也有幾個樸實敦厚的，卻能反己自修，有人請教的時候又不肯多說話，只說『我聽說學問的頭腦只是致良知』，無論吃飯、休息、說話、沉默還是有事無事，這個心常是清楚顯明，沒有一毫私欲來干涉，這就是必有事、慎獨、集義、致中和工夫。又有這樣一等的人，沉默躬行、不言語而能取信於人，和人站在一起就能同化人，這就是善學的人，這才是為己的學問。」

參考書目

一、《王文成公全書》，明隆慶六年謝廷傑刻本，《四書叢刊》初編所收，上海商務印書館，一九二九年景印本。
二、陳榮捷：《王陽明傳習錄詳注集評》，台北：台灣學生書局，一九九二年修訂本；上海：華東師範大學出版社，二〇〇九年簡體字版。
三、《（新編本）王陽明全集》六冊（吳光、錢明、董平、姚廷福編校），杭州：浙江古籍出版社，二〇一一年。
四、吳震：《〈傳習錄〉精讀》，上海：復旦大學出版社，二〇一一年。
五、于民雄注、顧久譯：《傳習錄全譯》，貴陽：貴州人民出版社，二〇〇九年。

名句索引

二畫

三畫

四畫

知是行的主意，行是知的功夫；知是行之始，行是知之成。 ○二五

九畫

省察是有事時存養，存養是無事時省察。 ○六二

看書不能明，如何？……須於心體上用功。凡明不得，行不去，須反在自心上體當即可通。蓋《四書》、《五經》不過說這心體，這心體即所謂道，心體明即是道明，更無二，此是為學頭腦處。 ○六○

若出天理，斯謂之放，斯謂之亡。 ○七三

若誠意之說，自是聖門教人用功第一義。 一四九

要此心純是天理，須就理之發見處用功。 ○三六

十畫

修、齊、治、平，只誠意盡矣。 一三○

真知即所以為行，不行不足謂之知，此為學者吃緊立教，俾務躬行則可。 一五二

除了人情事變，則無事矣。喜怒哀樂非人情乎？自視聽言動，以至富貴貧賤患難死生，皆事變也。 ○六三

十二畫

十三畫

十四畫

十六畫

新　視　野
中華經典文庫

新　視　野
中華經典文庫